A Democracia e o Direito Depois da Pandemia

Coleção Debates
Dirigida por J. Guinsburg
(*in memoriam*)

EQUIPE DE REALIZAÇÃO
Coordenação textual: LUIZ HENRIQUE SOARES E ELEN DURANDO;
MARCIO HONORIO DE GODOY
Edição de texto: SIMONE ZAC
Produção: RICARDO W. NEVES E SERGIO KON.

josé eduardo faria

A DEMOCRACIA E O DIREITO DEPOIS DA PANDEMIA

Copyright © José Eduardo Faria

CIP-Brasil. Catalogação na Publicação
Sindicato Nacional dos Editores de Livros, RJ

F234d
Faria, José Eduardo
     A democracia e o direito depois da pandemia / José Eduardo
Faria ; prefácio Persio Arida. - 1. ed. - São Paulo : Perspectiva,
2025.
     272 p. ; 21 cm. (Debates ; 355)

     ISBN 978-65-5505-242-8

     1. Covid-19, Pandemia de, 2020-2023 - Aspectos sociais. I.
Arida, Persio. II. Título. III. Série.

25-97987.0   CDD: 303.4857
                    CDU: 304.4

Gabriela Faray Ferreira Lopes - Bibliotecária - CRB-7/6643
07/05/2025   14/05/2025

1ª edição

Direitos reservados à

EDITORA PERSPECTIVA LTDA.

Praça Dom José Gaspar, 134, cj. 111
01047-912 São Paulo SP Brasil
Tel.: (11) 3885-8388
www.editoraperspectiva.com.br

2025

SUMÁRIO

Prefácio – *Persio Arida* 9

Introdução 15

1. Opções Metodológicas 31

   O Estado e o Processo Decisório [31]; O Direito Como Sistema
   Independente ou Como Sistema Dependente [39]; A Visão
   Funcional e as Novas Funções do Direito [50]; Regras e
   Princípios Jurídicos [58]; Casos Fáceis e Casos Difíceis [61];
   Relações "Cross Borders" e Experiências Legais Transnacionais
   [66]; Liberalismo Político e Liberalismo Econômico [72]; As
   Questões da Teoria e da Sociologia do Direito [80];

2. A Pandemia Vista Pelas Ciências Sociais 84

3. Epidemia e Pandemia 91

4. As Cadeias Globais de Valor, de Produção
   e de Fornecimento 129

5. "Desarriscar": "Slowbalization" ou "Deglobalization" 133

6. Quinze Problemas 144

7. Trilema Regulatório 148

8. Riscos e Incertezas em Tempos Normais e Anormais 164

9. Implicações Jurídicas da Pandemia 168

Informação e Educação [168]; As Políticas de Isolamento Social e "Lockdown" [171]; Estado de Sítio [175]; Contratos e Racionalidade Econômica [178]; A Teoria da Imprevisão [188]; Colisão de Direitos [192]; A Liberdade de Ir e Vir [196];

10. Poder Político e Conhecimento Científico 201

11. Os Governos Diante de Riscos e Incertezas ... 209

12. As Ciências Exatas e as Ciências Sociais e Humanas 212

13. Cientistas e Políticos 218

14. Maturidade Cívica e Ignorância 236

15. Democracia e Inteligência 242

16. Os Fanáticos, os Insensatos e os Pessimistas da Razão 265

PREFÁCIO

O título deste livro – *A Democracia e o Direito Depois da Pandemia* – pode sugerir ao leitor que se trata apenas de uma espécie de *aggiornamento* do direito e da democracia à luz dos traumáticos impactos da Covid-19, uma espécie de listagem do que aprendemos, do ponto de vista jurídico, quando tivemos de reinterpretar dispositivos constitucionais e contratuais para evitar uma catástrofe humanitária. De fato, a constitucionalidade de limitar o direito de ir e vir, o *lockdown* e a obrigatoriedade do uso de máscaras foram foco de debates intensos em nosso país.

No caso de contratos privados, fundados no princípio jurídico do *pacta sunt servanda*, questionou-se se não deveriam ter ajustes de reequilíbrio econômico-financeiro mesmo na ausência de cláusulas de força maior. Do ponto de vista federativo, a epidemia foi acompanhada por conflitos de competência entre a União e estados. Entre março de 2020 e março de 2021, o Supremo Tribunal Federal teve de apreciar 160 ações de controle de constitucionalidade. Muitas dessas ações decorreram da postura negacionista do governo Bolsonaro e da tentação de alargar os poderes do Executivo em um movimento que, se bem-sucedido, colocaria o Brasil na lista das democracias iliberais, neologismo recente a designar países em que há eleições, mas deixam de ser governados de acordo com o sistema de pesos e contrapesos próprios da democracia.

Esse livro, no entanto, é mais do que um *aggiornamento*. Trata-se não apenas de analisar o impacto da pandemia, mas, sobretudo, de pensar, a partir da pandemia, os desafios da democracia e do direito no mundo contemporâneo. Faria foca na pandemia justamente porque ela, um fenômeno global e dramático em sua intensidade, permite ao observador captar tendências do mundo contemporâneo que nos obrigam a repensar o direito e a democracia. Se, em retrospecto, surpreende como fomos capazes de lidar com tamanho desafio, evitando uma catástrofe humanitária e econômica, por outro lado a pandemia, exatamente por ser uma situação anormal, trouxe à tona ou explicitou com clareza processos e impasses que já vinham se desdobrando antes dela e que continuam com força revigorada. Indo direto ao tema: trata-se de questionar as noções típicas dos Estados nacionais – como independência, soberania, primado absoluto da lei doméstica e territorialidade.

No livro, Faria lança luz sobre tendências do mundo contemporâneo que minaram as bases das experiências constitucionais após a Segunda Guerra, quando proliferaram as Constituições de caráter social-democrata com uma ampla pauta de direitos. Na análise de Faria, estamos vivendo, e desde antes da epidemia, um declínio das formas territoriais de poder. Em um mundo multipolar, interdependente, descentralizado e cada vez mais imprevisível, o direito posto pelo Estado nacional estaria sendo esvaziado por formas de exercício de poder que transcendem os marcos constitucionais. Os sistemas jurídico e político, necessariamente territoriais, precisam conviver com sistemas que têm uma relação fraca com espaços físicos determinados, como a economia, o meio ambiente ou a ciência. Fariam parte desse esvaziamento os regimes privados de resolução de disputas financeiras, as imposições de regras para acesso a determinados grupos como a OCDE, figuras de direito comunitário como a União Europeia, jurisprudências firmadas por câmaras internacionais de arbitragem, a multiplicidade de polos regulatórios, a transterritorialização dos mercados com a pluralização em várias jurisdições da feitura de produtos etc. Nesse processo de esvaziamento do constitucionalismo liberal fundado no Estado-nação, há o risco da submissão da legislação de um país democrático a uma legislação imposta por uma comunidade globalizada, mas há também o desafio de fazer um *reset* da política e do Estado de Direito.

Na sua busca pelo modelo do futuro, Faria deixa entrever uma certa nostalgia pelo estado de bem-estar da segunda metade do século XX. Muitas vezes, e em particular na análise da sobrecarga dos serviços públicos de saúde durante a pandemia, ataca libertários que querem reduzir o Estado ao mínimo como se representassem o pensamento liberal como um todo, ignorando a dificuldade de sustentar ao longo do tempo os gastos do estado de bem--estar quando os ganhos de produtividade são reduzidos.

Mas sabe que a história não volta para trás e sua questão vai além da discussão sobre o papel do Estado: como redefinir a democracia e reconstruir o direito diante de novas infraestruturas globais de comunicação, com redes horizontais e não hierarquizadas, e a desterritorialização das transações econômicas e financeiras?

Na análise de Faria, a principal ameaça à sobrevivência da democracia, evidenciada durante a pandemia, é sua simplicidade. Ou seja, sua inadequada adaptação a um mundo hiperconectado, descentralizado e plural e o conflito entre a territorialidade política e a globalidade de todos os demais sistemas da vida social. Na tradição da sociologia jurídica,

Faria pensa o direito como historicamente determinado e aberto ao ambiente no qual está inserido, longe portanto da ideia do ordenamento jurídico como um sistema normativo independente, formalmente coerente e fechado. O desafio do mundo contemporâneo seria, de um lado, preservar as liberdades fundamentais e, de outro, efetuar uma ampla mobilização cognitiva que permita uma aprendizagem contínua diante das incertezas e desafios atuais. O modelo de direito que vem emergindo, afirma ele, é radicalmente distinto daquele em torno do qual se desenvolveu a dogmática jurídica ao longo do século xx, com seu rigor lógico-formal e a ideia da pirâmide do ordenamento jurídico a partir da Lei Suprema. O modelo emergente, afirma Faria, não tem mais a estrutura de uma pirâmide cujo cume é a Constituição. Nas suas próprias palavras:

Um direito que passou a ter a estrutura de uma rede e em que a Constituição e as leis e os códigos ocupam posições não necessariamente hegemônicas em relação às fontes não estatais de direito. Um direito que também vai tomando a forma de um conjunto de mecanismos verticais e horizontais capazes de resolver conflitos não só pelos métodos tradicionais, como é o caso de uma decisão judicial, mas também de modo consensual por meio de mediação e negociação.

A tese é intelectualmente instigante. Revela a teoria dos sistemas complexos concebida pelo sociólogo alemão Niklas Luhmann (1927-1998) e tem muito em comum com o pensamento do filósofo basco Daniel Innerarity. No debate nacional, oscilamos entre fazer uma nova Constituição do zero, como proposto por Modesto Carvalhosa, ou aprimorá-la incrementalmente para enfrentar os desafios contemporâneos postos pela globalização, o que tem sido nosso percurso desde 1988. Na União Europeia, a ideia de uma Constituição única caiu por terra ao não ser ratificada pela totalidade de seus Estados-membros, mas os poderes de cada Estado-nação territorialmente definido são bastante limitados por normas supraestatais.

A visão de Faria vai além dessas discussões e aponta para um futuro radicalmente diverso do presente – uma espécie de governança global, não de governo global, que possa ser rebatida territorialmente sem perder flexibilidade de adaptação em uma múltipla gama de regimes normativos que, na teoria dos sistemas, seriam nós interconectados.

Recomendo a leitura deste livro. É ao mesmo tempo um relato do impacto da pandemia no direito e na democracia brasileiros e uma reflexão sobre a democracia fundada no Estado-nação em um mundo cada vez mais globalizado. Tem mais questões do que respostas, é certo, mas muitas vezes, e aqui é o caso, saber formular uma questão é meio caminho andado para encontrar a resposta. A pandemia, hoje, parece estar em um passado longínquo, tal a velocidade das transformações do mundo contemporâneo, mas nos aproximamos vertiginosamente de outro desafio igualmente global que pode, à sua maneira, ter consequências ainda mais dramáticas do ponto de vista humanitário e econômico: a crise ambiental. Seriam nossas instituições e nosso ordenamento jurídico capazes de prover uma resposta à hipercomplexidade do desafio climático? Será que, em um contexto de relativo esvaziamento do Estado-nação como ator jurídico, e do surgimento de outros atores político-jurídicos, como entidades supranacionais, organismos multilaterais, órgãos com legitimidade política fundada em sua capacitação técnica e não na territorialidade, não deveríamos avançar na reflexão sobre as novas formas do direito e da democracia? Escrito como reflexão sobre a pandemia, as preocupações do livro adquirem relevo e atualidade diante das evidências insofismáveis do aquecimento em escala planetária.

Persio Arida
Economista, foi um dos formuladores do Plano Real, tendo sido presidente do Banco Central do Brasil e do BNDES. É membro dos conselhos consultivos do Instituto Moreira Salles, da Blavatnik School of Government (Universidade de Oxford) e do Development Committee da MIT Corporation.

INTRODUÇÃO

Com o advento da pandemia deflagrada pelo vírus SARS-CoV-2 e a doença dele derivada, chamada Covid-19 (*coronavirus disease 19*), uma enfermidade altamente infecciosa de síndrome respiratória aguda, ocorrido no início da segunda década do século XXI, o mundo se viu diante de uma devastadora crise sanitária. Considerada o maior choque global desde a Segunda Guerra Mundial, a epidemia deflagrou um sem-número de situações de emergência – uma expressão que denota o surgimento de problemas e de riscos, exigindo iniciativas e ações imediatas. Surpreendendo por suas elevadas taxas de morbidade e de mortalidade, a eclosão da pandemia configurou o que os cientistas políticos e sociólogos do direito chamam de situações de *complex intergovernmental problem*, requerendo opções e decisões urgentes em circunstâncias incertas e voláteis. Ao contrário dos vírus detectados nas duas décadas anteriores – como é o caso do SARS-CoV-1, surgido em 2003 no Sudeste Asiático, e o MERS-Cov, surgido em 2012 no Oriente Médio –, o SARS-CoV-2 primava por sua fácil transmissão, por sua capacidade de mutação e por ser muito mais agressivo e mais devastador.

No caso do SARS-CoV-2 e da Covid-19, a China foi o epicentro da propagação em escala global. O primeiro caso de contaminação e morte foi oficialmente registrado na literatura científica no dia 1º de dezembro de 2019. No dia 30 de janeiro, a Organização Mundial da Saúde (OMS) reconheceu o surto como Emergência de Saúde Pública de Importância Internacional (PHEIC, na sigla em inglês) – uma iniciativa que seria suspensa somente em 5 de maio de 2023, após 765,2 milhões de casos registrados e quase 7 milhões de mortes, segundo as estatísticas da entidade[1]. No dia 11 de março de 2020, cerca de três meses e meio depois da primeira morte oficial, a OMS classificou a propagação do novo coronavírus como pandemia. Ou seja, a entidade reconheceu a disseminação mundial de uma nova doença que começou afetando uma região e foi se espalhando por diferentes continentes com *transmissão* de pessoa para pessoa, afetando assim a população mundial de modo simultâneo. Naquela altura, a Covid-19 já atingira mais de cem países.

Uma vez que os problemas que ameaçam o equilíbrio mundial tendem a ser globais por sua própria natureza, em princípio eles somente podem ser enfrentados de modo global. Afinal, se os governos não coordenarem suas estratégias, suas políticas públicas e regras conjuntas pactuadas

---

1. Como houve muitos casos de subnotificação, ao declarar formalmente o fim da emergência o próprio diretor-geral da OMS, Tedros Adhanom, afirmou que as estimativas mais realistas apontavam que o número de mortes teria sido de "pelo menos 20 milhões". Segundo ele e a diretora-técnica da entidade responsável pelo combate ao coronavírus, Maria Van Kerkhove, na semana anterior ao anúncio do fim da emergência 30% da população mundial ainda não havia recebido uma dose de vacina. Por isso, a Covid-19 vinha fazendo uma vítima a cada três minutos, enquanto milhares de pessoas continuavam em unidades de terapia intensiva e milhões viviam os efeitos debilitantes da síndrome de pós-Covid. Ver *O Estado de S. Paulo*, 8 maio 2023, p. A27.

em termos transnacionais, problemas como o advento da pandemia da Covid-19 tendem a afetar todos. Por isso, o surgimento do novo vírus que deflagrou uma crise sanitária nos cinco continentes levou seu enfrentamento a ter de ser feito por uma espécie de coalização global. E a maior dificuldade é que essa coalizão teve de lidar com dois problemas. O primeiro está no fato de que a eclosão da pandemia não apenas precisou ser enfrentada com base em critérios médicos e sanitários, mas, igualmente, foi afetada por fatores políticos, econômicos, comerciais, culturais e até morais. O segundo problema envolve a discussão sobre se as burocracias mundiais estariam mais organizadas do que as autoridades nacionais para enfrentar a pandemia.

Isso não ocorreu apenas com as implicações jurídicas no campo da medicina e da saúde pública. Diante das dificuldades dos governos locais, regionais e nacionais de coordenar suas obrigações sociais e da necessidade de interferir com algum grau nos direitos individuais dos cidadãos, as estratégias adotadas para o enfrentamento da crise envolveram, igualmente, o campo dos direitos constitucional, administrativo, financeiro, tributário, fiscal, comercial, civil, penal e trabalhista, em decorrência da necessidade, entre outras, de (i) declarar-se estado de calamidade pública; (ii) autorizar a abertura de créditos extraordinários para entidades públicas; (iii) desenvolver mecanismos para injetar liquidez na economia, destinar recursos para ajustes rápidos nos processos produtivos e apoiar empresas que, afetadas por súbita perda de receita, correm o risco de ser levadas à insolvência; (iv) definir os serviços e as atividades essenciais que não deveriam sofrer solução de continuidade; (v) criar parâmetros para a contenção da pandemia no sistema prisional; (vi) alterar os critérios para caracterização de situação de vulnerabilidade social para fins de recebimento de benefícios; e (vii) e encontrar algum ponto política e administrativamente exequível de equilíbrio para o dilema entre salvar vidas e preservar o funcionamento da vida econômica, sob a justificativa de preservar o nível de emprego e, com isso, assegurar uma "estratégia de saída" quando o avanço da pandemia for controlado.

A crise sanitária em escala global também resultou num significativo aumento da desigualdade econômica e até mesmo da desigualdade entre os Estados-nação. E, dentro de cada Estado, ainda gerou tensões entre entes subnacionais no que se refere ao monitoramento de sua extensão e de seu impacto, à realização de sequenciamentos genéticos com o objetivo de identificar os tipos de variantes que estavam circulando em suas respectivas regiões e à adoção de providências e medidas emergenciais de combate ao coronavírus. Tudo isso ocorreu em um momento em que o conjunto de informações então disponíveis parecia não dar conta da complexidade do problema, gerando estresse nos fluxos de conhecimentos existentes e temor com relação a eventuais vulnerabilidades nos processos de tomada de decisões em um período de muitas incertezas e contingências.

Dadas a amplitude dos problemas trazidos pela pandemia em um período de mercados globalizados de bens, serviços e finanças cada vez mais digitalizados, sob o influxo de profundas mudanças tecnológicas, e a necessidade de medidas urgentes para tentar reduzir o contágio e salvar vidas em escala mundial, o enfrentamento da crise sanitária (i) exigiu de instituições governamentais locais e regionais medidas emergenciais e ações imediatas para enfrentar um problema que era mundial; (ii) maior capacidade de resposta dos mecanismos de segurança social e sanitária; (iii) maior interação entre governos nacionais e organizações internacionais, supranacionais e multilaterais; (iv) ações governamentais mais firmes; (v) iniciativas mais eficientes em matéria de políticas públicas no campo da saúde pública; e (vi) o desenvolvimento de uma diplomacia das vacinas em matéria de política externa e das grandes questões do multilateralismo da governança global.

Além do alto número de vítimas fatais em todo o mundo, a eclosão da pandemia suscitou um sem número de desafios para os governos no campo da saúde pública. Exigiu estratégias inéditas de comunicação dos governos para com a sociedade. Prejudicou empresas e negócios, uma vez que as medidas de confinamento – independentemente do fato de que algumas delas foram cruéis, por sacrificar valores democráticos – travaram parte significativa das atividades econômicas. Aprofundou múltiplas vulnerabilidades socioeconômicas, que já haviam sido agravadas com financeira de 2007, avolumando os graus de incerteza e as condições de insegurança quanto ao futuro. Exigiu restrições severas de mobilidade urbana e impôs medidas de isolamento social que alteraram formas de relacionamento, de convivência e de solidariedade. E, com isso, obrigou o fechamento de colégios, prejudicando especialmente os alunos da rede pública com vulnerabilidade social, que não tinham meios para acessar o ensino virtual, aumentando assim as disparidades entre eles e as crianças oriundas de famílias com recursos, bem como acarretando significativas perdas em matéria de alfabetização e de formação adequada que podem se arrastar por toda a trajetória escolar e resultar em piores oportunidades de trabalho na vida adulta.

A partir daí, economistas, juristas, sociólogos, cientistas políticos, antropólogos, filósofos, médicos, psicanalistas e educadores das mais variadas tendências doutrinárias não se limitaram a colocar em suas respectivas agendas temas como o direito à saúde em seu aspecto coletivo, as obrigações do Estado no campo sanitário, o impacto da tragédia nas regras de convívio social, a disponibilidade de recursos orçamentários, o respeito aos direitos fundamentais e atitudes sociopolíticas e religiosas. Eles também suscitaram várias indagações importantes para o futuro da teoria do direito e da sociologia jurídica, dentre as quais pelo menos dez merecem destaque:

1. Como interpretar acontecimentos que provocam rupturas, bifurcações e perturbações na ordem jurídica, política, econômica e social?

2. Como gerir incertezas, convertendo-as em riscos calculáveis e em possibilidades de aprendizagem?

3. Como tomar decisões em condições de relativa ignorância, como o que ocorreu com relação ao coronavírus?

4. De que modo agir, política e juridicamente, em contextos em que os fatos são incertos, os riscos se multiplicam, os valores estão mudando ou se encontram em crise, o que está em jogo é fundamental e as medidas a serem tomadas são urgentes? Como decidir democraticamente nesse cenário?

5. Quais são as regras e os princípios jurídicos que podem servir como diretrizes, por um lado, e como limites às ações e intervenções do Estado-nação no exercício de suas prerrogativas, por outro?

6. Em que medida a progressiva aceleração da interconectividade das relações mundiais e do processo de globalização dos mercados de bens, serviços, finanças e capitais abriu caminho para a perda da centralidade do direito positivo, para uma crise da ideia de soberania e para uma subsequente desconstrução da hierarquia das normas jurídicas no ordenamento legal dos Estados-nação?

7. Qual relação se pode fazer entre o avanço das tecnologias de comunicação *on-line* e as decisões tomadas em tempo real no universo corporativo e nos mercados globalizados, de um lado, e a aceleração da desterritorialização da produção do direito, da expansão de ordens jurídicas independentes do Estado e do surgimento de normatividades justapostas e de tribunais paralelos, fenômenos esses sempre desconsiderados pelas doutrinas normativistas que só têm por foco as fontes do direito de outro?

8. Em meio a essa plurinormatividade, torna-se possível falar no surgimento de um "direito sem Estado e

sem povo" advindo do entrelaçamento das relações econômicas em fluxos globalizados e da diversificação de atores, sobre os quais os Estados-nação não têm mecanismos jurídicos e administrativos eficazes de controle nem capacidade de oferecer respostas para as novas demandas e para os problemas inéditos que vão surgindo em ritmo cada vez mais acelerado?

9. Nesse cenário de transformações econômicas estruturais e de explosão de processos autônomos de produção jurídica numa sociedade global fragmentária, de que modo reverter a tendência de exaustão dos conceitos jurídicos tradicionais, numa velocidade maior do que a capacidade de reposição por parte da teoria do direito e da sociologia jurídica?

10. Por fim, quanto tempo mais as teorias jurídicas tradicionais, inspiradas no normativismo e na abordagem formalista, conseguirão se manter num período em que as condições sociais, econômicas, políticas e culturais que as forjaram estão sendo superadas pelas profundas transformações históricas ocorridas nas duas primeiras décadas do século XXI?

Avaliar algumas dessas dificuldades, contradições e fraturas subjacentes a essas indagações no âmbito específico das interações entre o direito e a política, em primeiro lugar, e entre a política e a ciência, em segundo lugar, é um dos objetivos deste trabalho. Levantar problemas e discutir questões que foram tratadas de modo marginal diante das inquietações de urgência ou de imediatez surgidas entre 2020 e 2022, como foi o caso das tentativas de restringir liberdades fundamentais para ganhar eficiência no combate à pandemia e das discussões sobre se as democracias foram criadas para períodos de normalidade, não funcionando em situações de exceção e em períodos críticos, é outro objetivo.

O trabalho foi redigido depois de um período de fortes tensões institucionais (deflagradas pelo comportamento errático, inepto e inconsequente do presidente da República de então), de crise econômica e financeira (com baixas taxas de crescimento, choques entre oferta e procura, dependência excessiva de crédito, elevação das taxas de juros e aumento da inflação provocados pela pandemia), de austeridade fiscal (em razão de um liberalismo exacerbado em matéria de gestão econômica por parte do governo) e de uma explosão de situações de exceção, de ampliação do poder discricionário do Executivo ou de inobservância de determinadas formalidades jurídicas (em decorrência da adoção de medidas restritivas emergenciais tomadas com o objetivo de debelar a crise de saúde pública e, com isso, evitar a propagação do vírus).

Um balanço do debate travado no âmbito da economia, da sociologia, da filosofia, da ciência política e do direito, com base nas dez indagações acima formuladas, revela que muitas respostas foram antagônicas. O mesmo balanço, no entanto, mostra que os debatedores concordaram em pelo menos dois pontos. Antes da chegada da Covid-19, muitos dos problemas de ingovernabilidade nas duas primeiras décadas do século XXI se deviam ao choque entre os sistemas jurídicos e políticos, que têm um forte contraponto territorial, com outros sistemas que têm uma relação fraca com os espaços físicos, como a economia, o meio ambiente, a comunicação e a ciência – esta última vista como um *locus* de criatividade, inovação e fator de produção.

Por isso, as formas territoriais de poder – que envolvem independência, soberania, ordem jurídica, primado absoluto da lei, autonomia regulatória, hierarquia e controle vertical – já vinham sofrendo um forte desgaste. E ele tendia a crescer à medida que foram surgindo progressivamente estruturas de poder funcionalmente diferenciadas. Nas novas estruturas de poder, governar significa conviver com riscos, administrar crises e promover a gestão coletiva de incertezas, que cada vez mais emergem sob a forma de tragédias e catástrofes, como externalidades ambientais incontroláveis, inundações, secas, incêndios, terremotos, desmatamento, degradação de terras e de mares, crises sanitárias e pandemias.

Após a chegada da Covid-19 em um mundo multipolar, interdependente, descentralizado e imprevisível – ou seja, num período histórico no qual os Estados, apesar de sua soberania, são obrigados a coexistirem ao lado de outras entidades, instituições e organizações com pluralidade de interesses, multiplicando com isso as possibilidades de divergências em nível transnacional ou mundial –, a pandemia foi interpretada como a expressão inequívoca das dificuldades e das contradições dos tempos atuais. São tempos nos quais as fraturas sociais estão se agravando, aprofundando com isso as desigualdades mundiais e deflagrando mais tensões geoeconômicas e geopolíticas. Para se ter ideia do alcance desse problema, no primeiro ano da pandemia, entre 2020 e 2021, o Índice de Desenvolvimento Humano (IDH) da Organização das Nações Unidas, que envolve renda *per capita* nacional, anos de escolaridade e expectativa de vida ao nascer, caiu significativamente, eliminando os ganhos dos cinco anos anteriores. Como será visto à frente, o aumento na desigualdade social deflagrou um grave e preocupante processo de crises que se acumulam umas sobre as outras, levando a uma perigosa interação entre problemas globais e problemas internos de cada nação e abrindo caminho para uma polarização política acompanhada de uma subsequente corrosão da democracia em alguns países.

Integrado por dezesseis capítulos, começando pelo enquadramento teórico-metodológico do tema pesquisado, o livro tem um fio condutor: trata-se da ideia de que a Covid-19 – que foi a primeira pandemia da era da informação em tempo real e da chamada "sociedade de dados" – trouxe muito mais riscos, incertezas e crises do que estávamos acostumados a enfrentar até então. Essa constatação é fundamentada com base no alto número de vidas perdidas e nos custos materiais e sociais resultantes das medidas de isolamento, distanciamento e quarentenas que foram adotadas em muitos países para tentar deter o alcance da propagação do vírus. Seja no âmbito das instituições de direito e do conhecimento jurídico, seja na interface entre as instituições governamentais com o funcionamento da vida política do Estado-nação e o funcionamento da economia em escala global, o fato é que a pandemia deixou claro que os métodos de antecipação de cenários futuros, os procedimentos de gestão das crises e os mecanismos de enfrentamento de riscos e de redução das incertezas não apenas haviam envelhecido, como também haviam se tornado insuficientes e demasiadamente simples para enfrentar contingências e problemas cada vez mais complexos.

Em outras palavras, os modelos descritivos, empíricos e analíticos – constituídos por um conjunto de percepções, comparações, de conjecturas e de relações que permitiam simulações e orientavam decisões – já não tinham mais eficiência na verificação das transformações que poderiam vir a acontecer com a passagem do tempo. Não estavam à altura do imenso aumento da complexidade no âmbito de um mundo cada vez mais transnacional e interdependente – complexidade essa que vinha requerendo saberes compartilhados, inovações institucionais, novas formas de funcionamento e legitimação da democracia, novos padrões de convivência entre diferentes identidades nacionais, reforço dos sistemas de inteligência coletiva e maior eficiência no enfrentamento das externalidades geradas pelo que alguns sociólogos chamam criticamente de "euforia técnico-cientifica". Essa "euforia técnico-científica", em outras palavras, entreabre os paradoxos do desenvolvimento veloz, uma vez que cada avanço na ciência sempre gera expectativas muitas vezes infundadas de mais avanços, ao mesmo tempo que também provoca debates sobre a dimensão social do trabalho científico e uma crescente multidisciplinaridade da ciência no mundo contemporâneo.

Uma boa maneira de se constatar os problemas gerados pelo envelhecimento a que me refiro, exponenciado pela pandemia, é verificar o que vem ocorrendo no âmbito específico das instituições de direito e do conhecimento jurídico, por exemplo. Ao contrário da tradicional perspectiva normativa reinante nos cursos jurídicos brasileiros, que costuma enfatizar as virtudes do constitucionalismo liberal como condição de efetividade de um Estado democrático de Direito, os riscos, as incertezas e as crises foram objeto de uma observação sociológica sobre as funções sociais do direito. Essa observação partiu da premissa de que o direito é um sistema dinâmico, em permanente tensão, em cujo âmbito se mesclam ou se embaralham representações distintas sobre instituições, sobre normatividade jurídica e sobre a crescente dependência do direito à razão tecnológica e às exigências de novos padrões econômicos.

Essa observação começou pela discussão sobre os conceitos jurídicos de Estado, cidadania e território que alicerçaram a modernidade, propiciando a edificação dos ordenamentos jurídicos nacionais. Avançou levando em conta a transnacionalização da economia, as mudanças trazidas por um processo contínuo de inovação científica e tecnológica e o advento de redes eletrônicas que abrangem o mundo e corroem fronteiras, como ocorreu com a criação do mercado único da União Europeia, que permite a livre circulação de bens, serviços e capitais entre 27 países-membros e concede a cerca de quatrocentos milhões de pessoas um modo inédito de cidadania que transcende as jurisdições territoriais nacionais. E, depois de identificar que a partir da transição do século XX para o século XXI o exercício do poder deixou de se limitar às estruturas constitucionais do Estado democrático, fundadas na ideia de exclusividade do poder público como autoridade legítima, essa discussão prosseguiu – agora, com o foco voltado às novas estruturas de poder e suas difusas modalidades de controle, seus diversos mecanismos de monitoramento, seu funcionamento por meio de redes flexíveis, moduláveis e flutuantes e seus espaços comuns de comunicação.

Desse modo, as indagações no âmbito da teoria e da sociologia jurídica já não são mais sobre o caráter repressivo, restritivo e punitivo do direito posto pelo Estado nacional. São, cada vez mais, sobre o modelo de direito que estaria emergindo em um período histórico dominado pelas férreas leis da economia de mercado, por novas formas de conflitualidade e pela força cega da técnica e do conhecimento científico, cuja lógica se opõe à lógica do direito. Trata-se de um período em que as grandes construções, as categorias e os ritos processuais advindos da modernização jurídica do século XIX para o século XX, como a ideia de Constituição e de códigos, estão sendo transpassados pela crise da soberania nacional, seja em sua dimensão material (como poder detentor do monopólio da violência), seja em sua dimensão simbólica (como fonte última de autoridade pública e de decisão em última instância).

Na dinâmica dessa discussão sobre a redução do direito, um ponto, particularmente, chama a atenção: as mudanças estruturais que, dado o impacto socioeconômico da pandemia da Covid-19, aceleraram dois processos que já vinham em andamento na transição do século XX para o século XXI. O primeiro processo é de um crescente esvaziamento do modelo de um direito único, o direito posto pelo Estado nacional moderno concebido como racional-burocrático e instrumental, e o subsequente aprofundamento de formas de exercício do poder que transcendem os limites dos marcos constitucionais estatais. Já o segundo processo é o de elaboração de novas estruturas regulatórias do direito capazes de balizar as formas internacionais, supranacionais e transnacionais de governança numa economia globalizada, com o global encarado num sentido autenticamente mundial, restringindo assim iniciativas e possibilidades de ação orientadas politicamente pelos Estados-nação.

Ao longo dos últimos dezoito meses, período em que passei a trabalhar como professor e pesquisador em tempo integral no Departamento de Filosofia e Teoria Geral do

Direito (DFD), que é o *locus* de produção de elaborações teóricas e analíticas, de aprofundamento dos métodos do conhecimento jurídico, de pesquisa e do conhecimento técnico indispensáveis para o desenvolvimento do direito, publiquei vários artigos e pequenos ensaios à medida que ia avaliando o impacto da pandemia no universo jurídico. O que me levou à escolha do tema desta pesquisa foi a premissa com base na qual passei a trabalhar após minha passagem por três mandatos intermitentes no comitê da área de direito, economia e administração do Conselho Nacional de Desenvolvimento Científico-Tecnológico (CNPq), no sentido de que pesquisas devem atender expectativas da população relacionadas à geração de benefícios tanto para o ensino superior quanto para além do circuito acadêmico – ou seja, para toda a sociedade.

Uma vez definido o objetivo da pesquisa, passei então a recortar seu campo temático. E, como afirmei no projeto encaminhado à CERT, meu objetivo não foi fazer uma análise de um quadro dogmático já elaborado pela doutrina jurídica com relação à pandemia. Foi, isto sim, promover seu enquadramento numa perspectiva reflexiva e crítica de caráter jurídico-sociológico. Em outras palavras, minha preocupação foi (i) identificar e descrever os novos processos legislativos deflagrados pelo advento de novos circuitos de poder; (ii) avaliar a resposta legislativa do governo brasileiro, principalmente mediante a utilização da figura jurídica medidas provisórias; (iii) mapear e verificar as transformações das instituições políticas e os novos padrões de governança delas decorrentes; (iv) estudar as novas configurações das instituições de direito; (v) conhecer e observar o funcionamento dos novos marcos regulatórios relativos aos problemas, aos dilemas e às aporias que vieram à tona com a inesperada mundial crise de saúde pública no âmbito de uma economia globalizada; e, por fim, (vi) avaliar como foram discutidas questões relativas a direitos individuais, indagando, por exemplo, até que ponto as limitações impostas pelas autoridades governamentais com o objetivo de preservar a saúde pública poderia abrir caminho para a imposição de restrições não justificadas das liberdades fundamentais.

Essa é uma economia em que os recursos de informação e conhecimento – um processo que implica indagação, aprendizagem, práticas, métodos, pesquisas, experimentos, tecnologia, inovações, *know-how* e comunicação, ou seja, o chamado trabalho imaterial – aumentaram em relação aos recursos materiais e energético. Foi um aumento tão significativo que ciência e tecnologia se converteram em forças produtivas, deixando de ser mero instrumento dos detentores de capital para se tornarem instrumento de sua acumulação. Com isso, o desafio do mundo contemporâneo deixou de ser dominar a natureza e passou a se concentrar nos campos da informação, da organização, da inteligência coletiva e da inovação. E, como será visto mais à frente, à medida que o advento da pandemia acelerou o processo de transformação digital, a demanda do mercado passou a crescer a uma taxa bem mais alta do que a formação e capacitação na área por causa de questões educacionais. Essa também é uma economia em cujo âmbito a produção da ordem jurídica deixou de ser responsabilidade exclusiva dos Estados-nação e passou a resultar de muitos direitos elaborados com base em fontes normativas que eram absolutamente impensáveis há cerca de meio século, quando me formei.

De que maneira, então, tornou-se possível conjugar novos direitos, novas formas de governança, novos marcos regulatórios, novos padrões organizacionais e novos mecanismos de gestão das incertezas sem, contudo, cair na tentação de reduzi-los de maneira artificial e empobrecedora à ideia de unidade? Como dar conta de um emergente modelo de direito cada vez mais complexo, não hierárquico, descentralizado, pluralista e sob a forma de redes normativas, em cujo âmbito das tradicionais linhas de separação das esferas pública e privada estão sendo erodidas e em que a diferenciação territorial em que se baseiam a soberania estatal e seus atributos – supremacia, indivisibilidade e unidade do Estado – está sendo substituída por uma diferenciação setorial ou funcional[2]? De que modo lidar com um novo padrão de diferenciação que demanda normas reguladoras incapazes de ser atendidas por instituições estatais, dependendo cada vez mais de um direito autônomo e com pretensões de validez global, a exemplo da *lex mercatoria*, conforme será visto à frente? Estas são, hoje, questões centrais em aberto das disciplinas que leciono – a teoria do direito e a sociologia jurídica.

Evidentemente, elas não são as únicas questões em aberto na minha área do conhecimento. Tão importante quanto elas é a indagação sobre se foi possível – e, em caso afirmativo, como – compatibilizar a preservação das diferenças em matéria de sensibilidade, de crença, de formação cultural e de percepção política dos cidadãos num tenso e sombrio período histórico, em que o combate à

---

2. Diferenciação é o processo por meio do qual, à medida que a civilização evolui, a sociedade vai se subdividindo em subsistemas funcionalmente diferenciados, como a economia, a política e ciência, por exemplo. Ver Niklas Luhmann, *La Ciencia de la Sociedad*, México: Universidad Iberoamericana, 1996, p. 48. Partindo da ideia de que um sistema é um conjunto de variáveis dependentes e de que o aumento da complexidade produz uma densificação das interpendências, Luhmann afirma que a chamada "ciência da complexidade" é o estudo das pautas, estruturas e fenômenos que emergem a partir das interações entre os elementos de sistemas complexos. Quanto mais componentes tiver e quanto mais intrincadas forem as interações eles, maior é a complexidade. A preocupação do autor é saber como se se multiplicam as mudanças nos subsistemas derivados de cada sistema, por meio de comportamentos interconectados. Nesse sentido, o pensamento complexo se interessa pela dinâmica dos processos, com foco na multiplicidade de interações entre objetos ou ações que podem ser heterogêneos. Ver também Daniel Innerarity, *Una Teoría de la Democracia Compleja: Gobernar en el Siglo XXI*, Barcelona: Galaxia Gutenberg, 2020, p. 53-111. Conceitos fundamentais para o desenvolvimento deste livro, as ideias de diferenciação funcional (que ocorre quando um sistema opera por meio de uma ampla diversidade de funções) e de diferenciação setorial (que implica uma enorme diversidade dos componentes de um sistema) serão retomadas em vários capítulos mais à frente, especialmente os intitulados Trilema Regulatório, Cientistas e Políticos e Democracia e Inteligência.

pandemia exigiu esforço de guerra, tais como medidas restritivas de locomoção, imposição de *lockdown*, adoção de políticas de distanciamento social e de recolhimento residencial, fechamentos de escolas de ensino maternal, infantil, básico e superior, obrigatoriedade do uso de máscaras em espaços fechados, comprovação de vacinação para entrada em vários lugares, programas de vacinação massiva aplicáveis ao maior número de pessoas. Os artigos e ensaios acima mencionados procuraram oferecer respostas a essas indagações.

Os textos foram publicados em revistas acadêmicas no país e no exterior, bem como na mídia impressa e na mídia virtual especializada, como o site jurídico *Jota* e o *blog* político e cultural *Estado da Arte* – abrigado pelo jornal *O Estado de S. Paulo*. Os temas discutidos nesses artigos e ensaios também foram objeto de palestras em diversas universidades do país e em algumas no exterior[3].

---

3. Ver A Agenda Pós-pandemia, *Revista Latino-americana de Sociologia del Derecho*, Buenos Aires, n. 2, 2021. Entre outras instituições em que dei palestras e conferências, destacam-se a usp, a Universidade de Salento (Itália), a Universidade de Vigo (Espanha), a Universidade de Buenos Aires (Argentina), a Universidade San Isidro (Argentina), a Universidade dos Andes (Colômbia), a Pontifícia Universidade Católica de Lima (Peru) e a Universidade de Anáhuac (México).

1. OPÇÕES METODOLÓGICAS

O Estado e o Processo Decisório

Do ponto de vista metodológico, o Estado foi discutido nesta obra como o aparato de poder que detém o monopólio de produção de uma ordem jurídica autônoma e unificada, equiparando o direito com a lei. O ponto de partida dessa discussão é a clássica definição dada a esse conceito por Max Weber (1864-1920), para quem a sociologia é uma ciência que se baseia na compreensão dos significados que as pessoas atribuem às ações. "O Estado é uma comunidade humana que, dentro de um determinado território, reclama (com êxito) para si o monopólio da *violência física legítima*", disse ele. Ou seja, é a entidade a única que detém o poder de recorrer ao uso da força como forma de intervenção, "caso se verifique a necessidade, nas ações dos sujeitos que estão submetidos à sua jurisdição"[1].

1. Ver Max Weber, *El Político y el Científico*, Madrid: Alianza, 1967, p. 83-85.

Para Weber, "o Estado não se deixa definir a não ser pelo específico meio que lhe é peculiar, tal como é peculiar a todo outro agrupamento político, isto é, o uso da coação física"[2]. Em sua definição, as palavras-chave são as que estão em itálico. O exercício do monopólio da força física não é arbitrário – pelo contrário, com o avanço da institucionalidade jurídico-política no decorrer do mundo moderno o Estado passou a ter de seguir determinadas regras e de se submeter a determinados procedimentos formais, ou seja, a agir baseado "(n)a crença na *validez* de preceitos legais e na competência objetiva fundada sobre normas tradicionalmente criadas", que lhe confere *legitimidade legal-racional*[3].

A ideia de modernidade está na essência do pensamento desse jurista alemão, hoje considerado um dos "pais" da sociologia, ao lado de Karl Marx (1818-1883) e Émile Durkheim (1858-1917). A seu ver, um dos atributos da modernidade é a racionalização como um processo por meio do qual regras e procedimentos abstratos e calculáveis vão instrumentalizando a vida social e criando uma ordem institucional crescentemente utilitária. Consistindo na organização da vida social por uma divisão e

2. "A violência não é, naturalmente, nem o meio normal nem o único meio de que o Estado se vale, mas é *seu* meio específico. Hoje, precisamente, é especialmente íntima a relação do Estado com a violência. No passado, as mais diversas associações, começando pela associação familiar, utilizaram a violência como meio inteiramente normal. Hoje, pelo contrário, [...] o específico de nosso tempo é que todas as demais associações e indivíduos somente têm direito à violência à medida que o Estado permite. O Estado é a única fonte do 'direito' à violência. Portanto, política significa a aspiração a participar no poder e a influir na distribuição do poder entre os distintos Estados ou, dentro de um mesmo Estado, entre os distintos grupos de homens que o compõem", diz Weber (idem, p. 83; tradução nossa).

3. O tema da legitimidade no exercício do poder jurídico-estatal foi objeto de minha dissertação de mestrado intitulada *Poder e Legitimidade*, apresentada à Faculdade de Direito da Universidade de São Paulo em maio de 1977 e publicada no mesmo ano pela Editora Perspectiva. Aprofundei essa discussão em minha tese de livre-docência intitulada *Retórica Política e Ideologia Democrática* (Rio de Janeiro: Graal, 1984).

coordenação das diferentes atividades sociais mediante a maximização dos instrumentos empregados, a racionalização leva ao predomínio dos meios socialmente organizados sobre os fins particulares, ao nível dos indivíduos e grupos sociais, resultando daí uma estrutura de dominação que regulamenta e ordena o caleidoscópio dos fins sem que os interesses e os desejos pessoais comprometam suas diretrizes básicas.

Nessa perspectiva, racionalização implica burocratização – gestão impessoal baseada em regras, seja nas empresas privadas, seja no âmbito do Estado. Burocratização também implica formalismo – ou seja, a sistematização das regras e dos procedimentos que constituem o sistema normativo –, o chamado direito positivo. Por isso, uma das questões essenciais para a análise do papel do direito na complexa sociedade contemporânea – e em meio a uma dramática crise sanitária – diz respeito à conexão (característica da modernidade, com sua economia de mercado e democracia política) entre ação racional relacionada a fins e dominação legitimada a partir do direito. Assim, o Estado pode ser visto como uma organização política verticalizada e hierárquica – ou, então, como um conjunto de estruturas organizacionais e constitucionais – cujo desafio é tomar decisões coletivas.

Em termos bastante esquemáticos, num contexto de crescente complexidade da sociedade e da economia, como vem ocorrendo nos dias de hoje, esse processo de tomada de decisões coletivas pode produzir resultados eficientes e respeitados pelos que são por ele atingidos. Do mesmo modo, esse processo também pode resultar em consequências sociais, econômicas e políticas desastradas, injustas e funestas. Assim, levando em conta que não se pode pensar e estudar o direito positivo – o direito posto pelo Estado – sem uma noção do objeto das relações sociais, econômicas e políticas que ele se propõe regular, recorri a uma distinção clássica da literatura política e da própria sociologia weberiana, para a qual o avanço da razão técnico-científica, minimizando seus condicionamentos políticos e sociais, leva ao "desencantamento do mundo". Trata-se da diferenciação ideal-típica entre dois modelos de tomada de decisões.

O primeiro modelo é o processo decisório de caráter democrático, em cuja essência está a vontade dos cidadãos definida por eleições periódicas. O segundo modelo é um processo de decisão de caráter "aristocrático" ou científico, no qual prevalece a vontade dos especialistas – aqueles que têm formação técnico-científica para tomar as decisões "certas" com base em argumentos corretos e bem fundamentados[4]. No primeiro caso, partindo-se da premissa de que a democracia não discrimina nenhum cidadão com base na ausência de desconhecimento, motivo pelo qual todos têm direito a opinar e a votar, a decisão é condicionada pelas preferências ideológicas do eleitorado e pelo senso comum da opinião pública. No segundo caso, a decisão é fundamentada em argumentos técnicos, com base na premissa de que a razão é o critério último de verdade. Dito de outro modo, como a democracia pressupõe que não existem respostas únicas para qualquer indagação, as decisões democráticas são fruto de um processo político-deliberativo que implica um respeito às regras do jogo definidas por uma Constituição promulgada. Já as decisões tecnocráticas ou "aristocráticas", ainda que envolvam questões de cidadania, são tomadas com base na razão e no conhecimento técnico e científico de especialistas de cada área do saber.

Consequentemente, ao enfatizar independência, objetividade e saberes dotados de exatidão, de precisão e de

---

4. Essa diferenciação é aprofundada por Raymond Aron. Na perspectiva ideal-típica da sociologia weberiana, Aron distingue *política como conhecimento* e *política como realidade, política como programa de ação* e *política como domínio*, e *política como sistema parcial* e *política como sistema global*. Ver *Démocratie et totalitarisme*, Paris: Gallimard, 1965, principalmente a primeira parte, Concepts et variables, p. 21-107. Do mesmo autor, ver também Macht, power, puissance: prose démocratique ou poésie démoniaque?, *Études politiques*, Paris: Gallimard, 1972, p. 171-194.

insuspeita, a ciência e a técnica se assumem como uma autoridade última que pode, por princípio, ser posta a serviço de qualquer decisão racional nos casos mais complexos e controversos na vida social, assegurando assim uma legitimação tecnocrática. A ciência e a técnica tendem, assim, a despolitizar o poder do Estado e o processo decisório democrático ao propiciar que as decisões governamentais não sejam tomadas por leigos, com base na regra de maioria, mas por uma minoria de tecnocratas e de especialistas legitimados por seu saber especializado, por seu conhecimento e por seu *know-how*. Desse modo, com base no caráter instrumental da ciência e da técnica, essa minoria acaba tomando decisões que afetam a maioria.

Decisões democráticas sempre enfrentam o risco de sua impopularidade, já que os objetivos dos membros de uma sociedade são muitos e nem todos são, por princípio, compatíveis. Além disso, em toda sociedade sempre há questões que não são objeto de precisão matemática, como as que envolvem justiça e bem comum, mas que estão inseridas nas relações sociais, sem o que seriam ininteligíveis. Por isso, embora sempre exista a possibilidade de formação de consensos amplos, a unanimidade é impossível de ser obtida – inclusive em tempos de crises e catástrofes, como a história moderna e contemporânea revela.

Assim, as decisões democráticas precisam obter o máximo de apoio político possível ao serem tomadas e para que possam ser implementadas sem maior resistência. Já as decisões tecnocráticas são tomadas com base em critérios que buscam eficiência e resultados. Todavia em face das discrepâncias em matéria de nível de escolaridade e de conhecimento na vida social, as decisões mais eficientes devem ser tomadas pelos mais capazes – isto é, por quem tem formação técnica e científica. O problema é que, dadas as dificuldades epistemológicas no caso das ciências sociais, especialmente, uma decisão puramente racional e imune a algum viés axiológico também é impossível – entre outros motivos, porque a evolução do saber especializado nas chamadas "áreas duras" do científico e tecnológico sempre resulta de um processo de decisões socialmente condicionadas.

Na sociedade contemporânea, o processo decisório coletivo conduzido pelo Estado, enquanto organização política, não comporta nem a utopia da decisão unânime nem, muito menos, a utopia da decisão exclusivamente racional. As primeiras, por serem muito lentas em situações delicadas e por tenderem a formular e implementar políticas públicas ineficientes e subótimas, já que nenhuma delas pode ser criada, alterada ou deixada de lado enquanto houver um único grupo social discordante. E, as segundas, porque o conhecimento científico – enquanto uma prática cujo trabalho específico consiste em dar sentido a outras práticas e contribuir para suas transformações – integra o processo social, em decorrência da posição do cientista na sociedade. E, também, porque o conhecimento científico pode se converter em uma forma de poder e de controle social – inclusive por meios violentos. Isso porque, como a democracia moderna pressupõe um aparato burocrático-administrativo que opera de modo mecânico, obedecendo a regras próprias, sempre existem riscos. E um deles é o risco de a especialização técnica no interior desse aparato acabar preponderando sobre determinados valores humanos, em decorrência de compreensões apressadas dos especialistas, que os impedem de perceber que nem sempre os benefícios de suas decisões e medidas superam determinados riscos.

Relembrado no país depois da eclosão da pandemia, um exemplo desse problema foi o que ocorreu nos tempos da febre amarela, da varíola e da peste bubônica na cidade do Rio de Janeiro, então capital do país, durante a primeira década do século xx. A adoção de um programa de vacinação obrigatória e de uma política sanitária autoritária e desrespeitadora da privacidade resultou na invasão de residências, remoção compulsória de infectados, destruição de casas e expulsão da população das áreas em que vivia. Em contextos tanto como aqueles quanto como o atual, uma vez que o Estado tem de tomar decisões rápidas, quer do ponto de vista político quer do ponto de vista da implementação técnica dessas decisões, muitas vezes o conhecimento científico em sistemas de imposição de uma ordem política corre o risco de ser justificado com base em argumentos "higienistas".

Por isso, no xadrez do processo pluralista de negociações e de acordos, as decisões governamentais devem ser tomadas conforme as necessidades da organização política e também da sociedade. E, por mais que o tempo de quem exerce o poder seja o tempo da urgência do processo decisório, notadamente em situações críticas, como uma pandemia, decisões exigem participação e discussão – além da fluidez das informações. Partindo das premissas de que (i) a política é uma atividade que sempre tem pela frente incertezas e contingências e (ii) a gestão da sociedade sobre seu próprio destino exige deliberação política, somente após a escolha realizada na alocação de recursos escassos e a subsequente tomada de decisões com base em procedimentos dotados de padrões mínimos de legitimidade é que os governantes devem recorrer aos técnicos e aos cientistas. Seus respectivos saberes especializados e suas competências orientadas para determinadas ações e efeitos poderão, então, ser utilizados para implementar as decisões governamentais nos mais variados campos – da medicina e da saúde pública à proteção ambiental, passando por planejamento urbanístico, tecnologia, moeda, câmbio e juros, regulação bancária, direito financeiro, orçamento público, regime tributário, transportes públicos e energia, por exemplo.

Como no âmbito da democracia representativa esses padrões implicam a regra de maioria, é natural que os governos eleitos democraticamente satisfaçam mais a uns do que a outros – mais aos vencedores do que aos derrotados. Dada a diversidade natural dos pontos de vista com relação a uma mesma situação objetiva e da diversidade dos níveis de percepção política dos cidadãos, na prática isso significa que decisões governamentais jamais serão unânimes. Desse modo, e levando-se em conta que na dinâmica do processo de negociação e de votação muitas vezes os participantes tendem a buscar soluções mutuamente beneficiosas, a decisão, uma vez tomada, acabará sendo apenas uma solução satisfatória ou boa e não necessariamente ótima ou perfeita. Como dizia o professor emérito de ciência política e de economia de Yale Charles Lindblom[5], para quem a essência da cultura democrática está na comparação, na avaliação dos erros e dos acertos, o teste de uma boa política é sempre "o acordo sobre a própria política pública, o que é realizável até quando houver tensões e conflitos a respeito dos valores considerados".

Assim, a decisão eficaz é uma decisão política na medida em que envolve uma opção entre múltiplas alternativas de atos futuros, os quais são imprevisíveis e não estimáveis em sua essência, em decorrência da liberdade e da criatividade do ser humano. Nesse sentido, o fator subjetividade se relaciona com o fator contingência, o que faz com que essa decisão envolva uma escolha entre alternativas que não são necessariamente as de melhores oportunidades, mas, isso sim, aquelas que permitem a absorção da insegurança, a neutralização de oposições extremas e a subsequente

---

5. Ver Charles Lindblom, The Science of Muddling Through, *Public Administration Review*, 1959, p. 83. Segundo o autor, na interação para definir políticas públicas os participantes do processo decisório exercem controle, influência e poder uns sobre os outros. A própria análise que utilizam para defender seus interesses é um método para exercer esse controle. Há vários "processos de controle por interação" utilizados por esses participantes como a persuasão, ameaça, autoridade, os quais se dão em um "jogo do poder", no qual as pessoas se influenciam reciprocamente, resultando em um conjunto de inter-relações mais complexas do que o termo genérico "política", conclui. Ver também Herbert A. Simon, *Administrative Behavior: A Study of Decisionmaking Processes in Administrative Organization*, New York: The Free Press, 1976 (a primeira edição é de 1947). Do mesmo autor, ver, ainda, *The Intelligence of Democracy: Decision-making Through Mutual Adjustment*, New York: The Free Press, 1965.

desradicalização da política. Quanto maior é essa desradicalização política, mais baixo é o custo de imposição de uma decisão política e maior tende a ser o número de pessoas inclinadas a acatar e a respeitá-las.

Além disso, o processo decisório coletivo de uma organização política, como é o caso do Estado-nação, não pode ignorar as decisões anteriores. Se por um lado ele tem de desenvolver competências para solucionar problemas, reagir de modo adequado frente ao inesperado e ter consciência de seus papéis e de suas responsabilidades em matéria de riscos sistêmicos, por outro tem de seguir rotinas administrativas. Por esse motivo, as decisões governamentais implicam uma acumulação de experiências, o que permite aos governantes intervir nas decisões tomadas anteriormente, conferindo-lhes novos sentidos. Desse modo, uma decisão não é necessariamente um ato final. Ela pode ser, também, um mecanismo de aprendizagem que depende da sensibilidade e da percepção dos decisores para enfrentar situações de incerteza.

O Direito Como Sistema Independente ou Como Sistema Dependente

Outro importante aspecto metodológico para o desenvolvimento da pesquisa está no fato de que, no âmbito da teoria do direito, o ordenamento jurídico – integrado por uma Constituição e por leis, regulamentos, decretos, normas, resoluções e portarias – pode ser encarado como um sistema normativo independente, formalmente coerente e fechado ao ambiente externo que o envolve. Também pode ser visto como um sistema dependente, aberto ao ambiente social, econômico, político e cultural que o circunscreve. Essa é uma distinção que vem desde o século XIX, em decorrência do embate entre os adeptos do positivismo metodológico e do liberalismo político e os defensores de uma abordagem mais realista do direito.

Naquele período, as ciências humanas e sociais – e, dentro delas, a ciência do direito – tenderam a se atomizar e a se diferenciar, constituindo-se em espaços separados de reflexão sobre fenômenos específicos, com o objetivo de aprofundarem e aperfeiçoarem seus instrumentos analíticos. O resultado foi um conhecimento científico mais segmentado, que tende a ser mais profundo quanto menor é a área sobre a qual incide. Esse processo de especialização tende a culminar com o privilegiamento de determinados aspectos do conhecimento, ignorando os demais. É o caso, por exemplo, da dogmática jurídica, baseada nas vertentes formalistas, normativistas e positivistas do direito, que o encaram como um sistema de direito fechado, contrapondo-se às chamadas vertentes realistas, que o concebem como um sistema aberto.

Seja no âmbito da sociologia, da teoria e da filosofia do direito, seja no atual cenário das relações jurídicas, a concepção do direito como sistema aberto e dependente e a concepção do direito como um sistema fechado e independente abriram caminho para uma distinção entre uma visão *estrutural* e uma visão *funcional* dos institutos jurídicos e da ordem legal – cada uma delas tendo por trás uma determinada cultura política. Evidentemente, no universo de um pensamento jurídico que há anos é polarizado por essas duas concepções – uma das quais é exclusivamente monodisciplinar e monista, enquanto a outra é interdisciplinar e pluralista – existem muitas variações e nuances. Ao recorrer a essa distinção no desenvolvimento deste trabalho, levei em conta que a *visão estrutural* parte da ideia de um direito neutro, relegando para segundo plano o sistema de crenças e valores a ele subjacente. E, ao mesmo tempo que vê esse direito como um sistema jurídico coeso, unificado, hierarquicamente organizado com base em critérios lógico-formais, despreza o fato de que os significados das normas que o compõem são condicionados pelos valores de cada momento da história.

Também considerei que a *visão funcional* do direito caminha em linha diametralmente oposta à visão *estrutural*. Em primeiro lugar, ela permite ver como a ordem jurídica está inserida num conjunto de valores socioeconômicos conflitantes, por um lado, e de crenças, de valores e de visões de mundo, por outro. Em segundo lugar, chama a atenção para a aplicação do direito orientada por princípios gerais e por objetivos democraticamente estabelecidos, e não somente por normas jurídicas estritas, o que permite aos tribunais responder, de modo responsável, à diversidade dada sociedade. Em terceiro lugar, também permite discutir a hierarquia das fontes formais e materiais do direito a partir do modo como afeta a distribuição do poder em cada sociedade. Em quarto lugar, seu olhar não se limita ao direito "oficial" – aquele que é produzido "dentro do Estado". Essa visão também ajuda a identificar e a analisar os diferentes tipos de direito oriundos "fora do Estado". Ou seja, uma rede normativa multicêntrica integrada não apenas pelo chamado direito positivo, mas, também, pelos "direitos não estatais", como códigos de conduta definidos por consensos privados, direito dos negócios, regras prudenciais, normas deontológicas estabelecidas de modo espontâneo por determinados grupos profissionais e associações empresariais e normas consensuais globalizadas, por exemplo. E, em quinto lugar, essa abordagem ainda permite discutir se o modelo democrático de direito, legitimado pela vontade daqueles a quem suas normas serão impostas, pode continuar se mantendo num cenário em que os regimes normativos "fora do Estado" não emanam mecanismos e processos representativos.

Por todos esses motivos, a visão *funcional* do direito é decisiva para se ver a ordem jurídica do mundo contemporâneo numa dimensão pluralista, dada a crescente dispersão de seus centros de poder normativo compostos por instituições estatais e atores não estatais. Ou seja, essa abordagem ajuda a compreender como a globalização dos mercados de bens, de serviços e de finanças tende cada vez mais a ser regulada por uma múltipla gama de regimes normativos, que ocupam posições não necessariamente hegemônicas em relação às fontes não estatais de direito. Dito de outro modo, esses distintos regimes normativos surgidos dentro e fora do que os teóricos do Estado e do direito chamam "centralidade da soberania do povo" combinam-se, intercruzam-se, sobrepõem-se e acomodam-se em múltiplos níveis – do local ao nacional, do regional ao internacional, do supranacional ao mundial. Ao manter relações complexas e não hierárquicas, primando assim pela flexibilização, pela maleabilidade e pela adaptabilidade, oferecendo regras, diretrizes e balizamentos para uma sociedade global fragmentária do mundo contemporâneo, esses regimes normativos constituem as várias redes – conjuntos de nós interconectados – de interação regulatória existentes no mundo contemporâneo[6].

Na medida em que a visão *funcional* do direito é menos formalista e tem um olhar mais realista e com um alcance mais alargado do que a visão estrutural, optei metodologicamente por ela. Diante da crescente complexidade e velocidade das interconexões da retroalimentação entre direito, economia, política, ciência, tecnologia, cultura e história inerentes ao objeto da pesquisa, essa opção

---

6. Discuto as causas dessa dispersão dos centros de poder normativo a partir do final do século xx e do início do século xxi em *Direito e Conjuntura*, São Paulo: Fundação Getúlio Vargas/Saraiva, 2010, p. 9-51. Na mesma linha, ver também António Manuel Hespanha, *O Direito Democrático Numa Era Pós-estatal: A Questão Política das Fontes do Direito*, Brétigny-sur-Orge: Amazon, 2018, p. 51-92. Ver, ainda, Brian Z. Tamanaha, A Non Essencialist Version of Legal Pluralism, *Journal of Law and Society*, Cardiff, Cardiff University Law School, v. 27, n. 2, 2000, p. 296-321; Karl-Heinz Ladeur, Globalization and the Conversion of Democracy to Polycentric Networks: Can Democracy Survive the End of the Nation State?, em Karl-Heinz Ladeur (ed.), *Public Governance in the Age of Globalization*, London: Routledge, 2017; e Inger-Johanne Sand, *Fragmented Law: From Unitary to Pluralist Legal System (A Socio-legal Perspective of Post-national Systems)*, Oslo: University of Oslo (Department of Public and International Law), 1977.

permite (i) ver como as instituições de direito, em seu cotidiano, não são afeitas a um saber especializado que almeje certezas e formulações seguras; (ii) compreendê-las como um fenômeno mutável, plural em suas fontes de criação e complexo e em sua lógica funcional; (iii) situar as potencialidades, as continuidades e as descontinuidades das diferentes formas de direito como problema; (iv) identificar as mutações dos mecanismos normativo-regulatórios da contemporaneidade, caminhando de uma perspectiva vertical e monista da ordem legal para uma perspectiva mais horizontal e pluralista dos sistemas jurídicos; e, por fim, (v) propicia análises com maior profundidade dos aspectos técnicos e processuais dos embates jurídicos nos diferentes *loci* públicos, privados e híbridos de composição de interesses e de decisão de litígios.

Para fazer essa opção, tive de tomar dois importantes cuidados metodológicos. Em primeiro lugar, desde o início estive consciente de que cada uma dessas visões contribui, a seu modo, para o desenvolvimento de teorias jurídicas formalistas ou empíricas, analíticas ou antimetafísicas, monistas ou pluralistas no âmbito da chamada como a teoria geral do direito, da metodologia da ciência jurídica, da análise da linguagem jurídica, da lógica jurídica, das teorias da argumentação e da interpretação. E, em segundo lugar, também tive de tratar a visão *estrutural* e a *visão funcional* do direito como tipos ideais no sentido que Max Weber dá ao termo. Ou seja: encarando os dois modos de *olhar* o direito como conceitos simplificadores e generalizadores da realidade social, que foram elaborados a partir de uma ênfase ou de uma acentuação de um ou de mais aspectos, pontos de vista e pela síntese de um significativo conjunto de fenômenos individuais concretos.

Para Weber, o tipo ideal não é assim uma reprodução fiel dos fenômenos da vida social. Também não é uma hipótese para explicar fatos concretos, nem um modelo prescritivo, e não tem qualquer sentido ético. Ele é, isso sim, uma espécie de abstração que permite uma definição dos fenômenos por meio da ênfase a um ou vários de seus aspectos, valorizando sua interdependência, seus nexos causais e seus significados. É apenas a percepção intuitiva do cientista social, que ressalta unilateralmente diversos pontos de vista, encadeando fenômenos a partir de um critério seletivo com o objetivo de atingir um enquadramento conceitual homogêneo e operacional. É, desse modo, um instrumento lógico por meio do qual o cientista social não reconstrói a história, mas analisa suas instituições a partir do comportamento dos indivíduos – não o comportamento isolado nem o comportamento coletivo, mas o comportamento do homem com seus semelhantes guiado ou então motivado por algum valor ou por um algum interesse – mais precisamente, o comportamento humano cujo sentido se reporta à ação de outras pessoas.

Segundo Weber, cada tipo ideal corresponde a uma experiência histórica variada e múltipla, cabendo ao cientista social desprezar os detalhes menos relevantes e destacar os mais importantes, convertendo-o desse modo em um instrumento heurístico capaz de guiar a pesquisa científica. A formulação ou construção de tipos ideais é assim um recurso técnico que facilita o labor compreensivo do cientista social. Ao propiciarem terminologias mais claras e ao servirem igualmente como ponto de comparação entre o objeto observado e a abstração teórica, os tipos ideais propiciam uma compreensão e uma análise mais arguta dos fenômenos empíricos. Como afirma o autor, significam uma compreensão interpretativa de (i) casos concretos individuais (como ocorre numa análise histórica); de (ii) casos médios (aqueles que se destacam por estimativas aproximadas); e, por fim, (iii) de um tipo puro de construção cientificamente formulado de ocorrência frequente.

Em suma: ao atuarem como "parâmetros", tipos ideais são construções heurísticas que permitem aos cientistas sociais – sejam eles sociólogos políticos ou sociólogos do direito – identificar, analisar e discutir diversos fatos reais como desvios do ideal. Desse modo, os tipos ideais são conceitos básicos para a análise histórico-social. Consistem em um recurso metodológico que orienta os cientistas sociais frente às múltiplas variedades de fenômenos sociais, econômicos, jurídicos, culturais e religiosos. Ao recorrer a tipos ideais, os cientistas sociais não têm por objetivo esgotar todas as possibilidades de interpretações da realidade empírica, mas somente criar um instrumento teórico analítico, afirma Weber[7].

No estudo do direito como um sistema normativo independente, fechado, íntegro, completo e coerente, por exemplo, tende a prevalecer uma visão *estrutural* do ordenamento jurídico, que o concebe como um conjunto coerente e sem contradições de regras. Destacando-se por uma perspectiva exclusivamente lógico-formal, segundo a qual o direito tem um fundamento racional, geral e abstrato, além de dispor de uma autoridade indiscutida em relação à realidade social, essa visão se baseia numa teoria puramente conceitual e cientificamente autônoma e objetiva do direito[8]. Uma de suas principais característi-

---

7. Ver Max Weber, A Objetividade do Conhecimento nas Ciências e na Política Sociais, *Sobre a Teoria das Ciências Sociais*, Lisboa: Presença, 1974. Para uma apresentação crítica da epistemologia e da metodologia weberianas, ver Philippe Raynaud, *Max Weber et les dilemmes de la raison moderne*, Paris: Press Universitaires de France, 1987. Ver também David M. Trubek, Max Weber's Tragic Modernism and the Study of Law in Society, *Law & Society Review*, v. 20, n. 4, 1986.

8. Ver Norberto Bobbio, *El Problema del Positivismo Jurídico*, Buenos Aires: Eudeba, 1965, e *Teoria do Ordenamento Jurídico*, Brasília: Editora da UNB, 1991. Do mesmo autor, ver ainda *Da Estrutura à Função: Novos Estudos de Teoria do Direito*, Campinas: Manole, 2006. Ver também Karl Larenz, *Metodologia da Ciência do Direito*, Lisboa: Fundação Calouste Gulbenkian, 1997. Herbert Hart, *O Conceito de Direito*, Lisboa: Fundação Calouste Gulbenkian, 1994. Ronald Dworkin, *Taking Rights Seriously*, Cambridge: Harvard University Press, 1978. Robert Alexy, *Teoría de los Derechos Fundamentales*, Madrid: Centro de Estudios Constitucionales, 1997. António Manuel Hespanha, *O Direito Democrático Numa Era Pós-Estatal: A Questão Política das Fontes de Direito, Cultura Jurídica Europeia*, Coimbra: Almedina, 2012, e *O Caleidoscópio do Direito: O Direito e a Justiça nos Dias e no Mundo de Hoje*, Coimbra: Almedina, 2009. Ver, ainda, Philipe Nonnet; Philip Selznik, *Law and Society in Transition: Toward a Responsive Law*, New York: Octagon Press, 1978.

cas é que ela concentra sua atenção no ato de criação das leis. Com isso, o restante da vida jurídica – que envolve tanto os trabalhos preparatórios, discussões legislativas e votações quanto a interpretação e o *enforcement* judicial – passa a ser encarado como simples derivações do momento genético ou inaugural de elaboração normativa.

Analiticamente, essa é uma visão de natureza dedutiva que, ao partir do direito positivo como uma estrutura codificada e hierarquizada, privilegia o engate ou o encaixe lógico-formal de regras jurídicas a partir de uma norma constitucional. Com isso, somente o direito pode criar o direito. O que, por consequência, submete sua expansão a limites estabelecidos por ele mesmo.

A relação entre a norma que regula a produção de uma outra e a norma assim regularmente produzida pode ser figurada pela imagem espacial da *supra-infra-ordenação*. A norma que regula a produção é a norma superior, a norma produzida segundo as determinações daquela é a norma inferior. A ordem jurídica não é um sistema de normas jurídicas ordenadas no mesmo plano, situadas umas ao lado das outras, mas é uma construção escalonada de diferentes camadas ou níveis de normas jurídicas.

Assim afirma o principal teórico dessa vertente, o jurista austro-húngaro Hans Kelsen (1881-1973)[9], um dos mais influentes no decorrer do século xx e que foi um dos inspiradores da inovadora Constituição austríaca promulgada em 1920, especialmente no que se refere às ideias de controle concentrado da constitucionalidade das leis e atos normativos por um Tribunal Constitucional.

Essa visão técnica e despolitizada de um direito que se basta a si próprio e desenvolvida com base numa teoria jurídica consciente de sua especificidade por estar ciente da legalidade específica de seu objeto abre caminho para análises e reflexões jurídicas normativistas, formalistas e

---

9. Ver Hans Kelsen, *General Theory of Law and State*, Cambridge: Harvard University Press, 1949, p. 24s. Ver também *Teoria Pura do Direito*, Coimbra: Armênio Amado, 1974, p. 309s.

positivistas, bem como para técnicas hermenêuticas de caráter dogmático, cujo denominador comum é a preocupação com as questões relativas à validez ou à vigência do direito positivo. Nesse sentido, uma norma jurídica é considerada válida caso sua concepção e sua aprovação tenham sido feitas com base nos requisitos e nos procedimentos de validez previamente estabelecidos por outras normas jurídicas. Nas palavras desse importante e conhecido jurista austro-húngaro, para quem a ideia de ordem jurídica se restringe às decisões dos Estados nacionais, a unidade do direito positivo acaba sendo o produto da conexão de dependência que resulta da validade de uma norma que foi produzida de acordo com outra norma, cuja produção, por seu turno, é determinada por ainda outra norma, e assim por diante.

É dessa maneira que o sistema jurídico se conforma de um modo escalonado ou hierarquizado de normas – e, em face do primado da lei, não cabe aos juízes senão aplicá-la com toda sua complexidade técnica, e independentemente de suas convicções morais, de suas concepções de justiça e de seus sentimentos comunitários. Partindo do primado de que a norma constitucional é a primeira norma de toda a cadeia normativa, dispondo assim do estatuto de supremacia com relação às demais normas, o conceito de validez desenvolvido por Kelsen tem um sentido lógico-jurídico preciso: na medida em que se situa no vértice de um sistema legal, a Constituição lhe confere validade formal. Em termos empíricos, a Constituição é o fundamento de validade último que constitui a unidade da interconexão criadora do direito; é a norma-chave para a imperatividade do ordenamento jurídico.

Ainda nessa perspectiva monista e legalista, todos os poderes estatais são válidos na medida em que a Constituição – enquanto norma primeira que contém os dispositivos mais elevados do direito positivo – os reconheça formalmente. É justamente daí que decorre a metáfora da "pirâmide jurídica". Ou seja, do modo como o sistema jurídico se desenvolveu sob a forma de um cume normativo estruturado hierarquicamente. No vértice se encontra a Constituição, que é de onde as demais normas derivariam sua validez a partir de um fundamento único. Em termos práticos, isso significa que as normas de grau inferior somente têm validade se forem compatíveis com as normas de grau superior. Como afirmam os juristas que encaram o direito como um sistema independente e fechado, *lex superior derogat legi inferiori*.

Em síntese, na visão *estrutural* do direito – da qual partem a escola da exegese, o juspositivismo, a teoria da norma, a teoria do ordenamento jurídico e a teoria "pura" do direito com seu formalismo e abstração, entre outras abordagens – o direito basta a si próprio. O operador jurídico não valora o conteúdo das disposições normativas – pelo contrário, considera-as indiscutíveis. Sua interpretação das regras jurídicas é sempre declarativa, jamais criativa, de modo que os métodos hermenêuticos a que recorre são a interpretação gramatical e a interpretação sistemática, o que lhes permite assegurar que a interpretação respeita a vontade do legislador. Em suas distintas vertentes ou linhagens, essa visão postula o chamado dogma da completude, com base no qual o sistema normativo é capaz de oferecer ao operador jurídico uma solução para cada caso. O ordenamento normativo é baseado no primado da compatibilidade vertical das normas. E seu fundamento – repita-se – é a Constituição, vista como *Lex Suprema*, como uma *norma normarum,* ou seja, o conjunto das regras básicas e positivas que disciplina a criação das normas jurídicas gerais e define quais são as normas que não podem ser revogadas ou alteradas pela mesma forma que as leis mais simples.

Por fim, no âmbito das Constituições "rígidas", cujos defensores por princípio são insensíveis à utilização do direito como instrumento das intervenções compensatórias para correção de desigualdades sociais, para o combate a práticas discriminatórias e para o enfrentamento de incertezas, como é o caso da eclosão da pandemia da Covid-19, o problema da eficácia material ou substantiva de seus dispositivos normativos não é considerado. Assim, como as pessoas podem ser legalmente iguais, mas socialmente diferentes? Ou, então, elas são distintas com direitos iguais ou iguais com direitos distintos? – estas, por exemplo, são indagações também que não são levadas em conta nesse modo de olhar o direito. O problema é que esse tipo de visão formalista e abstrata não é compatível à materialização de medidas de caráter emergencial que precisam ser tomadas em tempos de crise, como o da pandemia.

Ainda que continue sendo uma visão quase hegemônica na maioria dos cursos de graduação e de pós-graduação em direito no Brasil, ela peca por eleger como único método a hermenêutica jurídica lógico-formal – a ponto de afirmar que, quando não há uma resposta racional pronta e acabada a um caso concreto, extraída do direito positivo, a decisão aparentemente discricionária de um juiz pode, no limite, acabar sendo arbitrária. Essa visão também considera não jurídica qualquer concepção de direito como ciência social – mais precisamente, que analise o fenômeno jurídico como fato, tal como realmente ele é. E, em matéria de pesquisa teórica e aplicada, ela ainda é avessa a apreciações morais, filosóficas, sociológicas, políticas, econômicas, históricas ou antropológicas sobre o direito ou produzida por outros métodos epistemológicos. Mas não é só: sistemas normativos fechados e com base numa concepção rígida de Constituição enfrentam, igualmente, enormes dificuldades para lidar com questões de justiça que não podem ser previamente racionalizadas nem, muito menos, enquadradas em normas gerais, abstratas, impessoais e autounívocas.

Isso faz com que as abordagens, as análises e os debates efetuados com base na visão *estrutural* do direito tenham, por sua tendência ao reducionismo normativo e ao esforço de seu principal teórico de purificar o direito no plano epistemológico, tendido historicamente a um isolamento disciplinar no âmbito das ciências humanas. Avessas à valorização do relativismo cultural, do pluralismo, da heterogeneidade e dos conflitos de valores, essas abordagens e análises sempre pendem a desprezar, em nome da lógica e do formalismo jurídico, o conhecimento interdisciplinar, transdisciplinar e multidisciplinar. Nessa visão, em suma, tudo gira em torno da ideia do direito positivo como uma estrutura codificada e como uma construção racional de normas pelo legislador. Ou seja, como um sistema de normas abstratas e gerais, válidas e coerentes entre si, dotado de unidade, de sistematicidade e de pretensão de completude, e cuja aplicação aos casos concretos se dá por meio de uma interpretação ausente de criatividade.

Assim, ao enfatizar a unidade do Estado, visto pela perspectiva da tripartição de seus três Poderes, a visão *estrutural* do direito não se revela capaz de captar as interações muitas vezes tensas e dependentes de negociações e acordos entre o Legislativo, o Executivo e o Judiciário, de um lado, e os órgãos que compõem a malha institucional, de outro, como, por exemplo, as agências reguladoras, o Ministério Público, as Defensorias Públicas, os órgãos policiais e os múltiplos conselhos consultivos e deliberativos, com suas diferentes regras, linguagens, procedimentos e práticas. Paradoxalmente, o maior problema da visão positivista está naquilo que os teóricos defensores da unidade entre o Estado e o direito apontam como sua maior virtude: ao tentar impedir a descaracterização das estruturas jurídicas, com sua ênfase lógico-formal e defesa de um modelo de Constituição rígida, essa visão acaba bloqueando a percepção das implicações jurídicas do processo social, econômico e político.

A Visão Funcional e as Novas Funções do Direito

O problema entreaberto por esse paradoxo no campo do conhecimento jurídico não é novo no país. Já na transição da década de 1970 para a de 1980, por exemplo, o documento *Desenvolvimento Científico e Formação de Recursos Humanos de 1978*, elaborado pelo Conselho Nacional de Desenvolvimento Científico e Tecnológico (CNPq) com base no maior e mais rigoroso levantamento do nível de qualidade do ensino jurídico de pós-graduação então já promovido no país, tocava nesse ponto de maneira muito afirmativa, lembrando que uma das carências formativas mais evidenciadas era a interpretação juridicamente inovadora da realidade social que subjaz as instituições de direito.

Criticando a cultura excessivamente normativista e técnico-burocrática prevalecente nas faculdades de direito, o relatório, entre outros argumentos críticos, chamava especialmente atenção para o fato de que "a teoria jurídica precisa acompanhar o desenvolvimento socioeconômico [...], mas o que tem feito (no universo acadêmico brasileiro) é trabalhar apenas e tão somente com categorias tradicionais, visões formalistas e soluções abstratas". Também apontava que a leitura cruzada entre o ordenamento jurídico e as práticas e os problemas sociais era ignorada pelas faculdades de direito, que se limitavam a descrever os institutos normativos sem sua devida contextualização política e socioeconômica. E ainda lembrava a importância de análises do direito orientadas não com base em regras jurídicas estritas, mas em princípios gerais de direito e na valorização da cidadania, da diversidade e da complexidade de uma sociedade desigual nos planos socioeconômico, regional, político e cultural.

O documento seguinte, *Desenvolvimento Científico e Formação de Recursos Humanos de 1982*, foi muito além do levantamento anterior. Chegou até a afirmar, por exemplo, que os cursos de pós-graduação das faculdades de direito "encontram-se fechados à pesquisa jurídica, seja ela científica ou não", motivo pelo qual "o país começa a criar outros órgãos geradores do conhecimento jurídico". Dois anos depois, um terceiro documento foi ainda mais contundente do que os outros dois. "Os projetos de mestrado e doutorado apresentados (pelos pós-graduandos das faculdades de direito) para o CNPq não são elaborados com nítidos suportes metodológicos, nem muito menos demonstram que os bolsistas têm exata informação sobre o universo, o objetivo e as fontes de pesquisa em que deveriam se apoiar suas investigações"[10], concluía, advertindo para os problemas causados pela ausência de formação interdisciplinar e multidisciplinar no tratamento dos fenômenos sociais compartimentados nas várias disciplinas jurídicas.

Já o estudo do direito como um sistema *funcional* da ordem legal, ou seja, dependente e aberto ao ambiente externo que o envolve, parte do primado de que fenômenos jurídicos só podem ser compreendidos como fenômenos sociais e de que os significados das normas são uma expressão interpretativa da vida social. Como sua perspectiva não é lógico-formal, mas substantiva ou material, essa visão do direito privilegia questões relativas aos fatores sociais, econômicos, políticos e culturais que dão origem a sistemas jurídicos historicamente determinados. Também possibilita a desconstrução analítica da ideia de unidade do Estado, permitindo com isso a identificação e a análise das disputas que se desenvolvem dentro da intrincada malha de instituições e órgãos estatais e entre ela.

Em tal enfoque, os fatores que dão origem aos sistemas jurídicos também condicionam a aplicação de suas normas aos litígios judiciais. Por isso, essa visão do direito encara as decisões judiciais tomadas com base numa dinâmica muito mais funcional do que orgânica ou sistêmica, como no caso da *visão estrutural*. Além disso, ao contrário desta, que parece oferecer respostas muitas vezes

---

10. Ver *Desenvolvimento Científico e Formação de Recursos Humanos*, Brasília: Ministério da Ciência e Tecnologia (MCT), Conselho Nacional de Desenvolvimento Científico e Tecnológico (CNPq), respectivamente as edições de 1978, 1982 e 1984. Os diagnósticos foram elaborados pelo comitê da área de direito, de que fui um dos integrantes e do qual seria presidente anos depois.

simplistas ou inadequadas a situações complexas, a visão *funcional* tende a valorizar a análise de uma multiplicidade de unidades políticas com distintas amplitudes territoriais – subnacional, estatal, regional, internacional, continental e mundial. Com alcance interdisciplinar e mais alargado, a abordagem funcional do direito se desdobra em diferentes correntes, que vão do realismo jurídico, da teoria pluralista de produção do direito e da teoria do direito dúctil aos *Critical Legal Studies* (Estados Unidos), *Critique du Droit* (França) e *Rechtskritik* (Alemanha), passando pelos movimentos *Law & Society*, *Law & Economics*, *Law & Finance*, por exemplo.

Independentemente de seus objetivos, de suas motivações, de suas especificidades, de suas matrizes teóricas, de suas raízes epistemológicas e de seu alcance ante os desafios do cenário social em que se desenvolveram, todas essas correntes partem da ideia de que não se pode compreender o universo jurídico apenas nos seus próprios termos. Todas elas são convergentes no sentido de valorizar como direito diferentes formatações normativas vinculadas a distintos sentidos de ordem e valores. Todas entendem que as fronteiras do mundo jurídico foram se tornando difusas, razão pela qual a análise jurídica precisou incorporar materiais de natureza não jurídica para que ela pudesse ser aprofundada. Por isso, enquanto para a visão *estrutural* do direito o problema da emergência de fontes não estatais de direito, dos regimes não estatais de regulação normativa e da dispersão de centros de poder jurídico no mundo contemporâneo simplesmente não se coloca, na visão *funcional* a preocupação é desbloquear o olhar sobre o direito de seu isolamento.

Um dos modos de promover esse desbloqueio é caminhar numa perspectiva crítica das limitações do positivismo normativista e da dogmática jurídica, por meio da identificação, no processo de produção e circulação das normas jurídicas, dos diversos interesses que estão em sua base e do esforço para se obter respostas jurídicas mais condizentes com a complexidade social, econômica e política do mundo contemporâneo, com todas suas assimetrias, incertezas, instabilidades e mutações. E isso se dá pela observação do direito no mundo real, onde ele tem sua razão de ser, acoplando-o aos demais fenômenos da sociedade. O propósito dessa abordagem é analisar a contraposição do direito posto pelo Estado com os direitos oriundos de diversos centros autônomos locais, nacionais, regionais, internacionais e globais de produção de normas. A visão funcional do direito valoriza analiticamente não apenas a hierarquia e a unidade do direito no Estado constitucional, mas, igualmente, a pluralidade de ordens jurídicas surgidas em âmbitos setoriais específicos, porém fora da política legiferante exercida pelos Estados nacionais.

Em suas distintas vertentes, a visão *funcional* do direito analisa o papel das instituições jurídicas no âmbito da sociedade do ponto de vista não só de sua racionalidade formal, mas, também, de sua racionalidade substantiva. Lança luz a aspectos como coercibilidade, condições de obediência, legitimidade, relação entre política e direito, o jogo das regras, flexibilização no interior do sistema jurídico conforme formas contemporâneas de organização, porosidade entre o direito público e o direito privado, entre o direito das coisas e o direito dos contratos, dissolução da autonomia do âmbito jurídico e tensão entre discrição e fins na decisão jurídica – fatores esses que os juristas formados dentro do modelo positivista da visão *estrutural* desprezam. Desse modo, a visão *funcional* alarga o campo normativo a ser investigado e propicia um exame crítico da dimensão social dos novos espaços legais. Valoriza a diferenciação no ordenamento jurídico entre as normas proibitivas e reforçadas por sanções punitivo-repressivas, que atendem à prevenção e correção de comportamentos, e as normas de proteção e promoção de valores, de fins e de interesses sociais, que, sob a forma de estímulos, operam por meio de sanções premiais. Com base nessa distinção entre *controle normativo negativo* e *controle normativo positivo*, a visão *funcional* apreende a tendência de materialização do direito emergente na segunda metade do século xx, abrindo assim caminho para a identificação de importantes mudanças no conceito de obrigação jurídica a partir desse período histórico.

Essa visão do direito também aponta que a própria produção de um texto constitucional, dos códigos e das leis é, ela mesma, um processo social. Com base na premissa de que numa sociedade plural o direito deixa de ser o *locus* de certezas e de respostas corretas e passa a ser aberto à complexidade social, política, econômica e cultural, o que o torna flexível, dinâmico e em contínua adaptação, a visão *funcional* do direito também vai muito além de conceber a Constituição como um grande pacto de caráter político que estrutura e organiza a sociedade. Ela encara o direito a partir de sua interdependência com os fatores históricos, sociológicos, econômicos e culturais constitutivos da própria sociedade. Ao contrário da rigidez lógico-formal da visão *estrutural*, que privilegia apenas o "encaixe" das normas jurídicas no âmbito de um ordenamento, a visão *funcional* o concebe como uma estrutura de valores, de fins e de princípios que não é absoluta.

Nessa perspectiva, se a evolução das instituições jurídicas decorreu de uma necessidade histórica de se neutralizar e dirimir conflitos, de arbitrar a pluralidade das pretensões de indivíduos e grupos, detendo assim a tendência entrópica da dada sociedade, uma das indagações que inevitavelmente se coloca no âmbito da visão *funcional* do direito é saber se ele é eficaz – ou seja, se ele consegue, de fato, cumprir as funções para as quais foi criado. Com isso, a visão *funcional* do direito permite identificar e situar as potencialidades, os avanços e os retrocessos de cada sistema jurídico e de cada ordem constitucional ao longo da história como uma questão de natureza empírica, propiciando desse modo a realização de diagnósticos sobre suas contradições, sua eficácia e sua legitimidade.

Ainda nessa perspectiva, a Constituição – enquanto conjunto de normas estruturantes historicamente situadas – é concebida como um fator de estabilização do sistema normativo e de calibração das expectativas de uma dada sociedade com relação à própria ordem jurídica. Na visão *funcional*, a Constituição também é encarada como uma obra aberta, em progresso contínuo e sensível a novos temas e à formulação de novas soluções para a enredada teia dos litígios e dos impasses sociais. O que faz, por consequência, que a vida do direito não seja lógica, mas, isso sim, um "experimento". Mais precisamente, um experimento no qual são levados em conta as demandas e conflitos sociais, as teorias morais, bem como as políticas prevalecentes na sociedade e sua trajetória histórica, como enfatizava o realismo jurídico americano na transição entre os séculos XIX e XX – corrente doutrinária que destacava a supremacia legiferante dos juízes, entendia o direito como "a profecia do que os tribunais farão" e definia os processos judiciais com os "campos de batalha" nos quais a sentença expressa a preferência de um juiz ou de uma corte em um lugar e em um momento determinados.

Nas Constituições "abertas", além disso, quase sempre há uma combinatória de regras jurídicas com normas principiológicas ou programáticas que, expressando-se por meio de conceitos deliberadamente vagos e de indeterminações semânticas, ou então com um alto grau de generalidade, estabelecem princípios éticos, morais, políticos e sociais. Ainda que se complementem, regras e princípios têm papéis distintos. As regras jurídicas têm aplicação imediata, gerando maior previsibilidade e segurança jurídica para seus destinatários. Por seu lado, por serem intrinsecamente ambíguas, as normas principiológicas ou programáticas têm uma aplicação mediata ou ponderada, conferindo mais plasticidade ao sistema jurídico, o que é fundamental para sua eficácia no âmbito de uma sociedade complexa, heterogênea e desigual. Ao contrário das Constituições fechadas, nessa concepção de

Constituição o conceito de eficácia é essencial, uma vez que liga o mundo normativo ao mundo real.

Surgida a partir do momento em que o direito positivo deixou de ter como função apenas a estruturação das instituições, a definição das regras do jogo político e os mecanismos de conservação das estruturas sociais, passando também a exercer o papel de promover mudanças econômicas e transformações sociais, essa combinatória é uma estratégia de acomodação de interesses conflitantes, de estabilização de expectativas e de obtenção de legitimidade. Desenvolvida a partir da segunda metade do século XX com o advento do chamado Estado keynesiano[11], que tinha por objetivo alcançar o pleno emprego, a universalização dos direitos sociais, oferecer seguridade à cidadania em razão do avanço da idade e de enfermidades e conduzir, regular e desenvolver o processo produtivo, ela valoriza uma inter-relação contínua entre texto legal, realidade social, realidade econômica e realidade política, o que faz com que toda interpretação acabe sendo uma forma de (re)construção da realidade jurídica.

Dito de outro modo: essa estratégia, entre outras consequências, torna o texto constitucional um marco normativo capaz de combinar estabilidade e flexibilidade, continuidade e mudança, na medida em que viabiliza sua aplicação de modo mais eficaz no âmbito de sociedades heterogêneas, cambiantes e conflitivas. Quanto mais complexa e plural são as sociedades, menos elas conseguem ser disciplinadas apenas por regras com texto claro e conceitos precisos. Como tendem a gerar problemas novos e que não encontram soluções previamente determinadas pelas regras jurídicas, uma vez que o legislador constitucional não os previu, essas sociedades exigem orientações jurídicas e soluções judiciais baseadas não apenas nas regras típicas das Constituições "fechadas", mas, também, em

11. Ver Andrew Glyn (ed.), *Economic Policy and Social Democracy*, Oxford: Oxford University Press, 1999; e Bob Jessop; Ngai-Ling Sum, *Beyond the Regulation Approach*, Cheltenham: Edward Elgar, 2006.

princípios orientadores e por propósitos legitimadores, sempre expressos por conceitos vagos, imprecisos e indeterminados, por cláusulas gerais e por lugares comuns.

Regras e Princípios Jurídicos

Do ponto de vista de uma técnica legislativa que se destaca mais por sua funcionalidade do que por seu formalismo, os princípios são usados para calibrar as expectativas sociais e oferecer argumentos diversificados para o raciocínio jurídico. Por sua textura aberta, caracterizada por uma ambiguidade deliberada e calculada por parte do legislador, eles apontam caminhos e sinalizam horizontes. Como implicam aplicação polivalente em decorrência de níveis de discricionariedade mais alargadas, os princípios também propiciam o ajuste das decisões às especificidades de cada caso concreto em contextos sociais complexos e heterogêneos. E, quando eventualmente os princípios se chocam, a magistratura – seja a da primeira instância do Poder Judiciário, seja a dos tribunais superiores – tem de levar em conta a força relativa de cada um, o que exige ponderação ou balanceamento de valores.

No início das atividades de redação da Constituição brasileira, em março de 1997, ficou evidente que a eleição para a Assembleia Constituinte culminara numa espécie de empate social. Ou seja, uma situação na qual as forças políticas não partidárias organizadas eram suficientemente fortes para rejeitar determinadas propostas de inovações constitucionais apresentadas por parlamentares das agremiações partidárias tradicionais, porém demasiadamente fracas para impor uma nova arquitetura jurídico-política para todo o país. Desse modo, como não havia uma clara e significativa maioria capaz de propor e de aprovar um projeto constitucional orgânico, constituintes de diferentes partidos e com as mais variadas inclinações ideológicas fizeram um pacto para evitar que suas divergências doutrinárias travassem o andamento dos trabalhos. Eles decidiram que, quando houvesse acordo de lideranças, as propostas de normas constitucionais teriam a forma de regras jurídicas, que são normas com conceitos objetivos e de aplicação imediata. Quando houvesse algum impasse, as propostas teriam a forma de princípios ou de normas programáticas, que sinalizam valores e exigem ponderação ao serem aplicadas a um caso concreto.

Na mesma linha, os constituintes também acertaram que as matérias que fossem consensuais e envolvessem práticas sociais homogêneas e expectativas comuns de justiça teriam a forma de regras jurídicas. Já no que não fosse passível de consenso naquele momento e também não tivesse por base costumes, rotinas e comportamentos sedimentados na vida social brasileira, as propostas de normas constitucionais teriam a forma de dispositivos jurídicos programáticos ou principiológicos. Esse foi o motivo pelo qual, em determinados capítulos da Constituição, as lideranças partidárias acabaram recorrendo menos às regras e mais aos princípios. Ou seja, a conceitos jurídicos com baixa eficácia regulatória, do ponto de vista da disciplina direta das relações sociais, mas que exercem um papel simbólico bastante importante, uma vez que expressam valores e atuam como instrumentos de modelação do imaginário social.

A utilização dos princípios como uma técnica legislativa de acomodação de diferentes escalas de regulação em sociedades complexas, plurais, heterogêneas e conflitivas, como era o caso da brasileira naquele momento histórico, foi uma atitude adotada de modo consciente pelos constituintes. Apesar da acirrada polêmica travada nos meios jurídicos sobre o impacto que os princípios poderiam acarretar para a segurança jurídica no âmbito de um Estado democrático de Direito, foi graças a essa estratégia que os constituintes conseguiram contornar politicamente a rigidez que as técnicas legislativas do normativismo abstrato e do legalismo de inspiração kelseniana conferem ao direito positivo. Também foi graças a essa técnica legislativa que eles também conseguiram colocar as instituições a serviço de novos conteúdos legais, identificando espaços que até então ainda não eram devidamente explorados nos códigos de direito privado e nas leis de direito público.

Como recorreram massivamente às normas programáticas ou principiológicas, os constituintes sabiam que determinados valores não podiam ser juridicamente tipificados naquele período de transição institucional, por absoluta falta de condições políticas. Ao mesmo tempo, contudo, também não tinham como escapar tanto da obrigatoriedade da conceituação legal de algumas normas constitucionais deliberadamente vagas, imprecisas e abertas quanto da necessidade de formular uma linguagem minimamente precisa e unívoca para as leis ordinárias que as regulariam. No plano constitucional, o recurso à abstração conceitual inerente aos princípios permitiu aos autores da Constituição ganhar tempo, lidar com contingências, absorver a insegurança, evitar crises, neutralizar incertezas.

No entanto, o que poderia ocorrer no âmbito do direito após a promulgação de um texto basicamente principiológico, portanto com problemas de uma certa imprecisão nos marcos normativos? Em que medida um número significativo de princípios não correria o risco de inviabilizar o direito como técnica, levando à perda da identidade sistêmica da ordem constitucional? – indagava eu ao assistir *in loco* os debates da Assembleia Constituinte[12]. E respondia em meus artigos ensaísticos e

12. Acompanhei essa discussão de perto, como repórter especial e colunista do jornal *O Estado de S. Paulo* e do *Jornal da Tarde*, durante os trabalhos da Assembleia Constituinte. Nesse sentido, destaco dois artigos publicados num intervalo de quinze meses: A Constituinte e seus Dilemas, *Jornal da Tarde*, 2 fev. 1987, e Qual é o Futuro da Nova Constituição, *Jornal da Tarde*, 16 abr. 1988. O denominador comum dos dois textos de página inteira foi a ideia de que, se a incerteza é o ponto de partida de um regime democrático, assumi-la, num momento em que os constituintes se propunham a recorrer aos princípios em caráter experimental, enquanto técnica legislativa, não significava ignorar as

jornalísticos lembrando que, em sociedades como a brasileira, nem a ordem constitucional poderia ser uma obra perfeita e acabada nem a democracia poderia ser limitada a uma simples cristalização de certas regras e liberdades. Pelo contrário, direito e democracia eram um vir a ser que, fruto contraditório de uma sociedade contraditória, se enriquecem e revigoram nos movimentos de questionamento contínuo do estabelecido, na luta por novos direitos que alargam, reformulam ou mesmo contradizem os já concedidos. Cerca de três décadas e meia depois, o fato é que o excesso de normas programáticas ou principiológicas no extenso texto constitucional promulgado em 1988 foi consequência da ausência de uma bancada partidária hegemônica, dado o equilíbrio entre as forças políticas durante os quase dois anos de trabalhos da Assembleia Constituinte.

Casos Fáceis e Casos Difíceis

Aprofundando essa discussão sempre com base na perspectiva de uma tipologia ideal de inspiração weberiana, as regras jurídicas costumam ser formuladas pelos legisladores para dar conta dos casos mais corriqueiros e mais fáceis, a partir dos quais os tribunais tendem a desenvolver um sistema de jurisprudência pacificada. Já as normas programáticas ou principiológicas se destinam aos casos considerados mais difíceis, complexos, multifacetados e pluridimensionais.

Estes casos costumam ocorrer quando, em face de um determinado litígio na sociedade, não existem no

demandas por certeza. Pelo contrário, o realismo político exige análises com atenção redobrada para avaliar em que medida a democracia brasileira conseguiria desenvolver referências de certeza num tenso e delicado contexto de reconstitucionalização do país, especialmente em áreas estratégicas, como educação, segurança e saúde pública, por exemplo. Esse era, à época, um dos pontos cruciais para a consolidação da redemocratização.

ordenamento jurídico regras claras, unívocas, precisas e autoaplicáveis à disposição da magistratura para julgá--lo. Por consequência, a inexistência dessas regras acaba exigindo dos juízes um grau maior de discricionariedade para tomar uma decisão neste ou naquele sentido, o que acaba resultando, em termos práticos, numa criação judicial do direito. Em outras palavras, ao interpretarem e aplicarem uma norma principiológica ou programática nos julgamentos sob sua responsabilidade, os magistrados acabam por um lado seguindo a orientação do legislador no sentido de garantir fins, princípios, valores e interesses sociais cujo resultado final promete liberdade, igualdade, inclusão social e dignidade – compromisso esse cuja efetividade é medida em termos de resultados. Por outro lado, contudo, correm o risco de exorbitar em termos hermenêuticos, convertendo o processo hermenêutico em processo legislativo para o caso concreto.

Os chamados "casos fáceis" são aqueles em que o enquadramento de determinados fatos com base numa determinada regra jurídica não deixa margem a dúvidas e também não contraria o sistema de princípios ou de orientações programáticas que conferem coerência às normas do direito positivo que lhe dizem respeito. Já com relação aos chamados "casos difíceis", eles envolvem incertezas e dúvidas decorrentes, de um lado, da existência de várias normas que estabelecem decisões diferentes, uma vez que elas podem ser antinômicas. E, de outro lado, como já foi dito, da inexistência de normas aplicáveis de maneira precisa a esses casos.

Dito de outro modo, os casos difíceis são aqueles em que, por seu caráter controverso, as regras jurídicas que os regulamentam e os disciplinam não podem ser aplicadas com base na simples subsunção mecanicista dos fatos a um conjunto de normas semanticamente pré-determinadas. Nesses casos – especialmente aqueles que costumam surgir em períodos históricos marcados por riscos, incertezas e inseguranças decorrentes do aumento de nossas possibilidades de ação, das dificuldades de avaliar suas consequências éticas, políticas, sociais e econômicas e de tomar decisões bem informadas e fundamentadas – os juízes, ao decidirem, devem recorrer a princípios como bem comum, dignidade da pessoa humana, valor social do trabalho, função social da propriedade, função social do contrato, função social da empresa e boa-fé. Já os casos difíceis são, em decorrência de sua própria natureza, aqueles em que as normas que os regulamentam e os disciplinam não podem ser aplicadas com base na subsunção mecanicista dos fatos às normas semanticamente pré-determinadas.

Graças à sua vagueza, à sua imprecisão e às suas deliberadas indeterminações semânticas, as normas principiológicas ou programáticas permitem aos magistrados, pressionados pelo entorno social em que atuam, "acomodar" a ordem jurídica no âmbito de uma realidade complexa e cambiante. Desse modo, eles asseguram, por via hermenêutica, a completude do sistema normativo. Em outras palavras, a textura calculadamente aberta desse tipo de norma significa que existem determinados espaços e áreas na vida social cuja regulação específica foi deixada pelo legislador para os tribunais, cujos magistrados determinam o equilíbrio, conforme as circunstâncias, entre interesses colidentes cujo peso varia de caso para caso. Ou seja, o campo interpretativo não se resume a número limitado de significado das normas – pelo contrário, ele é conscientemente deixado mais livre para a discricionariedade do intérprete e do julgador.

Do estrito ponto de vista técnico-jurídico, essa combinatória entre regras e princípios jurídicos propiciaria assim a redução da incerteza na vida social e de um *enforcement* mais adequado mais maleável à realidade das sociedades complexas. Isso, é claro, com a condição de que os juízes, ao levarem em conta o ambiente socioeconômico no qual se situa a causa que têm de decidir, justifiquem suas decisões com um mínimo de critérios jurídicos, e não apenas por opções políticas habilmente escondidas sob o manto de uma retórica juridicista ou, então, por argumentos puramente consequencialistas. Quando as decisões judiciais decorrem dessas opções, o resultado acaba entreabrindo o risco de uma desconstrução da efetividade e da força normativa da ordem jurídica. Já do ponto de vista de sua funcionalidade e efetividade no âmbito de uma sociedade complexa, a combinatória entre regras e princípios jurídicos permite aos juízes compatibilizar o ordenamento normativo com o meio ambiente social, econômico, político e cultural que o gerou e que o circunscreve.

Além do mais, uma vez que nessa visão o direito positivo não pode ser tratado como se compreendesse apenas e tão somente axiomas e corolários matemáticos ou deduções *more geometrico* de premissas gerais, uma "Constituição aberta" possibilita que ela seja reatualizada por meio de interpretações receptivas às novas demandas que vão surgindo na vida social e a métodos hermenêuticos que são muito além da interpretação gramatical e sistemática. Entre outras consequências, essa reatualização tem um verso positivo e um reverso negativo. De um lado, ela impede, por exemplo, que o poder de uma geração – a dos autores de uma Constituição, por exemplo – se sobreponha sobre as gerações seguintes. Nesta linha, conhecer o direito positivo implica saber o que ele tem sido ao longo do tempo e qual é a tendência de transformação que poderá seguir. De outro lado, porém, vagueza e imprecisão semântica podem abrir caminho para interpretações ideológicas e partidárias das normas principiológicas por parte de magistrados ativistas, levando a um duplo processo de judicialização da política e de politização dos tribunais, e afetando com isso a implementação de programas governamentais, a destinação de verbas orçamentárias e a própria dinâmica do jogo partidário[13].

13. Exemplo do risco de deturpação política e ideológica das normas principiológicas é o projeto de lei que foi apresentado em 2019 na Câmara dos Deputados pelo líder do governo Bolsonaro, com apoio ▸

Em síntese, a visão do direito como um sistema independente, fechado, unívoco e com um conjunto coerente de normas considera o fenômeno jurídico em estado puro – ou seja, fora de seu efetivo enraizamento social e da própria história do desenvolvimento de uma nação. Essa visão tem por objeto a estrutura hierarquizada de uma ordem jurídica. Ao reduzir a experiência jurídica a um normativismo formal, sob a forma de um conjunto de proposições e conceitos formalmente encadeados, com base na premissa de que o Estado é o centro geométrico da positividade do direito, ela valoriza a lógica dedutiva e as teorias formais do direito. O problema é que as profundas transformações no direito ocorridas na transição do século XX para o século XXI levaram a novos marcos de referência para a reinterpretação de conceitos básicos das teorias jurídicas tradicionais – e, a um ponto tal, que noções como legalidade, vigência e eficácia jurídica

▷ declarado do presidente da República, propondo a criação de uma Autoridade Nacional Contraterrorista, que teria amplos poderes e ficaria subordinada diretamente à Presidência da República. O projeto previa que esse órgão poderia agir "também para prevenir e reprimir execução de ato que, embora não tipificado como crime de terrorismo", fosse "perigoso para a vida humana ou potencialmente destrutivo a alguma infraestrutura crítica, serviço público essencial ou recurso--chave". Afirmava, ainda, que poderia reprimir atos que tivessem a "aparente intenção de intimidar ou coagir a população civil ou de afetar a definição de políticas públicas por meio de intimidação, coerção, destruição em massa, assassinatos, sequestros ou qualquer outra forma de violência". Como pela legislação em vigor só há terrorismo se o crime for praticado por motivos de xenofobia, cor, etnia e religião, a vagueza expressa por diversos artigos do projeto – rejeitado em 2021 após forte pressão de entidades da sociedade civil – ampliava de tal forma o alcance do conceito de ato terrorista que, no limite, permitia a indiferenciação entre ato terrorista e crimes comuns. Como várias associações de classe de operadores jurídicos afirmaram na época, um governo que enfrentasse manifestações de oposicionistas poderia usar atos isolados de vandalismo para criminalizar todos os manifestantes e críticos. Discuto os riscos dessas deturpações das normas principiológicas em Judicialização da Política, Ativismo Jurídico e Tensões Institucionais, *Journal of Democracy*, edição em português, Fundação FHC/Centro Edelstein de Políticas Públicas, v. 10, n. 2, out. 2021.

não são compreensíveis sem interpretações sociológicas do que antecede e do que segue um fenômeno jurídico.

Relações "Cross Borders"
e Experiências Legais Transnacionais

Portanto, frente a um contexto de descentralização do Estado-nação como ator jurídico e de crescente multiplicação de novos e múltiplos atores político-jurídicos, dos quais são exemplos ilustrativos as entidades supranacionais, as organizações multilaterais, as empresas mundiais, as corporações de interesses, sindicatos internacionais de trabalhadores e respeitadas organizações não governamentais com alcance internacional, a visão formalista e normativista do direito apresenta enormes dificuldades para lidar com relações *cross borders* e com experiências legais transnacionais. Explicitadas pela eclosão da pandemia da Covid-19, essas dificuldades já vinham sendo identificadas e analisadas por sociólogos do direito desde as décadas finais do século xx, apontando que essas relações e essas experiências são assentadas não nos limites de uma unidade territorial, mas em diferentes setores de atividades econômicas mundializadas.

Partindo de uma concepção mais ampla de normatividade, encarada a partir tanto da dualidade entre regras jurídicas e normas principiológicas quanto em termos de estrutura e de função normativas, a visão do direito como um sistema dependente e aberto é mais consentânea com os objetivos da pesquisa. Ao ter como foco a natureza do direito e ao analisá-lo como um instrumento de controle social, de dispersão ou neutralização dos conflitos, de estabilização de expectativas, de superação de desconfianças e de promoção da cooperação e assegurar soluções pacíficas para litígios no âmbito da sociedade, por exemplo, essa visão debruça-se mais sobre os fins a que se destinam os textos legais do que sobre sua estrutura lógico-formal.

Além disso, ao considerar a integração das dimensões normativas e não normativas do direito, essa visão também está voltada à adaptabilidade da ordem jurídica às mutações sociais, à integração da sociedade em ideal de "comunidade" e à reconstrução da ordem jurídica por meio de uma hermenêutica baseada na interpretação *praeter legem* e não *secundum legem*. É por meio desse tipo de interpretação, de natureza extensiva, que é assegurada a durabilidade do ordenamento jurídico mediante um processo contínuo de experimentação.

Em outras palavras, se na visão do direito como um sistema independente, fechado e unívoco prevalece na interpretação e na aplicação de uma regra jurídica a um caso concreto o que os teóricos do direito chamam de método *subsuntivo* ou de subsunção (baseado na premissa conexão entre premissa maior, premissa menor e conclusão necessária), na visão do direito como um sistema dependente e aberto a interpretação das normas constitucionais está muito longe de ser algo próximo a uma questão de natureza matemática. Não é uma atividade exclusivamente técnica nem mecânica, uma vez que a valorização dos fatos e a atribuição de sentido às palavras das leis sempre implicam alguma dose de subjetividade.

Além do mais, como essa visão enfatiza a importância das funções dos princípios no ordenamento jurídico e como eles podem colidir entre si na aplicação a um caso concreto, na interpretação de uma norma principiológica ou programática não há a menor possibilidade de subsunção. Pelo contrário, a necessidade é de ponderação – uma reflexão com o objetivo de alcançar um nível de equilíbrio, a fim de que a restrição de cada um dos princípios em colisão seja a menor possível. Dito de outro modo, a ponderação é um modo de avaliação dos aspectos contrapostos de uma determinada questão, de tal modo que, quanto maior for o ponto de não satisfação ou de afetação dos princípios, maior tende a ser a importância da satisfação do outro. Como será visto mais à frente, ela é particularmente importante no âmbito dos direitos fundamentais, que têm caráter de princípios.

Por isso, ao partir da tradicional distinção entre *law in books* e *law in action* e ao mesmo tempo ultrapassando essa dimensão binária, a *visão funcional* do direito tende a identificar e a captar analiticamente a crescente multiplicação de diferentes níveis, de diversas instâncias e de distintas famílias jurídicas – ou seja, ela vai muito além da visão *estrutural*, que se concentra apenas no olhar lógico-formal do direito positivo. A visão *funcional* converte em objeto uma questão antes restrita aos estudos relacionados mais à antropologia e a sociologia jurídicas do que à teoria do direito. Trata-se do processo de erosão do monismo jurídico e o subsequente advento, em um mundo cada vez mais interconectado em tempo real, de um pluralismo normativo expresso pela coexistência de diferentes ordens jurídicas e de modelos normativos separados ou semiautônomos em um mesmo contexto espacial e temporal. Ou seja, com diferentes escalas e lógicas funcionais e subnacionais, nacionais, regionais, internacionais, supranacionais e transnacionais. Essa visão é mais sensível à interação entre a ordem legal oficial, baseada no sistema normativo de um processo legislativo com base na constituição de cada Estado e ordem legal não oficial, que se tornou importante parte integrante do direito contemporâneo.

Um exemplo significativo desse pluralismo é a *lex mercatoria*, o direito transnacional das transações econômicas. Fundada no princípio da efetividade e baseada em costumes e práticas comerciais internacionais, ela se configura como um direito espontâneo que foi criado ao longo dos séculos por comerciantes com o objetivo de evitar em suas transações internacionais a aplicação sempre problemática e conflitiva das legislações nacionais de seus respectivos países. Mais contemporâneos, outros exemplos são os códigos de ética corporativa no setor empresarial, a *lex electronica* (o direito da internet), a *lex sportiva internacionalis*, a *lex laboris internationalis*, o chamado do direito da padronização técnica, que foi constituído por determinações impostas pela International Organization for Standardization (iso) – uma entidade não governamental criada por 25 países em 1946. São normas cuja criação não se dá por meio do Estado. Como afirmam juristas contemporâneos vinculados à teoria dos sistemas, tomando como exemplo a atuação das chamadas instituições "quase legislativas" e "quase judiciais", como a International Chamber of Commerce, em Paris, a International Law Association, em Londres, e a International Maritime Comission, em Antuérpia International, marcos vindos de fora da hierarquia legal podem não constituir direito positivo, mas nem por isso deixam de ser fatos jurídicos seja na perspectiva das próprias doutrinas legais, seja na perspectiva antropológica e sociológica do pluralismo legal[14].

14. Ver Günther Teubner, Economic Globalization and the Emergence of Lex Mercatoria, *European Journal of Social Theory*, London, 2002, v. 5, n. 2, p. 206. Ver também Maria Rosa Ferrarese, La *lex mercatoria* tra storia e atualità: da diritto dei mercanti a lex per tutti?, *Sociologia del diritto*, Milan, 2005; Philippe Kahn, Droit international économique, droit du dévelopment, lex mercatoria: concept unique ou pluralisme des ordres juridiques?, em Berthold Goldman (org.), *Le Droit de relations économiques internationales*, Paris: Librairies Techniques. E Jacques Béguin, Le Développement de la lex mercatoria menace-t-il l'ordre juridique international?, *McGill Law Journal*, Montreal, 1975, v. 30 ("éditions sur le développement de la *lex mercatoria*"), p. 478-538. Um exemplo da atuação "quase-legislativa" de entidades como essas ocorreu em março de 2020. Assim que a pandemia começava a se alastrar por todo o mundo, por exemplo, a Internacional Chamber of Commerce emitiu sugestões de cláusulas de *hardship* a serem eventualmente inseridas em contratos. Nas práticas contratuais internacionais, a expressão *hardship* significa a alteração de fatores políticos, econômicos, financeiros, legais ou tecnológicos que acarretam algum tipo de prejuízo econômico aos contratantes. A International Chamber of Commerce também definiu novos eventos que podem ser classificados como de força maior e afirmou que, no caso de surgimento de um fato excepcional que tornasse um contrato muito oneroso para uma parte, ele deveria ser imediatamente comunicado para a contraparte. A entidade recomendou, ainda, que as partes buscassem uma composição e discutissem novos termos e alternativas para seu contrato. Ver International Chamber of Commerce, *icc Force Majeure* ▶

Assim, na medida em que a nova *lex mercatoria* continua abrindo caminho para a construção de uma nova malha conceitual, para a elaboração de modelos analíticos capazes de abarcar as diferentes ordens jurídicas e para a identificação do que os juristas chamam de "obrigações pós-nacionais", desenvolvendo-se paralelamente ao direito positivo dos Estados, sua análise pode ficar presa a um conceito único e central de direito. Se a visão do direito como um sistema fechado, independente, hierarquizado, íntegro unívoco e dependente de uma visão hierárquica se adequava mais ao mundo que emergiu com a modernidade jurídica entre os séculos XVIII e XIX, o qual funcionava por meio de cadeias lineares de causas e efeitos num contexto de caráter mecanicista, a visão do direito como um sistema dependente, aberto, flexível e dinâmico permite acompanhar a trajetória de um mundo mais complexo e acelerado que emergiu entre o final do século XX e no início do século atual, o qual funciona por meio por meio de uma cadeia complexa de acontecimentos com distintos significados num contexto de natureza sistêmica. Diante da ausência de um governo central mundial agindo como legislador, executor e regulador, a *lex mercatoria* exerce um papel decisivo uma vez que permite a estabilidade dos mercados globais de bens, serviços e finanças de um modo que o direito internacional público, os tratados comerciais e as instituições multilaterais muitas vezes não conseguem.

Essa é a opção metodológica da pesquisa. Seu ponto de partida é que o direito não depende apenas da coerência lógico-formal das regras, mas, principalmente, das próprias relações sociais, econômicas e políticas que se exprimem sob a forma de regras. Essas relações sociais, econômicas e políticas tendem a se tornar independentes da vontade dos que delas participam. Além disso,

▷ *and Hardship Clauses*, mar. 2020, disponível em: <https://iccwbo. org/wp-content/uploads/sites/3/2020/03/icc-forcemajeure-hardship--clauses-march2020.pdf>. Todos os *links* presentes nesta edição estavam ativos em 24 jan. 2025.

as relações entre direito e sociedade não são causais ou mecânicas, até porque as relações sociais são muitas vezes ambíguas e contraditórias. Ao mesmo tempo, o direito também incorpora pensamentos utópicos produzidos pelas classes sociais, expressando o que determinados segmentos da sociedade desejam, aspiram e sonham. Enfim, é na materialidade cotidiana da vida social que são construídas as novas relações e o direito pode ir se renovando.

Ao levar em conta análises sobre pluralismo jurídico, sobre direitos civis e políticos, sobre as mudanças nas relações entre tempo e espaço causadas pela globalização econômica no âmbito das instituições de direito, sobre as dificuldades enfrentadas pela democracia contemporânea para antecipar eventos futuros em contextos de incerteza e sobre a relação entre ação administrativa, conhecimento científico e responsabilidade política por parte dos Estados, essa opção metodológica é classificada pela doutrina como "realista", na medida em que converte a teoria do direito numa reflexão que observa lugares, posições e perspectivas a partir dos quais cada sistema jurídico foi forjado e instituído.

Ao focar a atenção nos conflitos e nas contingências inerentes à produção de um sistema jurídico mais complexo, procurando desse modo captar o sentido do que está em jogo em tempos de pandemia, essa visão valoriza o diálogo da teoria do direito com a economia, com a sociologia, com a ciência política, com a história e com a antropologia. Justamente por sua abertura ao diálogo interdisciplinar, essa visão do direito é desprezada pela outra, a que prevalece no ensino jurídico brasileiro, sob a justificativa de que, ao se envolver com disciplinas que se ocupam de fatos sociais, ela inviabilizaria um estudo técnico do sistema legal e de suas normas. Dito de outro modo, a interação entre o direito e a economia, sociologia, a ciência política, a história e a antropologia colocaria em risco a natureza implicitamente apologética que a maioria quase absoluta dos cursos jurídicos brasileiros ainda têm até hoje.

Liberalismo Político e Liberalismo Econômico

Se, do ponto da sociologia jurídica e da filosofia e teoria do direito, a distinção foi entre a visão estrutural e a visão funcional do sistema jurídico, no âmbito da teoria do Estado e da ciência política e da sociologia a distinção a ser promovida feita para fundamentar a análise das transformações sofridas pelo Estado keynesiano ou social-democrata na transição do século xx para o século xxi envolve o liberalismo político, que tende a ver o Estado como um inimigo das liberdades, por um lado, e o liberalismo econômico, que defende que a intervenção estatal na economia de mercado seja limitada, por outro lado.

Situada no centro do antigo e tradicional debate sobre os limites da intervenção do Estado na economia, essa distinção ganhou enorme importância após a crise do petróleo ao longo da década de 1970 e da conjugação entre inflação e estagnação por ela provocada. Entre outros efeitos disruptivos, os desdobramentos econômicos e financeiros dessa conjugação levaram, inicialmente, à erosão da social-democracia. Com isso, abriram caminho para a ascensão de um liberalismo econômico na Inglaterra e nos Estados Unidos, com chegada ao poder de Margaret Thatcher, em 1979, e de Ronald Reagan, em 1981. Sob a justificativa de que a intervenção do Estado na economia levava a distorções e a ineficiências no funcionamento dos mercados e com base na premissa segundo a qual tudo de que os países necessitavam para crescer era desregulamentar a economia, deixando os mercados para os empreendedores privados, as palavras de ordem de Thatcher e Reagan em defesa da desconstitucionalização, da desregulação e da redução de políticas de bem-estar social se converteram no paradigma dominante na formulação de políticas no Ocidente.

Esse paradigma foi adotado pelo Banco Mundial e pelo Fundo Monetário Internacional, dominados pelos Estados Unidos. A partir daí as duas entidades passaram a publicar uma sucessão de relatórios sobre mudanças macro e microeconômicas, cujo fio condutor era a aversão ao dirigismo estatal, a planos de longo prazo e a mecanismos de planejamento, pressionando os países em desenvolvimento – inclusive os do Leste Europeu, que haviam se mantido por várias décadas com base numa economia fortemente dirigida – a adotarem agendas reformistas e abrindo linhas de crédito para sua implementação e execução. Entre outros objetivos, essas agendas enfatizavam o fortalecimento dos direitos de propriedade, o fechamento de agências regulamentadoras da economia, a privatização de empresas públicas, a adoção de maior controle sobre gastos públicos e cortes de impostos. Também defendiam alterações jurídicas com o objetivo de enfraquecer politicamente os sindicatos, mediante a redução do número de trabalhadores a eles filiados.

Em sua vertente mais moderada, conhecida como *institutional perspective*[15], os teóricos do liberalismo econômico afirmam que as instituições são importantes por definirem as regras do jogo tanto formais, estabelecidas em lei, quanto informais, resultantes de usos, de costumes e de tradições. Reconhecem que as forças de mercado são incapazes de criar essas regras por si próprias. Lembram que, para ser eficiente, um sistema de livre mercado necessita de algo mais do que o interesse de cada um. Também entendem que as instituições exercem um papel fundamental na redução de incertezas e na promoção de

---

15. A obra mais expressiva dessa vertente é de autoria de Douglas North. Ganhador do Prêmio Nobel de economia em 1993, ele é considerado, ao lado de Ronald Coase, um dos fundadores na "nova economia institucional". Para North, instituições são um conjunto de "restrições humanamente concebidas que estruturam as interações políticas, econômicas e sociais", sendo decisivas para o aumento do crescimento econômico. Instituições eficientes asseguram previsibilidade e segurança, atraem e incentivam investimentos, permitindo que o crescimento econômico caminhe na linha de aprofundar o desenvolvimento social e o econômico. Ver, nesse sentido, *Institutions, Institutional Change and Economic Performance*, Cambridge: Cambridge University Press, 1990.

ganhos econômicos. Isso porque, ao tornar os resultados das transações seguros, previsíveis e benéficos, as instituições asseguram uma vida social e econômica ordenada, pacífica e funcional. Por fim, esses teóricos do liberalismo econômico têm consciência de que poderes particulares carecem de capacidade de constituir e garantir toda essa ordenação. Com sua teia de regras e suas estruturas normativas, instituições fortes e eficientes garantem a propriedade, impõem o cumprimento dos contratos e protegem os cidadãos contra a violência, dizem eles, repetindo a máxima que se tornou a marca dessa vertente – *institutions matter*.

Para essa vertente, as instituições regem relações entre pessoas e empresas e destas com o Estado, estabelecendo incentivos que moldam o comportamento humano e determinam que tipo de economia, sociedade ou sistema político se tem. O crescimento depende de instituições que estimulem investimento e eficiência, o que se obtém reduzindo riscos e custos de transação. Nesse sentido, instituições de boa qualidade produzem um "ambiente saudável para os negócios", encorajando especialização, inovação e aumento de produtividade. Já as instituições de má qualidade e "ambiente pouco saudável de negócios" prejudicam o crescimento. Daí a importância de uma ordem jurídica enxuta, objetiva e concebida para reduzir os custos de transação, propiciar maior segurança contratual, assegurar uma proteção efetiva do direito de propriedade, valorizar os precedentes judiciais, proteger os chamados "direitos de liberdade" e fortalecer o sistema penal.

Partindo de uma visão individualista da sociedade, os teóricos do liberalismo econômico em sua vertente menos moderada e mais acentuada afirmam que, como os mercados são eficientes por si próprios, quando o Estado age como controlador, regulador, estimulador e planejador da economia ele tende a violar as liberdades fundamentais. Com base nesse entendimento, teóricos mais exacerbados do liberalismo econômico defendem políticas de desconstitucionalização, deslegalização, desregulação, desburocratização e de privatização de empresas públicas. Também descartam o papel do Estado como agente normativo e fiscalizador das atividades econômicas. E entendem, ainda, que o que deve prevalecer na vida social não são valores como equidade e solidariedade, como previam as Constituições elaboradas na segunda metade do século XX, promulgadas após o término da Segunda Guerra Mundial, mas inteligência, agilidade e eficiência. Para esses teóricos desse tipo de liberalismo econômico, em síntese, a Constituição deveria ser vista apenas do ponto de sua adequação à consecução de metas estabelecidas a partir de uma lógica eficiência puramente econômica, limitando-se a garantir o livre jogo de mercado, a proteger o direito de propriedade e a assegurar as liberdades de iniciativa, de escolha, de ação e de formalização de vontades entre sujeitos de direito por meio de contratos, firmada com base no princípio jurídico do *pacta sunt servanda*.

Por seu lado, os teóricos do liberalismo político têm um entendimento bastante distinto. Em sua primeira fase, nos séculos XVII e XVIII, a que abrange o contratualismo de Thomas Hobbes e John Locke, o liberalismo de Stuart Mill e Jeremy Bentham e a teoria dos sentimentos morais de Adam Smith, eles apontaram as condições necessárias ao funcionamento da economia política liberal, abarcando o mercado, a acumulação, o estímulo às vocações empresariais e a dignidade dos cidadãos pertencentes à "mais baixa extração social". Por mais que fossem avessos ao dirigismo estatal, esses filósofos destacaram as liberdades públicas como marcos normativos da economia de trocas e da atuação do Estado sobre os cidadãos, seguindo regras democraticamente definidas. Também enfatizaram o princípio da responsabilidade social de quem empreende e obtém lucros, enfrentando os riscos de mercado, e jogaram luz sobre as necessidades sociais mínimas, envolvendo elementos materiais e outros de ordem cultural e ligados a costumes. Nos séculos XIX e XX,

75

o liberalismo político consagrou as liberdades de iniciativa e de mercado e, ao mesmo tempo, enfatizou a importância da regulação estatal em matéria de institucionalização do direito de propriedade, registro comercial, punição de falência fraudulenta, combate a práticas monopolistas e criação de mecanismos judiciais para assegurar a inalterabilidade e o cumprimento das obrigações contratuais.

A partir da segunda metade do século xx, teóricos do liberalismo político passaram a afirmar que, embora não caiba ao Estado indicar o que é felicidade aos cidadãos, ele tem de criar condições para satisfazer as necessidades primárias dos economicamente hipossuficientes, assegurando-lhes moradia, acesso à alimentação, sanidade e atendimento médico. Valorizando questões de justiça distributiva suscitadas pelos questionamentos sobre os princípios de uma sociedade mais justa, o argumento é que o Estado tem de atuar para que o jogo político seja menos desequilibrado. Isso porque, entre outros motivos, onde existe desigualdade nem todos podem decidir em iguais condições. Dito de outro modo, para serem efetivamente livres, os indivíduos necessitam de condições materiais básicas, que incluem garantias à vida e ao bem-estar. Sem elas, o alcance de seu campo de escolha é limitado. Isso exige repensar os direitos, vinculando-os a mecanismos compensatórios, capazes de atenuar os desequilíbrios produzidos pelo livre jogo dos mercados[16]. Nesse sentido, política e economia são verso e reverso de uma mesma moeda. Por mais que seja *market friendly*,

16. Ver Rolf Kuntz, Estado, Mercado e Direitos, em José Eduardo Faria; Rolf Kuntz, *Qual o Futuro dos Direitos? (Estado, Mercado e Justiça na Reestruturação Capitalista)*, São Paulo: Max Limonad, 2002. Do mesmo autor, ver também Rawls: Uma Introdução à Justiça Como Equidade, *O Poder Como Direito*. Trabalho apresentado à Faculdade de Filosofia, Letras e Ciências Humanas para a obtenção do título de livre docente, 2009, p. 198-211. Ver, ainda, Álvaro de Vita, *A Justiça Igualitária e Seus Críticos*, São Paulo: Martins Fontes, 2007; e Vital Moreira, *A "Cláusula Laboral" no Comércio Externo na União Europeia*, Coimbra: Coimbra Editora, 2014.

enfatizando as funções estruturantes do direito de propriedade e o cumprimento das obrigações contratuais, o liberalismo político não descarta a responsabilidade social de quem empreende e lucra enfrentando os riscos de mercado.

Ainda nessa linha, merece destaque o debate deflagrado durante a década de 1970, quando os Estados Unidos e alguns países europeus estavam submetidos a uma tensão entre crise de governabilidade e crise de legitimidade e as práticas políticas se revelavam incapazes de conciliar as ideias de liberdade e de igualdade. Até então, a história havia mostrado que as experiências que priorizam a liberdade tinham relegado para segundo plano a justiça social, enquanto as experiências que deram primazia ao igualitarismo teriam aberto caminho para um processo de corrosão das liberdades públicas. Foi nesse período em que um importante e respeitado filósofo político americano lançou um livro em que recolocou a ideia de igualdade e a questão dos direitos no centro da reflexão liberal. A seu ver, um princípio de justiça social seria, juntamente com um princípio de liberdade, fator constitutivo da moralidade política liberal.

Partindo da ideia de que a incapacidade de conciliação entre os princípios da liberdade e da igualdade era um falso dilema, esse filósofo entendia que sociedades pluralistas contemporâneas passíveis de ser consideradas justas seriam aquelas em que o poder político fosse capaz de propiciar condições para que cada cidadão pudesse fazer de sua existência algo que considerasse merecedor de ser vivido. Trata-se de John Rawls (1921-2002), um brilhante professor da Universidade Harvard que, incluindo a temática da igualdade e da desigualdade entre as questões fundamentais para a democracia, procurou mostrar como, em um regime democrático-constitucional, é possível articular esses dois princípios de modo equilibrado. Encarando-os não apenas em seu caráter formal, mas, também, sob a forma de oportunidades reais e concretas de ação na vida

77

social, Rawls afirmava que o equilíbrio entre os princípios da igualdade e da liberdade seria condição de justiça (*fairness*). Lançado em 1971, o texto – hoje considerado um clássico – tem justamente por título *A Theory of Justice*. A obra, que demorou mais de duas décadas para ser escrita, foi publicada pela Harvard University Press – duas décadas mais tarde, depois de refletir sobre as críticas que lhe foram feitas, de diferenciar de modo mais preciso a ideia de justiça nos planos moral e político e de aprofundar sua concepção de "sociedade bem ordenada", ele lançaria *Political Liberalism*, editado em 1993 pela Columbia University Press. Por "sociedade bem ordenada" ele entende uma sociedade não mais unida por seus valores morais essenciais, mas por sua concepção política de justiça, que poderá ser consensual, independentemente das incompatibilidades próprias das doutrinas filosóficas, morais e religiosas que a endossam.

A originalidade de Rawls não está na elaboração de uma utopia, porém na argumentação de que uma sociedade será justa a partir da recuperação da ideia de contrato. Para ele, a determinação dos termos equitativos de cooperação em sociedade envolve o contrato social como ideia reguladora da vida política, mais precisamente da ordem legal necessária para a efetivação dos direitos, não apenas civis, mas também sociais. Para que esse labor cooperativo seja legítimo e para que se dê em conformidade com as regras democráticas, é necessário projetar a posição original dos cidadãos livres e iguais no momento do contrato social. Daí a necessidade de um Estado constitucional apto a proteger as diferenças e distribuir de modo igualitário os bens sociais primários. Ou seja, a necessidade de um nível mínimo de educação, de renda, de alimentação, de condições de saúde e de chances de cultura para que todos os cidadãos possam exercer plenamente sua liberdade. Igualdade de oportunidades é um conjunto de instituições que mantém aberta a competição para posições com base em qualidades razoavelmente relacionadas à performance. E, para que igualdade seja possível, ela depende não só de liberdades formais previstas pela Constituição, mas, também, de funções governamentais alocativas, de estabilização, de transferência e de distribuição de recursos. Funções essas implementadas por políticas públicas que defendam o emprego por meio do estímulo da demanda, impeçam a manipulação de preços pela concentração de poder econômico e assegurem um mínimo social que complemente a renda dos mais pobres, diz Rawls.

"As expectativas mais altas daqueles mais bem situados são justas se, e apenas se, funcionarem como parte de um esquema que melhore as expectativas dos membros menos favorecidos da sociedade", afirma ele no capítulo relativo aos fundamentos institucionais da justiça distributiva. Rawls não confunde liberalismo com um contexto em que as forças de mercado possam agir de modo indiscriminado. A seu ver, a ideia de liberdade é indissociável da ideia de uma igualdade concreta e efetiva, e ela pode ser obtida pela garantia de uma segurança mínima em face de doenças e de desemprego, pelo uso de instrumentos como o imposto de renda negativo, pelo combate aos monopólios e oligopólios, pela multiplicação de oportunidades de emprego, por posições acessíveis a todos em condições de igualdade e, por fim, pela distribuição equitativa da educação. Com medidas como essas, os pactuantes de um contrato social estariam em condições de avaliar os efeitos e as consequências de suas opções sem serem influenciados por nível de escolaridade, diferenças de origem social e de posição econômica.

Ao rebater essa argumentação, que colocou o liberalismo político em um novo patamar, os teóricos de um liberalismo econômico mais acentuado ou exacerbado rejeitaram as funções corretivas e distributivas do poder público. Também criticaram a ideia de justiça definida por critérios de equidade. Alegaram que uma distribuição é justa quando atende a determinados princípios de aquisição e de transferência de propriedade. Para eles, o que importa é como ela foi constituída, e não suas implicações como um princípio de equilíbrio na distribuição de bens e oportunidades. Para um autor como Robert Nozick, por exemplo, o liberalismo se assenta no respeito pela liberdade individual, constituindo assim um imperativo de natureza moral e não um simples instrumento de promoção da eficiência econômica. A seu ver, as interferências governamentais no mercado não são censuráveis pelos efeitos negativos que podem acarretar à economia, mas, sim, porque constituem erros morais[17].

A eclosão da pandemia exigiu dos governos um enfrentamento imediato com visão estratégia, foco, determinação e urgência. Contudo, a eficácia desse enfrentamento demandava ações de grande amplitude, cujo sucesso dependia do nível de organização e de informações das máquinas governamentais no campo da saúde pública, como será visto à frente. Assim, de que modo agiram os governos cujas políticas econômicas há muitos anos – ou até décadas – estavam inspiradas nessa visão mais exacerbada ou acentuada de liberalismo, que entende como mercado uma economia liberta de quaisquer constrangimentos públicos? Por terem desprezado o fato de que o contrato social e o pacto moral nele implícito tendem a ser corroídos quando determinados serviços sociais são reduzidos ao conceito geral de mercadoria, aceitando sua transferência da esfera pública para a do mercado, qual desempenho tiveram governos que apostaram em um Estado minimalista? Tais indagações dão a dimensão da importância desse debate doutrinário tendo em vista os objetivos da pesquisa.

As Questões da Teoria e da Sociologia do Direito

17. Ver Robert Nozick, *Anarquia, Estado e Utopia*, São Paulo: Martins Fontes, 2011.

Tomando por base todas as distinções e abordagens metodológicas já discutidas, as questões que hoje se colocam para a teoria do direito e para a sociologia do direito são as relativas (i) à transição do monismo jurídico e da ideia tradicional de soberania *westfaliana*[18] para um contexto de pluralismo jurídico e, acima de tudo, de soberanias compartilhadas; (ii) ao desenvolvimento de novas estruturas de governança da economia globalizada, reforçando a capacidade dos poderes privados transnacionais – como as grandes corporações industriais e os mercados financeiros – para tentar obter a convergência e posterior unificação dos marcos regulatório e dos sistemas fiscais dos Estados territoriais; (iii) ao deslocamento da produção jurídica para instâncias não legislativas; (iv) à substituição de mecanismos deliberativos para sistemas de peritagem conduzidos por especialistas; (v) ao deslocamento da titularidade dos parlamentos nacionais para sistemas intergovernamentais, internacionais, supranacionais e multilaterais; (vi) e à expansão das chamadas *leis quadro* e da *soft law*.

Desse modo, a ordem jurídica que surgiu com a mundialização dos mercados implicou, de um lado, uma perda de centralidade da política e do direito. E, de outro lado, o surgimento de novos padrões de cadeias de relações e de redes de comunicação *on-line*, em que circulam os mais variados tipos de informação – de questões técnicas bem fundamentadas a opiniões desordenadas e dados muitas vezes antiquados e banais, juízos enganosos, manifestações

---

18. A expressão remete ao Tratado de Westfalia de 1648, que estabeleceu alguns dos marcos do sistema internacional moderno, por meio de Estados soberanos, territorialmente delimitados, que se reconhecem mutuamente e onde os sujeitos pertinentes são seus cidadãos. Nesse sentido, soberania envolve o poder de ditar as leis, de declarar guerra, de decidir em última instância e de impor ou suspender a vigência das leis. A bibliografia sobre o tema é ampla; Destaco Nancy Fraser, *Scales of Justice: Reimagining Political Space in a Globalizing World*, New York: Columbia University Press, 2008; e Neil Mac Cormick, *Questioning Sovereignty*, Oxford: Oxford University Press, 1999.

agressivas e *fake news*. Da diferenciação de uma multiplicidade de ordenamentos jurídicos nacionais caminhou-se, assim, para uma diferenciação de regimes jurídicos definidos não mais necessariamente em termos territoriais, mas agora, como já foi mencionado, em termos setoriais e funcionais. Com isso, a gramática das discussões no âmbito de teoria do Estado e de uma justiça democrática *poswestfaliana* mudou.

Já para a teoria política e para a sociologia jurídica, as indagações que se colocam são relativas (i) ao aprofundamento da globalização ou mundialização dos mercados de bens, serviços e finanças e à subsequente desnacionalização da decisão econômica e, por decorrência, ao policentrismo decisório; (ii) à incompatibilidade entre o tempo de criação e de aplicação do direito e o ritmo cada vez mais acelerado das decisões dos mercados globalizados, o que leva a normatividade estatal a estar sempre atrasada com relação às matérias que tem de juridificar; (iii) à descentralização e à desestatização da vida política; (iv) à internacionalização dos campos jurídicos, ao aumento dos fluxos transfronteiras de conhecimento, financiamento e dados e à crescente hegemonia da *Common Law*, em detrimento da *Civil Law*, sob a justificativa de que ela oferece maior proteção e segurança jurídica para investidores, para o acesso a financiamento de capital e para credores; (v) ao crescente desenlaçamento entre o direito positivo e o Estado-nação; e (vi) ao paradoxo a que a democracia foi submetida pelo fenômeno da globalização – no mesmo período em que os valores democráticos atingiram uma preponderância sem precedentes na história, as condições necessárias para sua concretização entraram em pane, uma vez que vários setores de atividade econômica passaram, progressivamente, a ser ordenados em escala global.

Assim, ao propor uma análise do aprofundamento de formas de exercício do poder que transcendem os limites dos marcos constitucionais do Estado-nação, por um lado, e do advento de novos marcos regulatórios capazes de balizar as novas formas de governança no âmbito de uma economia globalizada, por outro, a pesquisa que desenvolvi foi elaborada com base numa perspectiva funcional. Ela também foi pensada, desde o início, a partir do diálogo da teoria e da sociologia do direito com as demais áreas das ciências humanas, como a antropologia, a economia política, a sociologia e a linguística, por exemplo. Os motivos dessa opção são vários – a começar pelo fato de que o surgimento de "leis globais sem Estado", o avanço do processo de desnacionalização e desterritorialização dos regimes legais, a criação de "normas cosmopolitas" com o advento de "zonas multinacionais de soberania" que vêm ocorrendo em ritmo cada vez mais intenso na transição do século xx para o século xxi não fazem nenhum sentido na visão do direito como um sistema de normas independente e fechado.

2. A PANDEMIA VISTA
PELAS CIÊNCIAS SOCIAIS

Começo pelo que enfatizei acima – ou seja, a concordância de pensadores das mais variadas áreas do conhecimento e de diferentes correntes doutrinárias no sentido de que a eclosão da pandemia foi uma expressão das dificuldades e das contradições do século XXI, gerando em seus desdobramentos uma crise política, uma crise econômica, uma crise científica e uma crise jurídica, todas em escala mundial, e multiplicando incertezas que apontam tanto as limitações da ordem jurídico-política quanto a necessidade de uma nova institucionalidade capaz de dar conta de fenômenos globais.

Intelectuais mais próximos da teoria dos sistemas complexos, por exemplo, afirmaram que o advento do coronavírus foi a primeira crise global de saúde da chamada "sociedade de dados". Ou seja, da era da informação, da comunicação *on-line* e de um mundo digitalizado, convertendo-se assim em um importante mecanismo de formulação e implementação de políticas públicas de combate à pandemia. De saída, a velocidade nas trocas de informações, por parte das autoridades, conferiu a essas políticas um grau de fiabilidade capaz de justificar medidas sanitárias polêmicas, como limitação de atividades econômicas, imposição de isolamento social, de quarentena, de fechamento de escolas, de realização de testes laboratoriais, de restrição temporária de entrada e saída do país de pessoas e bens, de requisição de bens e serviços privados pelo Estado e de criação de salvaguardas em relação ao exercício de direitos e de liberdades fundamentais.

O grande volume de informações geradas, estudadas e analisadas sobre o impacto do vírus converteu essa crise na "primeira *data-driven pandemic*", afirmou o respeitado filósofo basco Daniel Innerarity[1]. Ela tornou a humanidade mais vulnerável aos riscos globais sem, no entanto, ter desenvolvido suficientemente os correspondentes de proteção sanitária. Ao mesmo tempo que marcou o fim de um mundo de certezas, de autossuficiência, de calculabilidade, de previsibilidade e obediente às ordens de seus habitantes, disse ele, a crise também apontou o início de um outro mundo. Um mundo desconhecido, frágil e exposto. Um mundo incapaz de antever imprevistos e de converter contingências e incertezas em calculabilidade formalizada, apesar do avanço das tecnologias de comunicação e dos mecanismos de processamento de informações. Um mundo

---

1. Ver Daniel Innerarity, The Pandemic of Data, *DILEMATA – Revista Internacional de Éticas Aplicadas*, Madrid, n. 35, p. 67-72. Do mesmo autor, ver também La Sfida democrática dela pandemia, em Thomas Gutmann et al., *Pandemia e diritti: la società civile in condizioni d'emergenza*, Roma: Edizioni Scientifiche Italiane, 2022. Com doutorado na Alemanha, professor do European University Institute e com passagens pela London School of Economics and Political Science, Université de Paris – 1 (Pantheon--Sorbonne), Georgetown University e Max Planck Institut, Innerarity já recebeu os Prêmios Euskadi de Ensaio (2012 e 2019), Prêmio Espasa de Ensaio (2004), Prêmio de Ensaio Miguel de Unamuno (2003), Prêmio Nacional de Literatura na modalidade de ensaio (2003), Prêmio Viana de Cultura (2013) e Prêmio da Sociedade Alpina de Filosofia (2011).

que tem de ser pensado mais sistemicamente. E, também, com a consciência de que, como a ignorância é irredutível e o conhecimento da realidade propiciado pela ciência é somente uma pequena fração do conhecimento possível, as informações são incompletas e a ciência não é infalível. Foi por esse motivo que as decisões tomadas desde a eclosão da pandemia sempre foram marcadas por um elevado grau de riscos com relação aos seus resultados práticos e às suas consequências no campo da saúde pública.

Por seu lado, intelectuais vinculados às vertentes mais críticas disseram que a pandemia inaugurou tardiamente o século XXI, aumentando dramaticamente as fraturas sociais e aprofundando mais as desigualdades entre os países do centro e os países da periferia mundial. "O vírus é caótico, mas não democrático. Basta ver como as taxas de letalidade variam não apenas de país para país, como também dentro de cada país consoante o rendimento e a condição social das pessoas", escreveu o conhecido sociólogo português Boaventura de Souza Santos[2]. Em outra vertente, o não menos conhecido economista sérvio-estadunidense Branko Milanovic lembra que, se por um lado globalização da economia – encarada como um fenômeno a um só tempo policêntrico e multidimensional envolvendo diversas áreas de atividade e interação – foi o resultado do triunfo do capitalismo, com a pandemia o colapso social dela decorrente exponenciou as tensões e as contradições dos mercados transterritorializados[3].

2. Ver Boaventura Santos, *O Futuro Começa Agora: Da Utopia à Pandemia*, São Paulo: Boitempo, 2021. Do autor, ver também *A Cruel Pedagogia do Vírus*, Coimbra: Almedina, 2020. Com doutorado na Universidade Yale, Boaventura Santos foi professor catedrático da Faculdade de Economia da Universidade de Coimbra e é docente da Wisconsin University-Madison e da Global Legal Scholar da Universidade Warwick. Também foi criador do Centro de Estudos Sociais da Universidade de Coimbra, da *Revista Crítica de Ciências Sociais*, do Centro de Documentação 25 de abril e do Observatório da Justiça Portuguesa.

3. Ver Branko Milanovic, *Capitalism, Alone: The Future of the System That Rules the World*, 2. ed., Cambridge: Belknap Press, 2021. Milanovic é professor da The City University of New York, da London School of ▶

Exponenciada pela crise da matriz energética do pós-guerra, baseada no petróleo, o que levou a produção industrial a deixar de ser localizada e orientada ao consumo nacional para se converter num modelo descentralizado em escala global, a transição do século xx para o século xxi foi marcada por vários fatores, dos quais dois mereceram destaque nesta obra. O primeiro fator foi o processo de unificação do espaço econômico mundial. O segundo fator foi a subsequente reestruturação dos espaços políticos e a proliferação dos regimes normativos emanados não apenas das instituições estatais, mas, igualmente, das grandes empresas mundiais, dos organismos internacionais, supranacionais e multilaterais e, também, das chamadas agências de *rating* ou de "risco soberano". Especializadas na análise de riscos de crédito para os mercados financeiros e atuando sob a ótica do interesse dos grandes investidores, elas captam informações econômicas e políticas e comercializam índices prospectivos sobre as condições de rentabilidade de ativos. Desse modo, essas agências funcionam como entidades certificadoras da idoneidade, da confiabilidade, da responsabilidade e da higidez tanto de países como de grandes empresas e instituições financeiras.

Esse foi um cenário que evidenciou a lógica utilitária dos mercados globais – especialmente a dos mercados financeiros – cujo agigantamento deixou claro que as grandes empresas mundiais mantêm fora do controle dos Estados nacionais parte significativa de seus recursos líquidos. Dito de outro modo, a simples existência de mercados de divisas operando em escala global, 24 horas por dia, viabilizou a substituição instantânea de moedas nas carteiras dos investidores, e a substituição monetária entre países tornou o nível supranacional mais eficiente de que o nível nacional para o controle da expansão monetária.

▷ Economics e do Institut Barcelona d'Estudis Internacionals, além de pesquisador do Luxembourg Income Study.

Esse também foi um cenário em que a hipertrofia desses mercados contaminou o espaço público, abrindo caminho para modelos de direito novos, híbridos, mais flexíveis, com diferentes escalas e graus de proveniência e oriundos de uma multiplicidade de legisladores. Foi, igualmente, um cenário que, em decorrência da mobilidade conferida aos atores econômicos pela integração dos mercados em termos mundiais, as fronteiras deixaram de definir com exclusividade os contornos da soberania e da integridade territorial fundados nos princípios de centralidade e de unidade do Estado nacional?

Como consequência, esses dois fatores – a hipertrofia dos mercados globalizados e um crescente declínio da importância do conceito de soberania – levaram a dois importantes problemas. Por um lado, corroeram a própria ideia de monopólio estatal na definição de um aparato institucional, político e administrativo. Por outro lado, comprometeram a autonomia do Estado nacional, que perdeu parte da capacidade de, com suas próprias forças, defender seus cidadãos contra o impacto externo de determinadas decisões tomadas por outros autores ou contra os efeitos em cadeia de problemas oriundos fora de suas fronteiras. Na linguagem da filosofia e da ciência política, esses problemas – que consistem em um dos fios condutores deste trabalho – têm sido classificados como "transposições espontâneas de fronteira"[4], cujos exemplos mais ilustrativos são questões ambientais, desastres naturais, esgotamento de fontes tradicionais de energia, riscos atômicos, tráfico de armas e pandemias.

O cenário acima mencionado é de homogeneização dos padrões de produção, de deslocalização do processo produtivo para países que oferecem incentivos fiscais e/ou os custos do trabalho são baixos, e de internacionalização das cadeias produtivas como formas de atração

4. Ver, nesse sentido, Jürgen Habermas, *Más Allá del Estado Nacional*, Ciudad de México: Fondo de Cultura Económica, 1998.

de investimento, em cujo âmbito as unidades industriais localizadas num determinado país não mais se limitam a abastecer os mercados locais. Elas também foram assumindo a função de fonte de suprimentos para outras unidades mundiais. Na comunidade mundial de negócios, esse deslocamento ou essa deslocalização da produção tem um nome, *shopping jurídico*. Esse conceito denota a busca, por parte das empresas, de médio e grande porte, de lugares onde podem atuar com custos menores e há infraestrutura adequada para o desenvolvimento de um sem número de atividades produtivas, levando a um aumento significativo da oferta de produtos e de bens intermediários cuja fabricação era até então realizada de modo mais eficiente na Europa e nos Estados Unidos. Por consequência, a gestão, o processamento e a decisão dos conflitos nos diferentes sistemas e subsistemas produtivos passaram a exigir intrincadas estratégias e procedimentos inovadores de organização do espaço político.

Dito de outro modo: com o alcance, a abrangência e a intensidade da transterritorialização ou transnacionalização dos mercados de bens e serviços, nas últimas três décadas a regulação das atividades econômicas foi progressivamente escoando dos órgãos regulatórios e dos ordenamentos jurídicos nacionais. Sua autoridade foi se enfraquecendo em decorrência do esvaziamento de sua jurisdição. E, por consequência, o modelo de ordem jurídica daí emergente acabou indo muito além dos tratados, das convenções e dos acordos internacionais firmados com base na autoridade soberana dos Estados nacionais.

Assim, a crescente complexidade de mercados transterritorializados abriu caminho para esferas de regulação que os Estados-nações já não conseguiam se impor nem controlar de modo efetivo. Igualmente, a não menos crescente complexidade de um mundo cada vez mais transnacionalizado também permitiu às grandes corporações empresariais a possibilidade de atuarem de modo mais liberto das normas de direito tributário, de direito das obrigações, de direito societário, de direito falimentar e de direito de marcas e patentes impostas pelos governos nacionais nos limites de seus respectivos territórios. Isso porque, se um mercado nacional tivesse a pretensão de integrar mercados globalizados, atraindo investimentos dessas corporações, era preciso que ele promovesse mudanças jurídicas, para os mesmos serviços nas mesmas condições, e ser tão atrativo quanto os demais mercados. Nesse cenário de concorrência e integração dos mercados em escala global, as pressões políticas dessas corporações levaram a uma significativa redução da margem de manobra do Executivo e do Parlamento nacionais no campo legislativo.

Como o processo de globalização dos mercados de bens, serviços e finanças intensifica a concorrência, quanto mais essas mudanças estruturais foram se aprofundando nas décadas finais do século xx, mais foram proliferando as cadeias globais de valor nos diferentes setores da economia. Cadeias globais de valor são processos de produção internacionalmente fragmentados e geograficamente dispersos, com diferentes estágios localizados em diferentes países, que geram ganhos de qualidade e produtividade. Em outras palavras, elas implicam inovações técnicas capazes de melhorar a integração entre sistemas que operam em distintos países e nos cinco continentes, melhorando sua eficiência, aliviando a "carga regulatória" e reduzindo custos de produção, custos salariais, custos ambientais e custos de "contexto". Cadeias globais de valor são redes complexas, acêntricas e com múltiplos níveis e "nós", que propiciam às empresas mundiais enormes vantagens em matéria de custos baixos, de alta escala e de flexibilidade espacial. Em seu âmbito, em suma, os mais variados produtos e bens intermediários – de roupas e calçados a aparelhos eletrônicos, automóveis e equipamentos médico-hospitalares – vão incorporando matérias-primas, componentes e serviços introduzidos em distintos países e continentes, até se chegar ao produto final.

90

3. EPIDEMIA E PANDEMIA

A pandemia foi deflagrada pelo coronavírus entre o final de 2019 e o começo de 2020 após um surto de pneumonia de origem desconhecida na cidade de Wuhan, capital da província chinesa de Hubei, e que teria se espalhado por várias cidades da Coreia do Sul. A partir daí, em decorrência do intenso número de viagens aéreas, o vírus chegou a toda a Europa por meio da Itália, que só em um dia – 28 de março de 2020 – registrou mais de dez mil mortes, e se alastrou por todo o mundo, deixando um rastro de infectados e de mortos.

Atribuído ora a animais selvagens comercializados em um mercado atacadista de frutos do mar, ora a um vazamento acidental do Instituto de Virologia de Wuhan, conhecido por sua pesquisa avançada com coronavírus encontrados em morcegos, o surto foi comunicado à Organização Mundial da Saúde (OMS) em 31 de dezembro daquele ano. Como o novo vírus sobrevive nas mais variadas superfícies, em objetos, tecidos e até mesmo no ar e se propaga pela saliva contaminada em contato com olhos, boca ou nariz de pessoas não contaminadas, a eclosão da crise mundial de saúde pública começou com uma taxa de fatalidade próxima do número de vítimas da gripe espanhola de 1918 e 1919, que levou à morte 550 milhões de pessoas. À época, esse número equivalia a cerca de cerca de 1% da população mundial. No Brasil, o primeiro caso de morte pela Covid-19 foi registrado no dia 11 de março de 2020 – uma senhora de 57 anos internada em um hospital municipal na zona leste da cidade de São Paulo.

A pandemia exigiu medidas restritivas bastante severas para tentar deter sua propagação do vírus, uma vez que ele ataca principalmente aqueles com maior deficiência imunológica, as pessoas mais velhas e portadores de doenças crônicas. Entre seus diversos desdobramentos, ela teve um forte impacto no comportamento da economia global, uma vez que o fechamento de fronteiras levou à paralisia da produção, do comércio, dos serviços e do turismo. A vida política e institucional dos países de todos os cinco continentes também foi afetada. O mesmo ocorreu na estrutura e na organização das cidades de médio e grande porte, bem como nos comportamentos e nos hábitos das pessoas e nas condições ambientais e na cultura. Uma semana depois, com a escassez de navios e de suprimentos aumentando, com as bolsas de capitais despencando e os mercados travados em decorrência do risco de epidemia global, constatou-se que o surto fora causado por um novo coronavírus similar ao da síndrome respiratória aguda grave (SARS). E após a China ter sequenciado e divulgado o código genético desse vírus, a OMS declarou o estado de pandemia, como já foi dito.

Ela eclodiu num cenário de integração dos mercados de produção de bens, serviços e finanças, de expansão de cadeias de fabricação, exportação e fornecimento e de relativização da exclusividade dos Estados nacionais, que desde as décadas finais do século XX vinham deixando de ser um poder decisório último para se converterem em partes negociadoras com diferentes atores. Ou seja, o desafio do enfrentamento dessa crise de saúde pública mundial envolveu não apenas os Estados-nação, mas, igualmente, entidades internacionais, órgãos supranacionais, organismos multilaterais, ONGs, movimentos sociais, corporações globais, entidades financeiras, organizações privadas e até empresas mundiais. Menos de um ano e meio depois e em meio às dificuldades econômicas e sociais causadas pela Covid-19, governos e entidades e organizações da área da saúde já contabilizavam a morte de três milhões de pessoas – mas, por causa da subnotificação e contabilização equivocada da doença, a estima era de que esse deveria ser bem maior.

A porosidade inerente aos limites da soberania dos Estados nacionais, a incapacidade que eles têm de cobrir todos os domínios ou campos a serem regulados e a crescente atuação dos organismos multilaterais numa economia cada vez mais globalizada e em um mundo cada vez mais interdependente constituem o ponto de partida de uma importante e instigante análise feita por Innerarity sobre o advento da Covid-19, com todos seus efeitos disruptivos de natureza social, econômica, política e moral[1]. Ao analisar a tragédia causada por esse vírus, ele parte da distinção etimológica entre epidemia e pandemia. A epidemia, que é uma expansão repentina e imprevista do número de casos de uma dada afecção ou enfermidade, ocorre em uma área geográfica delimitada durante um determinado período de tempo. Basicamente, ela afeta a saúde de um povo e o governo pode enfrentar o problema ao seu modo, conforme seus critérios e procedimentos.

---

1. Daniel Innerarity, *Pandemocracia*, Barcelona: Galaxia Gutenberg, 2019. Do mesmo autor, cuja contribuição para essa discussão é fundamental, ver também *La Libertad Democrática*, Barcelona: Galaxia Gutenberg, 2023. Ver, ainda, Angelo Golia; Günther Teubner, Networked Statehood: An Institutionalised Self-Contradiction in the Process of Globalisation?, *Transnational Legal Theory*, v. 12, n. 1, 2021.

Já a pandemia – que vem etimologicamente da expressão grega *pandêmon nosema* e significa "enfermidade do povo inteiro" – surge em áreas geográficas transterritoriais. Desse modo, com seu poder nivelador da morte, ela tende a afetar a existência de todos os povos de todos os continentes, o que exige um enfrentamento do problema por meio de uma coordenação em escala global[2].

Por isso, a epidemia requer decisões, mecanismos e instrumentos de um governo nacional para a gestão de problemas de saúde pública espacialmente localizados. Já a pandemia – que no caso da Covid-19 foi decorrente da superposição ou do encadeamento de muitos equívocos ao longo de uma cadeia de iniciativas e decisões em um mundo interconectado – requer a atuação não apenas de governos nacionais, mas, também e principalmente, de redes de organismos de governança global, uma vez que, em um mundo contagioso e contagiado, ninguém estaria suficientemente protegido enquanto todos não estivessem vacinados e a salvo. Dito de outro modo, como todo homem carrega em si a forma da condição humana, conforme diziam alguns filósofos franceses do século xvi, decorre daí a necessidade de uma coordenação global de cientistas e de uma gestão supranacional e global em matéria de crise sanitária, independentemente das diferenças

2. O conceito de pandemia definido pela Organização Mundial da Saúde (oms) tem mudado ao longo do tempo. Segundo o Regulamento Sanitário Internacional-rsi concebido pela Organização Mundial da Saúde, em vigor desde 2016, a pandemia ocorre quando essa enfermidade eclode em pelo menos duas regiões do mundo, exigindo uma ação coordenada de alcance global. Esse regulamento é um instrumento vinculante para todos os Estados-membros da oms e contém de modo detalhado um conjunto de diretrizes para articular e coordenar respostas e medidas urgentes em nível nacional, regional e mundial a epidemias e pandemias, em matéria de saúde pública. Para uma sistematização dos marcos jurídicos do combate à pandemia no plano internacional, ver Maria Cristina Alé, Colisión de Derechos en Pandemia: Derecho a la Salud y Límites a la Acción Estatal, *Jurídicas cuc*, Universidad de la Costa, v. 17, 2021; e Robert Wallace, *Dead Epidemiologists: On the Origins of Covid-19*, New York: Monthly Review Press, 2020.

sociais, políticas, culturais, demográficas, religiosas, econômicas e políticas de cada sociedade.

Com a eclosão da pandemia, que afetou desproporcionalmente os segmentos sociais mais pobres e, portanto, mais vulneráveis, todos os aspectos da vida humana acabaram sendo duramente afetados – desde a intimidade familiar e as relações de trabalho até o desenvolvimento científico-tecnológico e os padrões de governança global. Nesse universo contagioso interdependente, complexo e socialmente heterogêneo, marcado pelo desajuste entre novas realidades e conhecimentos disponíveis, tanto os governos nacionais quanto os organismos internacionais e multilaterais apresentaram – ao menos no início – hesitações e lentidão administrativa. A governança internacional se mostrou frágil, o que foi evidenciado pela falta de acordos abrangentes para a produção e disponibilização de vacinas como um bem público global e em condições de ser distribuído equitativamente entre os vários países e populações. Pelo contrário, as relações de força, as assimetrias econômicas e tecnológicas e as pressões geopolíticas parecem ter configurado um cenário mais de anarquia e oportunismo que de solidariedade institucionalizada. Governos nacionais e organismos internacionais e multilaterais também revelaram dificuldades políticas em suas respectivas áreas de atuação e uma certa incapacidade de lidar com a chamada *infodemia*, ou seja, a pandemia da desinformação – um excesso de informações desencontradas e não fiáveis que disseminaram tensões, angústias e medo.

O nível de desinformação logo após a chegada da Covid-19 chegou a tal ponto que a Organização das Nações Unidas para a Educação, a Ciência e a Cultura (Unesco) teve de lançar o que chamou de "vacina contra a desinformação": um manual sobre como lidar com as *fake news* em tempos pandêmicos, seguido de uma série de mensagens de áudio disponíveis em diferentes línguas – inclusive português – e colocadas à disposição de todas as estações de rádio do mundo como parte de um programa de alcance mundial contra a desinformação sobre a Covid-19, deslindando mitos, esclarecendo dúvidas e enfatizando a importância da vacinação. O que levou a entidade a tomar essa iniciativa foram (i) um estudo publicado pela respeitada revista científica *Lancet*, revelando que 26% dos franceses não tomariam a vacina se ela já existisse; (ii) uma pesquisa promovida pela Universidade de Cambridge apontando que 12% dos cidadãos do Reino Unido não se vacinariam e 18% tentariam influenciar seus conhecidos a não fazê-lo; e (iii) um levantamento da Reuters informando que uma a cada quatro pessoas nos Estados Unidos – o que equivale a 25% da população – não tinha interesse em se vacinar contra a Covid-19[3]. No Brasil, a Sociedade Brasileira de Imunizações já havia publicado meses antes um levantamento feito em parceria com a Avaaz, mostrando que sete em cada dez brasileiros acreditavam em alguma desinformação acerca das vacinas[4].

Em que pese que essa tenha sido a primeira pandemia da chamada "sociedade do conhecimento e de dados", o que permitiu que números, comparações, avaliações e criação de padrões, parâmetros e de indicadores pudessem ser obtidos em tempo real, os governos nacionais e entidades internacionais – como foi o caso da Organização

3. Ver informações coletadas e divulgadas pela Fundação Oswaldo Cruz (Fiocruz): Paulo Schueler, A Pandemia da Desinformação, *Fundação Oswaldo Cruz*, 31 ago. 2020, disponível em: <https://www.bio.fiocruz.br/index.php/br/noticias/1883-a-pandemia-da-desinformacao>.
4. Ver Avaaz/ Sociedade Brasileira de Imunizações (SBIm), *As Fake News Estão Nos Deixando Doentes? Como a Desinformação Antivacinas Pode Estar Reduzindo as Taxas de Cobertura Vacinal no Brasil?*, nov. 2019, disponível em <https://sbim.org.br/images/files/po-avaaz-relatorio-antivacina.pdf>. A Avaaz – que significa "voz" em diferentes línguas europeias, asiáticas e do Oriente Médio – é uma rede de mobilização *on-line* de pessoas de todos os países criada em 2007 com o objetivo de levá-las a agirem em causas internacionais urgentes, desde pobreza global até os conflitos no Oriente Médio e mudanças climáticas, e fazendo com isso que os valores e visões da sociedade civil global informem as decisões governamentais que afetam toda a população mundial.

Mundial da Saúde (OMS), vinculada ao sistema das Nações Unidas – não demonstraram nos primeiros meses capacidade de coordenação em decorrência da complexidade do fenômeno. Apesar da urgência no enfrentamento da crise sanitária, suas primeiras medidas entreabriram indecisões, contradições e impotência, afetando assim a confiança da população com relação à competência e à eficiência das autoridades da área da saúde pública. Ao menos no início, suas iniciativas foram hesitantes, confusas, desordenadas e ineficazes, o que levou os meios de comunicação a reverberarem no mundo inteiro uma mesma indagação: como os governos foram surpreendidos por uma pandemia tão violenta, especialmente os dos países mais desenvolvidos, que se revelaram despreparados para dar conta de um acontecimento dessa magnitude?

Por outro lado, vários governantes passaram a fazer apelos emocionais para que a população não fosse às ruas e permanecesse confinada em casa. Alguns puseram em dúvida a capacidade da máquina governamental de gerir a crise sanitária com base nas estruturas, processos e regras da ordem jurídica vigente. Outros chegaram a adotar uma retórica de guerra à pandemia. Alegando que a diversidade de atores, de níveis de governo e de graus de competência administrativa prejudicava a tomada de decisões urgentes, pediram a concentração da autoridade política, defenderam a suspensão de determinadas medidas constitucionais que garantem direitos e regulamentam as relações sociais em tempos de normalidade e reivindicaram a prerrogativa de punir quem desobedecesse às suas ordens por meio de leis *ad hoc*. Tão ou mais grave, alguns dirigentes populistas e com vocação autocrata desprezaram a gravidade da catástrofe pandêmica. Não apenas negaram a ciência médica, desprezando de modo acintoso seu rigor metodológico, seu espírito crítico e a recusa de dogmas, como também defenderam medidas sanitárias e medicamentações não comprovadas cientificamente e ainda passaram a discutir políticas públicas nos chamados "cercadinhos", integrados por manifestantes de confiança previamente escolhidos.

Dadas a velocidade e a agressividade devastadora da Covid-19, governos nacionais e organizações internacionais revelaram-se despreparados frente a uma urgente necessidade de internacionalização das respostas em matéria de enfrentamento do vírus e contenção de sua propagação. Países com um baixo nível de cultura democrática mostraram-se ainda mais lentos, ineptos e desalinhados do que países com uma forte cultura democrática[5], restringindo direitos fundamentais, como liberdade de expressão, acesso a informações e à privacidade. Alguns países com cultura democrática forte desenvolveram conceitos como *infoxicação* e crise *desinfodemia*, que expressam a proliferação massiva de mensagens imprecisas, com informações errôneas, falsas e inadequadas, desestabilizando assim instituições democráticas e autoconfiança da população. Em outros, os sistemas de governo da sociedade foram alterados de modo temporário, e o acesso a dados relacionados com taxas de infecção, mecanismos de realização de provas, contratações realizadas pelas autoridades governamentais e os gastos públicos com o enfrentamento da pandemia foram afetados. Além disso, muitos dispositivos legais editados em caráter emergencial foram utilizados para introduzir mais controles e mecanismos de vigilância intrusivos, invocando como justificativa a necessidade de proteger a saúde pública.

Por seu lado, a OMS distribuiu nota lembrando que "a mensagem correta, no momento correto, através de mensageiro correto e através do meio correto podia salvar vidas" e que "a desinformação por meio de mensagens

---

5. Com gráficos, números e muitas informações nesse sentido, ver Mirian Pillar Grossi; Rodrigo Toniol (orgs.), *Cientistas Sociais e o Coronavírus*, Florianópolis: Associação Nacional de Pós-Graduação e Pesquisa em Ciências Sociais – Anpocs/Tribo da Ilha, 2020. Para a diferença de respostas à crise pelos países com maior e menor cultura democrática, ver Diego Morais; José Álvaro Moisés, Sobre a Fragilidade da Democracia Brasileira Diante da Crise do Coronavírus, *Revista USP*, São Paulo, n. 131, dez. 2021.

incorretas podia custar vidas". Em abril de 2020, o Conselho de Direitos Humanos das Nações Unidas lançou uma resolução estabelecendo que o acesso a um espaço cívico – em cujo âmbito se poderia discutir abertamente medidas excepcionais para combater a pandemia – era condição necessária para preservar a dignidade humana em tempos pandêmicos[6]. Em julho de 2020, a entidade lançou documento, desta vez exortando os Estados a abster-se de criar leis de saúde pública em caráter emergencial que restringissem o direito de liberdade de opinião e expressão e o direito à informação, afrontando assim o direito internacional público e, com isso, abrindo caminho para arbitrariedades[7]. Já a Unesco advertiu que, como a proliferação de informações falsas contagiam tão rapidamente quanto o próprio vírus da Covid-19, a *desinfodemia* tem consequências tóxicas[8].

Além disso, experiências e melhores práticas acumuladas no passado em matéria de saúde pública e de enfrentamento a crises epidemiológicas, como é o caso da gripe espanhola de 1918, não foram capazes de fundamentar políticas exitosas para problemas como infecção, contágio e disseminação de um vírus até então

6. Human Rights Council Holds a Virtual Informal Conversation with the United Nations High Commissioner for Human Rights on the Human Rights Implications of the COVID-19 Pandemic. Disponível em: <https://www.ohchr.org/en/statements/2020/04/human-rights-council -holds-virtual-informal-conversation-united-nations-high>.

7. Segundo o direito internacional público, quando surgem dispositivos e medidas de emergência pública que ponham em risco a vida de uma população, os Estados podem baixar medidas que revoguem algumas obrigações no campo dos direitos humanos, porém com base nos instrumentos legais internacionais e na medida estrita do que a situação exige. Ver a alínea (F) do documento oficial das Nações Unidas (A/HRC/44/L.18/Rev.1) disponível *on-line*.

8. O acesso a informações confiáveis e precisas é fundamental em todos os momentos, mas durante uma crise como a da pandemia da Covid-19, esse acesso pode ser uma questão de vida ou morte. Ver Julie Posetti e Kalina Bontcheva, *Desinfodemia: Decifrar a Desinformação Sobre a COVID-19*. Disponível em: <https://unesdoc.unesco.org/ ark:/48223/pf0000374416_por>.

não suficientemente conhecido. Despreparo e hesitações foram evidenciados pela polêmica entre a defesa de uma estratégia de contágio controlado, defendida por alguns países europeus, e a defesa da estratégia de confinamento social e até de fechamento de fronteiras terrestre/aérea/marítima/fluvial, defendida por países asiáticos com forte tradição cultural autoritária.

Sem saber quais seriam as alternativas mais adequadas, e com infraestruturas ineficientes e padrões de governança de baixa qualidade, vários países reagiram com lentidão e perplexidade. Países como a Dinamarca e o Reino Unido, por exemplo, optaram por uma estratégia de contágio controlado para assegurar a chamada "imunidade de rebanho". Já os países asiáticos, liderados pela China, adotaram políticas de isolamento total, de restrições de viagem, de confinamento social, de mobilidade vigiada e de recolhimento residencial. Muitos países demoraram algum tempo para formular, implementar e executar programas de saúde pública eficazes e para compreender que seu alcance não deveria ser apenas local e nacional, mas também transnacional e global, por meio de decisões compartilhadas. Também tomaram muitas decisões precipitadas e com visão de curto prazo em matéria de estratégias sanitárias e de saúde pública, não levando em consideração os riscos de eventuais externalidades negativas e de implicações de médio e longo prazo. Por fim, embora tivessem se comprometido a destinar entre 1% e 3% do seu Produto Interno Bruto para ciência e tecnologia, vários países ainda não haviam alcançado suas metas de investimento na área. O resultado é que tudo isso, interconectado ou combinado, levou a situação a fugir do controle nos primeiros meses da crise epidemiológica deflagrada pela Covid-19, disseminando assim dúvidas, perplexidade e pânico.

Sempre assertivos com seus tradicionais relatórios sobre austeridade fiscal e sobre reformas estruturais, porém marcados por uma enorme visão de insensibilidade social, os organismos internacionais, supranacionais e multilaterais, ao menos num primeiro momento, não se revelaram capazes de promover uma inteligência compartilhada e cooperativa de modo rápido e eficiente. Apesar de cientistas virem há muitos anos alertando sobre a possibilidade de uma pandemia global e a necessidade de preparação para enfrentá-la, essas entidades tiveram sua atuação marcada por atrasos significativos na distribuição de informações essenciais. Muitas de suas instruções e de seus padrões técnicos, num contexto de cadeias globais de valor e de oferta de suprimentos, falharam. Seus procedimentos decisórios e seus sistemas de prevenção epidemiológica ficaram tensionados. E como o caráter global de sua atuação também exige conhecimentos e saberes globalizados, independentes das particularidades específicas de cada país, os organismos multilaterais se revelaram incapazes de compreender quais foram os impactos específicos da pandemia em cada um deles e o que necessitavam para implementar políticas de saúde pública.

Algo semelhante ocorreu em muitos países. Até o começo de março de 2020, por exemplo, o governo dos Estados Unidos ainda não havia declarado estado de emergência nacional, apesar da gravidade do problema[9].

9. Ver Steffie Woolhandler et al., Public Policy in the Trump Era, *The Lancet*, London, Feb. 10, 2021. Ver também o cuidadoso balanço do governo Bolsonaro na área de saúde publicado pelo jornal *Valor* (21 dez. 2022, p. A16), com a informação de que, em 2 de dezembro de 2022, o Brasil havia ultrapassado a marca de 690 mil mortes por Covid-19 – o que equivale a cerca de 11% dos óbitos em todo o mundo, apesar de o país ter 2,7% da população mundial. Ver, ainda, os relatórios *Los Efectos del Covid 19: Una Oportunidad Para Reafirmar la Centralidad de los Derechos Humanos de las Personas Migrantes en el Desarrollo Sostenible* e *Vulnerabilidades Sociodemográficas: Personas Maiores Frente ao Covid-19*, ambos publicados pela Comissão Econômica para a América Latina (Cepal), Santiago, 2020; e *Covid 19 y America Latina: Qué Es Necessário Para Que una Región Muy Vulnerable Passe a Estar Preparada Para una Pandemia?*, publicado pelo Instituto de Salud Global de Barcelona (ISGLOBAL), Barcelona, jul. 2020. Segundo esses relatórios, os países latino-americanos mais afetados nos primeiros cinco meses da pandemia foram Brasil, Peru, Chile e México, com registro de mais de 2,8 milhões de casos nesse período.

Na América Latina, uma região com uma população de 650 milhões de pessoas, marcada por uma crônica ausência de sistemas sanitários eficientes e com enorme carência de recursos públicos, vários países revelaram-se incapazes de reagir com objetividade, rapidez e eficácia no campo da saúde. O resultado das dificuldades de acesso de amplos segmentos da população à rede hospitalar e a serviços sanitários foi a exacerbação das desigualdades sociais, acelerando assim o círculo vicioso de pobreza, exclusão, enfermidade e óbito.

Um exemplo dramático desse cenário trágico foi evidenciado na cidade de Manaus, capital do estado do Amazonas, onde a falta de oxigênio levou milhares de pessoas infectadas a morrerem asfixiadas por falta de ar. No caso específico do Brasil, a declaração de emergência de saúde pública nacional foi feita pela Portaria nº 188, baixada em 3 de fevereiro de 2020. O primeiro caso de Covid-19 foi registrado em 26 de fevereiro de 2020. No dia 20 de março de 2020, o Congresso Nacional aprovou o Decreto Legislativo nº 6, reconhecendo o estado de calamidade pública. A vacina foi aplicada pela primeira vez em 17 de janeiro de 2021. Quando a pandemia começou a se espalhar, nas cinco regiões do país, cerca de 95% do material consumido em matéria de saúde pública era direta ou indiretamente importado, notadamente da China e da Índia. Naquele momento, o Brasil carecia de ventiladores mecânicos em número suficiente. Não fabricava nem mesmo máscaras. E, apesar de ter capacidade de produzir vacinas, carecia do ingrediente farmacêutico ativo (IFA).

Além disso, enquanto prefeitos e governadores se comportaram de modo responsável, com discernimento e eficiência na adoção, implementação e execução de medidas sanitárias, o governo do presidente Jair Bolsonaro – que tinha como paradigma a ditadura militar que conduziu o Brasil entre 1964 e 1985 – não se limitou a minimizar os efeitos dramáticos de um vírus altamente contagioso. Adotando uma estratégia chamada *hardball*[10], o jogo duro com as instituições, ele aproveitou o clima de receio e de insegurança dos primeiros meses de pandemia para criar situações destinadas a gerar um ambiente de estresse institucional e a testar os limites da legalidade, mediante a proposição de mudanças políticas, administrativas e normativas que o Supremo Tribunal Federal não teria outra saída a não ser derrubá-las, por afrontarem de modo flagrante a ordem constitucional.

Uma de suas iniciativas mais polêmicas nessa linha foi a edição da Medida Provisória n. 926, em 20 de março de 2020, convertida na Lei n. 14.035 de 11 de agosto do mesmo ano, retirando prerrogativas dos Estados e municípios em matéria de saúde. Como essas prerrogativas são previstas pela Constituição, o ambiente político do país foi tensionado e a questão foi judicializada por prefeitos e governadores, que arguiram a inconstitucionalidade dessa lei no Supremo Tribunal Federal, o qual impediu o Executivo federal de desprezar as competências concorrentes dos governos subnacionais.

Esquecendo-se de que quanto mais lenta e desarticulada fosse a resposta da máquina governamental à pandemia, mais graves seriam seus efeitos sociais e econômicos, Bolsonaro, em meio a essa discussão judicial, ignorou mais de mil relatórios enviados pela Agência Brasileira de Inteligência (Abin) ao Palácio do Planalto, informando que a definição de estratégias de testagem e de vacinação estava lenta e afirmando que, caso o Governo Federal não agisse com maior eficiência e com urgência, a rede de saúde e funerária do país entraria em colapso[11]. Também alegou que "a doença não é isso tudo que a grande mídia propaga". Sabotou a definição de cuidados sanitários. Gerou o confronto entre desinformação e ciência. E, primando por falta de formulação, implementação,

10. Ver Sanford Levinson; Jack M. Balkin, Constitutional Crises, *University of Pennsylvania Law Review*, v. 157, n. 3, 2009.

11. Ver *Folha de S.Paulo*, 22 jul. 2023.

execução e gestão, ainda tentou instrumentalizar e politizar órgãos governamentais de informação e criar factoides. No período em que os primeiros casos de contaminação foram divulgados, por exemplo, ele fez uma sucessão de declarações antipedagógicas, anunciando que seu governo estava desenvolvendo um projeto para reduzir palavras nos livros didáticos, desprezando com isso o fato de que ler não apenas é fundamental para formar a consciência social, como também é um instrumento básico para a liberdade e para a democracia.

Ao se conscientizar de que a atenção da opinião pública voltara-se de vez para o avanço da pandemia, ele mudou de discurso e passou a priorizar a economia com relação ao enfrentamento da propagação do vírus. "Nossa vida tem que continuar. Os empregos devem ser mantidos. O sustento das famílias tem de ser preservado. Algumas poucas autoridades estaduais e municipais devem abandonar o conceito de terra arrasada, como proibição de transporte, fechamento de comércio e confinamento em massa. Por que fechar escolas? Raros são os casos fatais de pessoas sãs, com menos de quarenta anos de idade. Noventa por cento de nós não teremos qualquer manifestação caso se contamine. Nós temos que enfrentar os nossos problemas, chega de frescura, de *mimimi*, vão ficar chorando até quando? Temos que enfrentar os problemas. Vamos combater o vírus, mas não de forma ignorante, burra, suicida. Até quando vamos ficar dentro de casa? Até quando vai fechar tudo? O povo quer trabalhar, venham para o meio do povo, conversem com o povo. Não fiquem me acusando de fazer aglomeração. Em todo lugar tem aglomeração. Ninguém aguenta mais isso, lamentamos as mortes, mas tem que ter uma solução. Por que essa frescura de fechar o comércio? Não deu certo no passado", afirmou Bolsonaro, evidenciando seu grau de ignorância fundado na falta de ética em rede nacional de televisão no dia 24 de março de 2020. Dias depois, não apenas repetiria os mesmos argumentos, como também acusaria a OMS de ser um órgão "inteiramente desacreditado".

Sem compreender que em tempos de pandemias os governos nacionais têm de respeitar as diretrizes normativas e as regulações estabelecidas por organizações internacionais, como a OMS, a Organização Panamericana de Saúde (Opas) e a Comissão Interamericana de Direitos Humanos (CIDH) da ONU, o presidente foi ainda mais longe. Chegou até ao ponto de tumultuar o processo de normativização de uma política emergencial de saúde pública em escala nacional e ainda retardou a aquisição das doses necessárias de vacinas para a população brasileira, ao mesmo tempo que aumentava a escalada de suas críticas aos direitos humanos, às liberdades civis, às populações vulneráveis, às comunidades indígenas e às minorias identitárias. Sem alterar a legislação ordinária e a própria Constituição, Bolsonaro também se valeu de modo indiscriminado da edição de simples decretos – que têm efeito após sua publicação, não dependendo assim de votação do Poder Legislativo – para, sob a justificativa de racionalizar a administração pública, extinguir órgãos colegiados do Governo Federal criados por lei e tentar assegurar o controle absoluto da situação. "Eu sou a Constituição", disse ele no dia 19 de abril de 2020[12]. Não bastasse o desvirtuamento do processo legislativo, o presidente ainda desprezou a hiperconectividade tecnológica e comunicativa do mundo contemporâneo, especialmente no que se refere ao compartilhamento de dados em matéria de saúde pública, ao mesmo tempo que também desdenhou da gravidade da pandemia.

Não foi só. Embora os hospitais estivessem com lotação máxima, pacientes agonizantes e famílias em luto, o presidente da República também entrou em rota de colisão com a Agência Nacional de Vigilância Sanitária

---

12. Ver *Folha de S.Paulo*, 20 abr. 2020. Ver também José de Souza Martins, Mutilações Sociais da Pandemia, *Valor*, 4 set. 2020.

(Anvisa), desprezando seu *mainstream* científico. Não visitou nenhum hospital, conspirou contra vacinas e retardou sua importação, comemorou atrasos na fase de testes dos laboratórios farmacêuticos e chegou até a afirmar que pessoas vacinadas corriam o risco de "virar jacaré" e que, se nascesse "barba em alguma mulher" ou algum homem começasse "a falar fino", ele não tinha "nada a ver com isso". Referindo-se à vacina da Pfizer, alegou que o contrato da farmacêutica era claro ao afirmar que ela não se responsabilizaria pelos riscos colaterais causados pelo imunizante. Também disse estar convicto de que os dados sobre os números de infectados e de vítimas fatais eram "mentirosos", não "condiziam com a realidade e deveriam ter sido coletados por quem estaria a serviço de uma Organização Não Governamental". E ainda combateu políticas de isolamento e distanciamento formuladas pelas áreas sanitárias das diferentes instâncias da administração pública.

Sempre na mesma linha, continuou fazendo pouco caso das orientações da oms. Deslegitimou seu próprio ministro da Saúde e não convidou a direção do Conselho Estadual dos Secretários de Saúde (Conass) para a posse de seu sucessor no cargo. Desmontou o Programa Nacional de Imunizações e desprezou o modelo do Sistema Único de Saúde (sus), no qual a União e os governos subnacionais agem de modo cooperativo e eficiente. Tendo cooptado a Procuradoria-Geral da República, o órgão de cúpula do Ministério Público que, ao contrário das demais instituições do sistema judicial, pode definir o que vai fazer, como vai fazer e quando vai fazer, ao que dará prioridade e ao que não dará prioridade[13], o presidente da República determinou a suspensão da divulgação de dados acumulados diante da ascensão de óbitos e ainda depreciou o crescimento da insegurança alimentar nos segmentos mais desvalidos da população, espalhando desinformação.

13. Ver Rayane Vieira Rodrigues; Vanessa Elias de Oliveira, Ministério Público, Judicialização e Atuação Extrajudicial em Saúde, *Revista Direito GV*, São Paulo, v. 18, n. 3, 2022.

Como se não bastasse, seu governo cortou cerca de R$ 36,9 bilhões destinados ao setor de saúde, por conta do teto de gastos, reduzindo o acesso a medicamentos para diabetes, hipertensão e asma do programa Farmácia Popular e afetando os exames, as consultas, os programas de prevenção, de controle e de tratamento de Aids, hepatites e tuberculose. Foi, igualmente, permissivo com a captura da condução da gestão pública e da alocação do Orçamento da União por um Congresso com uma agenda patrimonialista. E, por meio de medidas provisórias e propostas de emenda constitucional, ainda revogou alguns direitos sociais justamente em um momento em que eles deveriam ser aplicados com o objetivo de cumprir sua principal razão de ser, como é o caso da redução do acesso à Justiça Estadual, nas comarcas em que não há varas federais, dos trabalhadores que pleiteiam a concessão, pelo Instituto Nacional do Seguro Social (INSS), do benefício previdenciário decorrente de acidente de trabalho.

Num primeiro momento, o chefe da Nação – que meses antes já havia acabado com quase todos os conselhos de participação social no âmbito do Governo Federal e corroído a lógica de direitos que fundamentavam as políticas públicas – espezinhou a Covid-19, classificando-a como uma "simples gripezinha" ou "resfriadinho", por um lado, mas reconhecendo que algumas pessoas poderiam morrer, por outro lado. "E daí? Lamento, essa é a vida. Não sou coveiro, *tá*? Vocês querem que eu faça o quê? Eu sou Messias, mas não faço milagres. Tudo agora é pandemia. Temos que deixar de ser um país de maricas", disse ele, expondo seu desprezo pela morte alheia e sua completa carência de critérios morais e absoluta ausência de compaixão, no dia em que o país registrou 474 novos óbitos e ultrapassou a China no total de vítimas fatais por Covid-19, chegando a imitar pacientes com Covid-19 sufocados com falta de ar[14] (no ápice da pandemia, em

14. Ver *Folha de S.Paulo*, 27 abr. 2020.

abril de 2020, a pandemia causaria a morte de mais de 85 mil pessoas em trinta dias).

A escalada de zombarias aumentou semanas depois, quando, em sua *live* semanal, respondeu às críticas dos líderes da oposição – classificados por ele como "comunistas" – afirmando que "quem é de direita toma cloroquina, quem é de esquerda toma tubaína"[15]. Em seguida, deflagrando um típico "comportamento de manada", aquele em que as pessoas são levadas a aceitar orientações recomendadas, mas que não são necessariamente aquilo de que realmente precisam, o presidente da República recomendou à população um "tratamento precoce" sem evidência científica e o uso de medicamentos que aumentavam o risco de graves lesões hepáticas e de mortalidade dos pacientes por problemas cardíacos, como ivermectina e a hidroxicloroquina – esse último um antimalárico e um antirreumático de uso oral. Ele, inclusive, chegou ao ponto de obrigar o laboratório farmacêutico das Forças Militares a fabricá-los, a um custo estimado à época em mais de R$ 5 milhões. E depois, invocando a "liberdade" de cada um, empenhou-se para que a vacinação fosse facultativa e não obrigatória[16].

Mais à frente, o ocupante do Palácio do Planalto não apenas se opôs às recomendações de distanciamento social feitas pela OMS, como também defendeu a imunização de rebanho, depois de circular por cidades do Distrito Federal, sempre sem máscara, provocando aglomerações. "É a

15. Ver *Folha de S.Paulo*, 20 maio 2020.
16. Ver Diego Junqueira, Laboratório do Exército já Gastou Mais de R$ 1,5 Milhão Para Produção de Cloroquina, Alvo de Investigação do TCU, *Repórter Brasil*, 20 jun. 2020, disponível em: <https://reporterbrasil.org.br/2020/06/laboratorio-do-Exercito-ja-gastou-mais-de-r-15-milhao-para-fabricacao-de-cloroquina-alvo-de-investigacao-do-tcu/>. Para se ter ideia do grau de descompasso do presidente da República com a realidade, apesar de a vacinação ser permitida os números revelam que, entre janeiro de 2021 e janeiro de 2023, dos 214,3 milhões de habitantes, 186 milhões tomaram uma dose da vacina; 169 milhões tomaram uma segunda dose ou dose única, segundo dados do Ministério da Saúde. Ver *O Estado de S. Paulo*, 26 fev. 2023, p. A17.

vida. Todos nós iremos morrer um dia, não adianta fugir disso", afirmou, quando o país registrou os primeiros dez mil casos de vítimas fatais. Por causa desse comportamento irresponsável e inconsequente, o Brasil, detentor de 3% da população mundial, em pouco tempo acumularia quase 11% do total de mortes causadas pela Covid-19. Por fim, não escondendo a motivação ideológica, o chefe da Nação passou a desprezar a "vacina chinesa", o que levou o grupo Pacto pela Vida e pelo Brasil, criado em 7 de abril de 2020 – dia mundial da saúde – e integrado por seis entidades da sociedade civil, dentre elas a Academia Brasileira de Ciências (ABC), a divulgar uma contundente nota de protesto afirmando que "negacionismo científico mata".

Economistas, cientistas políticos, sociólogos, antropólogos, filósofos e sanitaristas lembraram que (i) a lógica da cooperação em períodos de crise tem de ser aberta e precisa abrir caminho para múltiplas combinações; (ii) a atuação descentralizada e reticular do poder público no enfrentamento de uma pandemia proporciona vantagens tanto para as partes envolvidas quanto para o todo sistema de saúde pública; (iii) essa atuação descentralizada abre caminho para um padrão mais cooperativo de governabilidade que tende a ser mais importante quanto mais heterogênea é uma sociedade, quanto mais contraditórios são os interesses nela representados e quanto mais pluralista é a determinação de seu bem comum; (iv) as inovações na área médica, especialmente a epidemiológica, requerem determinadas condições sociais que não se explicam apenas em razão das inovações do conhecimento técnico-científico: (v) a competência de um governo não reside de forma permanente em um mesmo lugar, flutuando onde há mais informações e saberes técnico-científicos; (vi) na complexa rede de órgãos dos diferentes níveis da máquina governamental brasileira, a autoridade para governar o todo deveria ficar a cargo das partes que dispõem das melhores informações num momento dado.

Por seu lado, diferentes organizações científicas, entidades corporativas, conselhos profissionais e organizações não governamentais, como o Conselho Federal da Ordem dos Advogados do Brasil (OAB), a Conferência Nacional dos Bispos do Brasil (CNBB), a Associação Brasileira de Imprensa (ABI), a Comissão de Defesa dos Direitos Humanos Dom Paulo Evaristo Arns (Comissão Arns), a Sociedade Brasileira Para o Progresso da Ciência (SBPC), a Academia Brasileira de Ciências (ABC), a Academia Nacional de Medicina (ANM), a Academia Nacional de Engenharia (ANE), o Instituto de Estudos Socioeconômicos (Inesc), o Fórum Nacional de Pró-Reitores de Pesquisa e Pós-Graduação (Foprop), a Associação Brasileira das Instituições de Pesquisa Tecnológica e Inovação (ABIPTI), a Associação Nacional de Entidades Promotoras de Empreendimentos de Inovação (Anprotec), Conselho Nacional das Fundações de Apoio às Instituições de Ensino Superior e de Pesquisa Científica e Tecnológica (CONFIES), o Fórum Nacional de Gestores de Inovação e Transferência de Tecnologia (Fortec) e o Instituto Ethos também lançaram um documento conjunto de protesto. O texto advertia que o negacionismo científico do presidente da República e o desprezo às evidências científicas corroíam a confiança de toda a sociedade brasileira na própria autoridade da ciência – a qual implica lógica, razão e experimento – e das próprias instituições científicas, na medida em que ele sistematicamente recorria a mentiras, apresentava narrativas infundadas, distorcia fatos e manipulava dados estatísticos com o deliberado objetivo de confrontar e de desqualificar consensos estabelecidos[17].

17. Somente no ano de 2021, segundo a agência de checagem Aos Fatos, o presidente Jair Bolsonaro teria dito 6,9 declarações falsas por dia, sendo mais da metade sobre pandemia. Ver Aparecido Francisco dos Reis, Da Bio à Necropolítica: A Política de Saúde, Narrativas e Ações do Neoliberalismo do Governo Bolsonaro e Seus Impactos Junto aos Idosos na Pandemia de Covid-19, *Katálysis*, v. 25, n. 2, maio-ago. 2022, disponível em: <https://doi.org/10.1590/1982-0259.2022.E82854>.

Essas lembranças e manifestações críticas tiveram enorme repercussão na sociedade civil, que então se perguntava por quais razões a adoção de medidas sanitárias óbvias fora convertida em batalha ideológica. No entanto, as advertências foram em vão, uma vez que o Governo Federal as ignorou e as desprezou. Entre outros motivos, porque o presidente da República demitira um médico que estava à frente do Ministério da Saúde, Henrique Mandetta, em abril de 2004, indicando um oncologista para sucedê-lo e o substituindo, menos de um mês depois, por um militar intendente inepto e sem formação em medicina. Trata-se do general de divisão Eduardo Pazuello, que deixou o cargo acusado por uma Comissão Parlamentar de Inquérito, promovida pelo Senado, de ter cometido pelo menos cinco tipos de crime: (i) epidemia com resultado de morte; (ii) emprego irregular de verbas públicas; (iii) prevaricação; (iv) comunicação falsa de crime; e (v) crimes contra a humanidade. O mesmo ministro também foi acusado de ter sido incapaz de promover as atividades de vigilância para o acompanhamento das políticas de saúde necessárias ao combate da Covid-19 e de ter desprezado alertas do comitê técnico do Ministério da Saúde.

Além disso, o próprio da chefe da Nação também foi denunciado pela cpi de ter praticado pelo menos nove delitos tipificados pelo Código Penal – prevaricação, charlatanismo, epidemia com resultado de morte, infração a medidas sanitárias preventivas, emprego irregular de verba pública, incitação ao crime, falsificação de documentos particulares, crimes de responsabilidade e crime contra a humanidade. Também passou a ser passível de responder por crime de genocídio no âmbito do Supremo Tribunal Federal, dado o desprezo de seu governo com relação às mortes de ianomâmis por absoluta desnutrição[18]. Durante os trabalhos da Comissão Parlamentar de

18. Para uma análise específica sobre o que ocorreu no Brasil, onde a saúde pública já vinha sofrendo significativos cortes orçamentários antes da pandemia e após seu advento, o combate à Covid-19 foi ▶

Inquérito, deputados lembraram ainda que na reunião ministerial realizada no dia 22 de abril de 2020, que se tornou conhecida por uma sucessão de agressões à democracia, não houve uma única palavra sobre os mortos e nenhum consolo às famílias. Naquela altura, o Ministério

▷ tumultuado em decorrência da militarização do Ministério da Saúde, do fundamentalismo religioso, do negacionismo em relação à ciência e do inconsequente comportamento do presidente da República, especialmente na metade de 2020, ver Deisy de Freitas Lima Ventura; Fernando Mussa Abujamra Aith; Danielle Hanna Rached, A Emergência do Novo Coronavírus e a Lei de Quarentena no Brasil, *Direito e Praxis*, Rio de Janeiro, v. 12, n. 1, 2021, p. 102-138. Ver, igualmente, Bruno Marques Schaefer; Roberta Carnelos Resende; Sara Fernandes Epitácio; Mariah Torres Aleixo, Ações Governamentais Contra o Novo Coronavírus: Evidências dos Estados Brasileiros, *Revista de Administração Pública*, Rio de Janeiro, v. 54, n. 5, set.-out. 2020. Entre outros objetivos, esse estudo analisou 367 decretos de 25 executivos estaduais nos dois primeiros meses da pandemia no país. Constatou-se que a maioria dos governadores dos estados pertencentes às regiões Norte e Nordeste decidiu de forma mais rápida pelo fechamento das escolas, por 78 semanas, sendo 38 delas contínuas, por restrições do comércio e pela suspensão dos eventos públicos. Ver, ainda, Sandra Caponi, Covid-19 no Brasil: Entre o Negacionismo e a Razão Neoliberal, *Estudos Avançados*, São Paulo, Universidade de São Paulo, n. 99, 2020. Por fim, ver Fernando Luiz Abruccio, Federalismo Brasileiro e Projeto Nacional: Os Desafios da Democracia e da Desigualdade, *Revista USP*, São Paulo, n. 133, 2022, p. 127-142. Ver, ainda, Ana Paula Orlandi, Sementes da Desconfiança, *Pesquisa Fapesp*, São Paulo, Fundação de Amparo à Pesquisa do Estado de São Paulo, ano 23, n. 321, 2022, p. 82-85. Felipe Recondo; Luiz Weber, *O Tribunal: Como o Supremo se Uniu Ante a Ameaça Autoritária*, São Paulo: Companhia das Letras, 2023. Ver, por fim, o balanço do governo Bolsonaro e o editorial contra sua reeleição – There's Only one Choice in Brazil's Election – For the Country and the World – publicados pela revista *Nature*, 25 out. 2022. Sobre a atuação do Supremo Tribunal Federal nos julgamentos de questões relativas à área de saúde, ver Fernando Rister de Sousa Lima, *Decisões do STF em Direito à Saúde: Aspectos Econômicos e Políticos*, São Paulo: Almedina Brasil, 2020. Ver, por fim, Fábio Vitor, *Poder Camuflado: Os Militares e a Política, do Fim da Ditadura à Aliança com Bolsonaro*, São Paulo: Companhia das Letras, 2022, especialmente os capítulos 18 e 19, que tratam do comportamento do presidente da República durante a pandemia. Para uma análise arguta e detalhada da chamada lógica de cooperação em períodos de crise, ver Daniel Innerarity, *La Administración Pública: De la Gestión a la Governanza*, Barcelona: ESADE, Universidad Ramón Llull, s/d.

da Saúde já havia registrado 2.906 óbitos (tendo evoluído para 21.040 ao término do mês seguinte). O desempenho do governo na área da saúde foi tão dramaticamente baixo que a população voltou a ser afetada por sarampo e poliomielite, que já eram consideradas páginas viradas na história do país.

Quando, mudando de posicionamento ao decidir ações judiciais relativas a conflitos de competência entre a União e os Estados[19], o Supremo Tribunal Federal decidiu por unanimidade que a Lei n. 14.035 era inconstitucional, restabelecendo as competências concorrentes dos entes federativos, um dos líderes do presidente da República na Câmara, o deputado Vitor Hugo de Araújo Almeida (PL-GO), tomou uma iniciativa tão surpreendente quanto extravagante e perigosa para as instituições democráticas. O parlamentar apresentou o Projeto de Lei n. 1.074/21, que ampliava os poderes do chefe do Executivo, conferindo a ele a prerrogativa de utilizar o instituto jurídico da "Mobilização Nacional" em tempos pandêmicos.

---

19. Até então, dos 920 processos sobre conflitos intergovernamentais no federalismo brasileiro julgados entre 1988 – ano de promulgação da Constituição – e 2015 pelo STF, 81% foram favoráveis à União. Ver, nesse sentido, Fernando Abruccio et al., Combate à Covid-19 sob o Federalismo Bolsonarista: Um Caso de Descoordenação Intergovernamental, *Revista de Administração Pública*, Rio de Janeiro, v. 54, n. 4, jul.-ago. 2020. Além disso, com a eclosão da pandemia da Covid-19, as ações a ela relacionadas – a maioria interposta por partidos políticos, associações e sindicatos – passaram a ocupar a pauta do STF, provocando respostas mais rápidas e colegiadas por seus ministros, especialmente quando o questionamento se referia a iniciativas do Governo Federal. Das 626 ações de controle de constitucionalidade levadas à corte, entre março de 2020 e março de 2021, 160 diziam respeito à Covid-19 e 90 questionavam iniciativas do Governo Federal. Essas ações chegaram a representar 48% do total de ações de controle de constitucionalidade levadas ao tribunal nos primeiros 150 dias de pandemia. Ver Eloísa Machado de Almeida; Luciana Gross Cunha; Luiza Pavan Ferraro, *STF e Pandemia: Controle Constitucional Concentrado Durante o Primeiro Ano da Pandemia Covid-19 no Brasil*. A pesquisa foi apresentada no 450 Encontro Anual da Associação Nacional de Pós-Graduação em Ciências Sociais (Anpocs), realizado de modo virtual entre 19 e 27 de outubro de 2021.

A justificativa era de que o país fora submetido a uma "catástrofe natural", necessitando assim de uma ampliação dos conceitos jurídicos de Estado de Defesa e de Estado de Sítio, previstos pelo artigo 84 da Constituição. Conjugado com o artigo 22, segundo o qual a União tem competência privativa para legislar sobre "requisições civis e militares em caso de iminente perigo e em tempo de guerra", o Estado de Defesa e o Estado de Sítio são medidas extraordinárias cujo objetivo é restabelecer ou assegurar a continuidade da normalidade constitucional quando ela estiver ameaçada. Elas só podem ser adotadas quando forem estritamente necessárias – como no caso de o país entrar em guerra contra um inimigo externo, por exemplo – e, assim mesmo, por um prazo de tempo determinado. Em casos como esse, o presidente da República fica autorizado a mobilizar militares, a intervir nos processos produtivos, a requisitar bens e serviços e até a convocar civis. No entanto, como o Projeto de Lei n. 1.074/21 implicava um flagrante desvio de finalidade e continha brechas potencialmente corrosivas para a manutenção do Estado de Direito, uma vez que abria caminho para que a pandemia fosse utilizada como justificativa para a edição de atos de exceção sem a garantia de que eles fossem revogados após o término da pandemia, o projeto foi arquivado.

Mais grave ainda: conhecido por seu menosprezo pelas regras de convivência democrática, avesso ao pacto federativo concebido no período de redemocratização do país, dotado de uma visão autocrática de suas funções governamentais, insensível aos fóruns federativos e às discussões sobre como assegurar maior eficiência na coordenação de políticas locais, incapaz de compreender a dinâmica cooperativa entre os governos estaduais e municipais em áreas como saúde pública, meio ambiente, assistência social e políticas urbanas, contrário aos Sistemas Nacionais de Políticas Públicas, despreparado para se relacionar com os diferentes setores e segmentos sociais, saudoso da ditadura militar e revelando-se um inconsequente e irresponsável dirigente negacionista da ciência, o presidente da República imaginou que poderia comandar de modo centralizador o enfrentamento da pandemia. Contudo, isso acabou não ocorrendo por pelo menos duas razões. A primeira, como lembrei no parágrafo anterior, é que a pretensão de coordenação federal exclusiva por parte do Palácio do Planalto foi judicializada e seu ocupante saiu derrotado. A segunda é que os governos subnacionais souberam resistir em conjunto e desenvolver formas de cooperação com os setores sociais afetados pela pandemia.

Por esse motivo, enquanto a União não conseguiu promover o papel que a Constituição lhe incumbe, a coordenação federativa, muitos governos estaduais e muitas prefeituras, apesar de carecerem de equipamentos médico-hospitalares em quantidade suficiente e de recursos tecnológicos de última geração, adotaram em parcerias ou isoladamente exitosas políticas de distanciamento e programas de isolamento social para tentar impedir a transmissão do vírus, bem como eficientes campanhas e programas de vacinação. Também pressionaram a Câmara dos Deputados e o Senado a aprovarem projetos de lei favoráveis à distribuição descentralizada de recursos. E ainda promoveram alianças regionais com o objetivo de preservar suas prerrogativas, a ponto de um grupo de governadores ter criado até mesmo o Consórcio Nordeste.

No mundo todo, a reação variou conforme o desenho institucional e a autonomia dos atores políticos[20].

---

20. Ver T. Hale et al., *Variation in the Government Responses to Covid-19*, Oxford: Blavatnik School of Government, Working Paper, v. 32, version 7.0. Ver também Otaviano Canuto; Pepe Zhang, Building an Inclusive Recovery in Latin America and the Caribbean, *Project Syndicate: The World Opinion Page*, Oct. 14 2021. Ver também Sergio Abranches, O Mau Governo e a Pandemia Global, 16 abr. 2020, disponível em: <https://sergioabranches.com.br/noticias/politica/o-mau-governo-e-a-covid-19/>. Ver, ainda, Luiza Moraes; Erik Dauzacher, Política Comparada na Pandemia, *Insight Inteligência*, Rio de Janeiro, n. 93, 2021.

Países com um sistema de saúde pública universal – como Inglaterra, Alemanha, Noruega, Nova Zelândia e Finlândia – saíram-se melhor no enfrentamento da crise sanitária. Apesar de seus respectivos fluxos de atendimento de infectados terem crescido em ritmo geométrico, suas redes hospitalares não entraram em colapso por excesso de demanda e sobrecarga de trabalho. Já países como Itália, Portugal e Espanha foram bastante afetados em decorrência da implementação e execução de medidas de contenção de gastos e de austeridade fiscal impostas após a crise financeira global de 2007-2009 pelo Fundo Monetário Internacional, pelo Banco Mundial e pelo Banco Central Europeu. Essas medidas implicavam redução de políticas econômicas e transferência de serviços essenciais para o mercado, convertendo-os em oportunidades de negócios para a iniciativa privada, o que atingiu esses países em um período de fragilização de seus respectivos sistemas públicos de saúde e suas redes de proteção dos mais penalizados pela pandemia. Ou seja, aqueles que não dispunham de condições de arcar com planos de assistência médica oferecidos pela rede hospitalar privada. Em outras palavras, o alto custo social da ortodoxia fiscalista, nesses países, acabou sendo pago por quem tinha sua sobrevivência em tempos pandêmicos dependente de serviços públicos essenciais e de auxílios emergenciais para subsistir em um longo período de inatividade. Quando a pandemia eclodiu, o sistema de saúde pública desses países estava desguarnecido, sem cobertura hospitalar estatal suficiente, sem redes de proteção social, sem equipamentos de segurança individual e coletiva, sem unidades de terapia intensiva, sem ventiladores mecânicos em número suficiente.

Promovida por políticas econômicas de inspiração fortemente liberal que enfatizam a abertura, a desregulação e a internacionalização dos mercados e de seus capitais, tendo sido a marca dos governos eleitos na transição do século XX para o século XXI, a canonização dos princípios fiscalistas limitou as competências e as funções dos governos. Especialmente no período entre a queda do muro de Berlim, o fim do socialismo soviético, com o ingresso na economia de mercado das economias planificadas do Leste Europeu, em 1989, e a subsequente entrada do euro como moeda circulante, em 2000, muitos foram os países que se viram obrigados a promover reformas constitucionais, para se adaptar a uma nova realidade econômica, comercial e financeira mundial. Justificadas com base no argumento de que, com suas políticas keynesianas e suas Constituições-dirigentes, os governos social-democratas teriam promovido uma hipertrofia de direitos, inviabilizando com isso a obtenção de equilíbrio fiscal, essas reformas de acentuada inspiração liberal revogaram direitos sociais conquistados no pós-guerra. Também reduziram a intervenção do Estado, abrindo caminho para uma economia autorregulada, ou seja, sem regulação e intervenção estatal.

Em linha oposta à do Estado keynesiano, que identifica as falhas de mercado, adota estratégias de proteção, regulação estatal e medidas anticíclicas para tentar criar fluxos de renda e assegurar o nível de emprego, implementa programas de reparação de desequilíbrios regionais, promove assistência a grupos marginalizados e reconhece a ética do lucro no marco da responsabilidade social do empresariado, o liberalismo econômico mais extremado, mais radical, especialmente na vertente da Universidade de Chicago, defende o chamado capitalismo de *shareholder*, no qual a única responsabilidade social das empresas seria a maximização do lucro para seus acionistas. À medida que essa escola econômica foi ganhando prestígio, as governanças e gestões de empresas passaram a valorizar apenas os resultados de curto prazo, com foco exclusivo na maximização de lucros e no pagamento de dividendos aos acionistas.

Relegando para segundo plano o fato de que os mercados contemporâneos não são uma prática anômica, pois operam por meio de uma complexa malha de direitos e garantias, esse tipo de capitalismo enfatiza a exploração ilimitada da conjuntura mediante a maximização de suas vantagens pelos agentes econômicos, da desobrigação de suas responsabilidades para com os outros, da desregulação legislativa e da desconsideração de interesses de caráter comunitário. Valoriza, igualmente, a ideia de que os mercados encontram seu equilíbrio via curvas de demanda e de oferta em contextos de livre competição entre os agentes econômicos. Dito de outro modo, e também relegando que sem Estado não há predição, sem predição não há direitos e sem direitos não haveria mercados, a tese de mercados autorregulados enfatiza sua regulação ótima. Assim, opõe-se aos órgãos e mecanismos regulatórios forjados pelo poder público no decorrer do século xx como resposta às demandas de estabilização e racionalização do sistema econômico, por meio de políticas de identificação e correção das chamadas "falhas de mercado". Entende que o mercado não deve ser regulado por qualquer marco normativo que transcenda as próprias transações – ou seja, defende uma regulação espontânea propiciada pelo próprio desempenho dos segmentos mais competitivos da economia.

Para esse tipo de capitalismo mais exacerbado ou radical, marcado por sua posição fortemente antirregulatória, quaisquer normas jurídicas que não digam respeito ao direito de propriedade e dos contratos constituem uma regulação jurídica heterônoma que põe em risco as leis do mercado. Na mesma linha, atividades de coordenação, fiscalização e intervenção de um Estado regulador também são acusadas de subtrair e de violar as liberdades de iniciativa, de escolha e contratual. O objetivo é a exploração ilimitada da conjuntura e a busca de resultados a curto prazo, uma vez que o médio e o longo prazo são imprevisíveis e, por consequência, aleatórios. Em matéria de políticas públicas, tal tipo de capitalismo também se contrapõe ao uso da racionalidade político-burocrática do direito para a promoção de valores e de interesses sociais, por meio do estabelecimento de obrigações para o poder público. Sob a justificativa de que a intervenção do Estado deve se limitar a garantir as liberdades fundamentais dos cidadãos, ele também resiste aos programas governamentais de proteção da saúde, da seguridade e do meio ambiente e de enfrentamento aos novos riscos tecnológicos. Aceita somente programas macroeconômicos que permitam aos mercados operarem com o máximo de liberdade possível[21].

Em poucas palavras, esse é o liberalismo econômico mais acentuado e fundamentalista, também chamado de hiperliberalismo ou de neoliberalismo, que contrapõe os mecanismos autônomos e sem restrições da economia

---

21. Originariamente, o capitalismo significa o estabelecimento de uma ordem política que instituía os direitos dos indivíduos e suas liberdades de modo abstrato. Por liberalismo econômico ortodoxo entendo um tipo de liberalismo que não se confunde com a doutrina surgida após o século XVIII, com base no contratualismo de John Locke e Thomas Hobbes e a teria dos sentimentos morais de Adam Smith, que consagrava liberdade de iniciativa e de mercado ao mesmo tempo que enfatizava a importância da regulação estatal em matéria de direito de propriedade, publicidade dos atos negociais, combate a monopólios e criação de mecanismos judiciais para assegurar o cumprimento dos contratos. Aquele liberalismo era avesso à intervenção estatal, mas destacava as liberdades públicas como marcos normativos do livre jogo de mercado. Com o tempo, o liberalismo passou a focar as implicações sociais da atividade econômica, chegando a enfatizar o princípio da responsabilidade social de quem empreende e obtém lucros. Na linha da chamada escola de Chicago, que exponencia o livre mercado e o livre comércio, o liberalismo econômico ortodoxo ignora a vertente política dessas correntes liberais extremadas. Parte da ideia de que os mercados autorregulados são eficientes, entende que o Estado regulador viola a liberdade e despreza mecanismos compensatórios que atenuem desequilíbrios advindos. Também relega que o contrato social e o pacto moral nele implícito tendem a ser corroídos quando serviços públicos essenciais são privatizados e reduzidos ao conceito geral de mercadoria. Nesse sentido, ver Pierre Rosanvallon, *Le Libéralisme economique*, Paris: Seuil, 1989. Para uma justificativa da compreensão do direito como fator de eficiência, maximizando as condições e as partes envolvidas numa economia de mercado, ver Richard Posner, *Economic Analyses of Law*, New York: Wolters Kluwer Law & Business, 2014.

de mercado às regulações heterônomas do Estado e do direito. Valorizando indicadores como o Produto Interno Bruto (PIB), ao mesmo tempo que menospreza o Índice de Desenvolvimento Humano (IDH), esse fundamentalismo de mercado ou neoliberalismo radical defende uma política de crescimento econômico livre de amarras governamentais. É insensível aos investimentos de longo prazo. E, moralmente insensível no plano social, é desumano, uma vez que não dá maior atenção à precarização dos chamados mínimos vitais dos setores mais desvalidos e historicamente desempoderados, em decorrência da ruptura dos laços primários de solidariedade e sem maior preocupação com o desenvolvimento e o bem-estar da sociedade.

É isso que explica a tendência dos defensores do hiperliberalismo ou neoliberalismo de propor o enfrentamento dos déficits fiscais do poder público por meio de severas políticas de austeridade fiscal e de estratégias de desconstitucionalização, deslegalização, desburocratização, desregulamentação e redução da máquina administrativa. É por isso que os economistas dessa vertente recusam qualquer estratégia para a adoção de um mínimo social, sob a justificativa de que medidas como essas podem levar a fuga de capitais ou, então, invocando esse receio como argumento para se opor a qualquer gasto público que ponha em risco a estabilidade monetária, o princípio da responsabilidade fiscal e o equilíbrio orçamentário[22]. É isso que explica, igualmente, a sujeição do

22. É importante lembrar que desregular é um conceito que significa a redução do grau de intervenção do Estado na economia, dando maior liberdade aos mercados. Contudo, para que o livre mercado possa funcionar é necessária a fixação de determinados parâmetros ou marcos, o que faz com que a desregulação não signifique necessariamente um número menor de normas. Ver Roland Axtmann, *Liberal Democracy into the Twenty-first Century: Globalization, Integration and the Nation-State*, Manchester: Manchester University Press, 1996. No mesmo sentido, ver António Manuel Hespanha, *A Revolução Neoliberal e a Subversão do "Modelo Jurídico": Crise, Direito e Argumentação Jurídica*, Lisboa, Centro de Investigação sobre Direito e Sociedade, Universidade Nova de Lisboa/Fundação para a Ciência e Tecnologia, 2013. ▶

direito positivo "às exigências de cálculo, produção de resultados e de eficiência, todas típicas das transações econômicas dirigidas ao lucro" e as tensões entre os saberes tecnocratas voltados aos negócios e o saber jurídico[23]. É isso que também explica as decisões que transformam a obrigação constitucional de prestação de serviços públicos essenciais em negócios privados – ou seja, a substituição da ideia de direitos sociais pela ideia de serviços privados, com a subsequente redução dos destinatários dos serviços essenciais prestados pela máquina governamental ao conceito geral de mercadoria. Por fim, é isso que explica, por um lado, as políticas de privatização de empresas estatais, e, por outro lado, os programas de renúncia da autoridade governamental sobre sistemas

▷ Segundo ele, as décadas finais do século xx levaram aos mercados desregulados e à substituição de modelos de legitimação, saberes, técnicas de cálculo, comunidades epistêmicas e grupos profissionais. Ao mesmo tempo que essas mudanças possibilitaram a ascensão de economistas e executivos de empresas, elas propiciaram a hegemonia dos saberes relativos aos negócios sobre o saber jurídico, que foi reduzido a um saber secundário ou "ancilar" voltado ao desenvolvimento de "técnicas de blindagem dos ganhos negociais, técnicas de desresponsabilização criminal e civil e técnicas de ocultamento de vícios ou de riscos que onerem títulos".

23. Sobre as tensões o saber técnico dos profissionais das grandes firmas internacionais de auditoria e consultoria econômica e o mundo das profissões jurídicas, ver Vittorio Olgiatti, Professional Competition and the Social Construccion of Transnacional Markets, em Yves Desalay; David Sugerman (eds.), *Professional Competition and Professional Power: Lawyers, Accountants and the Social Construction of Markets*, London/New York: Routledge, 2005. Tanto ele quanto António Manuel Hespanha mostram como a hegemonia dos saberes relativos aos negócios acaba provocando uma recomposição lógica da decisão jurídica com base em estratégias discursivas organizadas em torno da lógica dos valores econômicos da oportunidade e da competividade – lógica essa oposta à lógica do saber jurídico, cuja base são as ideias de estabilidade social e intangibilidade dos direitos. E, ao mesmo tempo que mostram como essa recomposição está levando a uma abertura dos especialistas em direito privado aos saberes voltados aos negócios (como micro e macroeconomia, gestão e contabilidade), apontam um declínio do campo de atuação dos especialistas em direito público, em decorrência da redução do tamanho do Estado. "Ganham poder as elites jurídicas que ocupam as instâncias jurisdicionais dos setores hegemônicos da economia", afirma Hespanha (p. 8).

prisionais (em decorrência da privatização de penitenciárias) e de concessão de serviços públicos a conglomerados empresariais particulares (por meio de contratos de gestão e termos de parceria). O problema dessas políticas de privatização e concessão é que elas costumam deixam de lado dois pontos fundamentais subjacentes à concepção de Estado democrático de Direito: (i) em termos institucionais, função pública implica noção de responsabilidade; e (ii) se determinadas funções públicas podem ser privatizadas, determinadas responsabilidades não podem. Em muitos países, o resultado do menosprezo a esses dois pontos acabou sendo a deterioração da capacidade dos Estados de proteger e prover seus cidadãos[24].

24. Nesse sentido, é importante lembrar a análise precursora desse problema feita pelo historiador econômico Karl Polanyi, um severo crítico da adoção do livre mercado como princípio regulador de todos os aspectos econômicos da vida social. Segundo ele, há três aspectos da vida humana – terra, o trabalho e dinheiro – que nunca deveriam ter seu uso de modo irrestrito por meio do livre mercado, como o liberalismo pretendia, uma vez que, ao contrário de um fogão ou de um carro, não foram concebidos para serem comprados e vendidos. Terra é sinônimo do meio ambiente das pessoas, e a criação de um mercado totalmente livre leva ao uso inadequado desses recursos, prejudicando a continuidade da vida. Já o trabalho é um modo de se referir a pessoas que se esforçam para assegurar seu sustento. Por isso, um mercado de trabalho não regulado, como ocorreu na época da revolução industrial, leva à exploração da mão de obra. E o dinheiro, uma criação humana para facilitar trocas, acabou sendo convertido em algo procurado por si mesmo, motivo pelo qual, quando circula de modo irrestrito, gera especulação, volatilidade e incerteza nos mercados financeiros, afetando a vida das pessoas. Ao estudar a estrutura econômica do capitalismo europeu no século XIX e as guerras e as crises econômicas daí resultantes, Polanyi identificou um movimento duplo resultante da ação permanente e contraditória de dois princípios estruturantes da economia de mercado. Um é o princípio do liberalismo econômico, que caminha no sentido dos mercados autorregulados. O outro é o princípio da proteção social contra os efeitos anti-humanitários gerados por esses mercados não regulados. Partindo da premissa de que economia capitalista foi constituída como uma esfera separada da sociedade, Polanyi via as guerras, as crises econômicas e as irrupções sociais que marcaram as eras da revolução, do capital e do império como consequências decorrentes da sujeição de todos os aspectos da vida humana ao livre jogo de mercado. Longe de ver um movimento pendular entre o princípio do ▶

Na sua versão mais radical ou extremada, esse tipo de liberalismo desconhece qualquer direito, a não ser os que nascem da livre disposição da vontade dos indivíduos no livre jogo de mercado e devidamente formalizados por um contrato. Enfatiza a regulação dos negócios pelas regras praticadas no próprio mundo dos negócios e a resolução dos conflitos apenas pelos atores diretamente interessados, por meio de arbitragem. Desse modo, essa concepção endossa o aumento da lógica privada de normas em decorrência do sistema de preços de uma economia autorregulada. Também entende que o mercado não produz nem igualdade distributiva nem, muito menos, igualdade de oportunidades. O que significa, em termos concretos, considerar como valor supremo – ou, então, como "justo" – o atroz processo competitivo em cujo âmbito, por definição, cada um recebe o que merece e o que foi capaz de ganhar.

Nesse sentido, insensível às acentuadas disparidades na distribuição de riqueza e de renda, o neoliberalismo entende que cada cidadão tem de ser autossuficiente, devendo assim cuidar de si mesmo e de suprir suas

▷ liberalismo econômico e o princípio da proteção social, Polanyi analisava esse duplo movimento sob uma perspectiva dialética. Segundo ele, os fatores que corrigem a expansão disruptiva dos mercados não regulados emergem da própria expansão do capitalismo e tendem a se fortalecer com a destruição que a expansão desses mercados acarreta a longo prazo na esfera da terra, do trabalho e do dinheiro. Em outras palavras: enquanto no desenvolvimento do capitalismo os mercados se expandiam, ameaçando "os componentes humanos e naturais do tecido social", o primeiro movimento era enfrentado por um contramovimento. O objetivo do segundo movimento era obter algum tipo de proteção social, o que acaba impondo regras e obrigações que contrariaram a lógica funcional dos mercados autorregulados. Segundo Polanyi, se a economia de mercado foi uma ameaça para o que chamava de "componentes humanos e naturais do tecido social", era inevitável esperar que grandes grupos de pessoas fizessem as maiores pressões em busca de anteparos, por meio de direitos sociais de natureza progressiva ou distributiva, motivo pelo qual um sistema *laissez faire* não poderia funcionar sem regulações. Ver Karl Polanyi, *La Gran Transformación: Las Orígenes Políticas y Económicas de Nuestro Tiempo*, Ciudad de México: Fondo de Cultura Económica, 1990.

próprias necessidades. Na prática, isso significa que, uma vez que está submetido a um número cada vez maior de situações de concorrência em todas as esferas de sua vida, ele tem de investir em seu capital humano para sobreviver. Desse modo, cada cidadão acaba se tornando empreendedor de si, vendo os demais trabalhadores não como companheiros, mas como concorrentes. No limite, diante dos problemas e sofrimentos trazidos pela pandemia, trata-se de um modo de hiperresponsabilização individual de caráter *darwinista*, que assegura a vitória dos mais preparados e dos mais aptos. Nesse sentido, a hiperresponsabilização individual é uma forma de menosprezar os populosos segmentos sociais que o neoliberalismo considera inferiores ou marginais, por serem absolutamente incapazes de se manter.

Por sua natureza anti-humanitária, *darwinismo* é uma palavra forte, não há a menor dúvida. Contudo, não é injusta quando são apontados alguns exemplos do que ocorreu no Brasil durante o quadriênio presidencial de 2019-2022. Nesse período, quando a taxa de participação agregada no mercado de trabalho auferida pelo Instituto Brasileiro de Economia, vinculado à Fundação Getúlio Vargas, chegou a 63,43% em fevereiro de 2020[25], agravando o desemprego de jovens pobres não escolarizados, o Governo Federal (i) defendeu a suspensão dos contratos de trabalho sem previsão de providências compensatórias para os trabalhadores durante a pandemia; (ii) tentou impor a cobrança de imposto de renda sobre o valor do seguro-desemprego; e (iii) o presidente da República chegou a classificar como prostitutas as adolescentes venezuelanas pobres que estavam num curso profissional que as preparava para serem maquiadoras, além de chamar de traficantes os moradores pretos, pardos e mulatos do Complexo do Alemão, situado na zona norte do Rio de Janeiro e que reúne o maior conjunto de favelas da cidade.

25. Ver *Valor*, 12 jun. 2023, p. A3.

Ainda mais grave, aprofundou um estado de pobreza cuja gravidade – apesar de questionada pelo mesmo governo que nega a ciência – é demonstrada pela existência de 33,1 milhões de famintos, que vivem em 15,2% dos domicílios brasileiros, como informa o Inquérito Nacional Sobre Insegurança Alimentar no Contexto da Pandemia da Covid-19[26]. Além disso, em 41,3% dos domicílios do país seus moradores vivem em estado de insegurança alimentar. Os números mostram que essas pessoas foram reduzidas a empreendedoras de si mesmas, o que durante a pandemia foi evidenciado pelo aumento do número de trabalhadores informais e por conta própria. Na prática, isso significa o desfiguramento do *Homo juridicus*, convertendo-o em um homem a um só tempo responsável e culpado por seu destino individual.

Além disso, esse tipo de liberalismo baseado em ideias simplistas sobre como a economia de mercado deve operar também prima pela contradição. Isso porque, ao mesmo tempo que hiperresponsabiliza os cidadãos por seu futuro, por sua vida, também promove a desresponsabilização dos atores econômicos. Não é só. Ao confundir economia de mercado com sociedade de mercado, onde tudo pode ser vendido e comprado, bem como ao enfatizar que o mercado não pode ser regulado por qualquer estrutura normativa transcendente às próprias transações, esse liberalismo extremado também substitui a ética de solidariedade por uma ética de eficiência. Igualmente, ignorando que, quando o Estado é reduzido ao mínimo, o contrato social tende a se corroer, o liberalismo extremado descarta a economia como instrumento de desenvolvimento e de organização das bases de referência e da estabilidade da sociedade.

---

26. No Norte, a insuficiência alimentar atinge 51,9% dos domicílios. No Nordeste, a fome atinge 49% dos lares com crianças de até dez anos de idade. Ver Rede PENSAAN, Inquérito Nacional Sobre Insegurança Alimentar no Contexto da Pandemia da Covid-19 no Brasil, disponível em: <https://pesquisassan.net.br/olheparaafome/>. Ver também José de Souza Martins, O Drama da Fome e Quanto Custa a Pobreza?, *Valor*, 24 jun. 2021.

No limite, é como se os mais bem-sucedidos pudessem fazer o que querem, enquanto os mais pobres sofressem "o que precisam sofrer" – como advertem economistas críticos desse tipo de liberalismo[27], depois de lembrar que o utilitarismo jurídico sensível às conjunturas de um mercado desregulado impõe o primado da economia estratégica do empreendedorismo, da gestão de riscos e da engenharia financeira e fiscal, levando com isso a ideia de Estado Social a ceder lugar a um modelo de justiça criminal de um Estado excludente por meio de políticas de *tolerância zero* e de *law and order*.

Desse modo, menosprezando a ideia social-democrata de que a busca de metas estabelecidas por meio de deliberações democráticos implica intervenções nos processos econômicos em nome de um futuro mais justo e legitimamente acordado, a hegemonia desse tipo de liberalismo econômico na transição do século xx para o século xxi levou muitos governos a perderem as noções de estratégia, de coordenação e de planejamento de médio e longo prazo. Também converteu em simples negócio o que era direito da população a serviços públicos essenciais. E ainda destruiu o aparato administrativo estatal de que os cidadãos – especialmente os mais desfavorecidos, que não tinham um plano de saúde nem proteção contra o desemprego – necessitavam para sobreviver[28].

---

27. Ver, nesse sentido, J. Bradford DeLong, *Slouching Towards Utopia: An Economic History of the Twentieth Century*, New York: Basic Books, 2022.

28. No caso do Brasil, por exemplo, a Emenda Constitucional no 95/2016, que instituiu um novo regime fiscal, levou o Sistema Único de Saúde (sus) a perder R$ 22,5 bilhões de recursos federais (excluídos os recursos extraordinários para a Covid-19), somente entre 2018 e 2020. Ver Erika Santos Aragão; Francisco Rózsa Funcia, Austeridade Fiscal e Seus Efeitos no Complexo Econômico-Industrial da Saúde no Contexto da Pandemia da Covid-19, *Cadernos de Saúde Pública*, n. 37, 2021. Ver também Carlos Octavio Ocké-Reis, O sus Sobrevive aos Tempos de Pandemia? *Saúde em Debate*, Rio de Janeiro, Instituto de Pesquisa Econômica Aplicada (Ipea), 2020.

Em razão da tendência de convergência das políticas macroeconômicas de distintos países a convergirem, tornando-se mais homogêneas e tendo como denominador comum a preocupação de reduzir ao mínimo os riscos dos mercados financeiros globais, aumentaram as pressões para que elas priorizassem uma combinação entre medidas fiscais bastante duras com uma política monetária mais flexível. Com isso, as autoridades econômicas nacionais foram perdendo progressivamente a capacidade de decidir sobre taxas de juros de longo prazo, o que limitou a capacidade dos governos de influir sobre as variáveis estratégicas de suas respectivas economias.

O resultado foi que as políticas de austeridade fiscal formuladas com o objetivo de cortar gastos sociais para reduzir a dívida pública, por parte de governos liberais, no sentido mais ortodoxo da expressão, converteram-se num verdadeiro *austericídio fiscal*[29]. Além disso, a economia produtiva foi corroída por um capitalismo financeiro que aufere mais lucros na movimentação de capitais do que nos investimentos produtivos na economia real. A expansão desse tipo de capitalismo exponenciou os riscos de um colapso social, levando a um declínio generalizado da confiança das populações em seus respectivos governos, à insegurança econômica, à polarização partidária, ao acirramento ideológico e a um populismo

---

29. Ver António Casimiro Ferreira, *Sociologia das Constituições: Desafio Crítico ao Constitucionalismo de Exceção*, Porto: Vida Económica, 2019. Sobre a subordinação de uma Constituição promulgada por uma "legislação de crise", ver Giorgio Agambem, *O Estado de Exceção Provocado Por uma Emergência Imotivada*, São Leopoldo: Instituto Humanitas Unisinos, 2020; e António Manuel Hespanha, A Revolução Neoliberal e a Subversão do Modelo Jurídico: Crise, Direito e Argumentação Jurídica, *Revista do Ministério Público*, Lisboa, 2012. Ver, ainda, David Sciulli, Foundations of Societal Constitutionalism: Principles From the Concepts of Communicative Action and Procedural Legality, *The British Journal of Sociology*, v. 39, n. 3, 1988, p. 337-408; e José António Moral Santín, Globalización y Transformaciones Financeiras: El Fin de las Políticas Macroeconómicas Nacionales, *Zona Abierta*, Madrid, Editorial Pablo Iglesias, n. 92/93, p. 127-173.

nacionalista. Como se não bastasse, a crescente complexidade dos problemas que os governos nacionais passaram a ter de enfrentar e o cenário de dúvidas e incertezas daí decorrente, por causa do avanço da pandemia, afetou suas competências cognitivas e suas capacidades de gestão.

De que modo os governos podem enfrentar esses problemas com um conhecimento incompleto das consequências da Covid-19 e em meio a muitas incertezas? Essa é uma indagação importante, que reaparecerá nos capítulos mais à frente.

4. AS CADEIAS GLOBAIS DE VALOR, DE PRODUÇÃO E DE FORNECIMENTO

Com o fim da Guerra Fria, a expansão das tecnologias de comunicação *on-line*, o desenvolvimento de novas tecnologias de produção, a adoção de padrões organizacionais mais eficientes, os avanços logísticos, a conteinerização do comércio, a adoção de padrões e certificações e o barateamento dos sistemas de transportes de alta velocidade de cargas, no decorrer da década de 1990 os padrões organizacionais mais eficientes e as estratégias de localização das corporações globais passaram a privilegiar a constituição de empresas em forma de rede. Ou seja, com a centralização das áreas de decisão e de inovação nas matrizes e a terceirização das atividades industriais, comerciais e de serviços.

A partir daí, graças às novas técnicas de gestão empresarial, de terceirização, de flexibilização e desregulamentação das relações trabalhistas, a produção industrial foi sendo progressivamente redistribuída em termos geográficos. Dadas as oportunidades de redução de custos que países de diferentes áreas do mundo ofereciam, o mundo do trabalho foi se fragmentando, propiciando com isso vantagens comparativas internacionais que resultaram na formação de extensas cadeias de suprimentos globalizadas e especializadas. O foco principal foi na Ásia-Pacífico, onde – além das poucas salvaguardas ambientais – a servidão era uma das principais formas de trabalho para extração de matéria-prima utilizada em produtos eletrônicos em determinados países e/ou regiões. Especialmente em determinadas localidades da China, até hoje é comum a exploração de uma abundante oferta de mão de obra nas chamadas *sweatshops*, onde se trabalha até quinze horas por dia e sete dias por semana, com alto registro de mortes decorrentes de exaustão física.

Foi justamente nesse contexto – marcado por uma crescente dependência das corporações globais de fornecedores externos de matérias-primas, suprimentos e bens intermediários – que eclodiu a pandemia da Covid-19. Antes dela, havia uma interdependência de comércio e produção de produtos farmacêuticos e médico-hospitalares, na qual os países avançados se especializavam em produtos sofisticados de alta tecnologia, enquanto os países com baixo custo de produção forneciam peças, equipamentos e aparelhos mais simples. O problema é que, ao promoverem uma concentração excessiva de suprimentos, de bens intermediários e de equipamentos mais simples em países com dimensões continentais e regimes políticos autoritários e avessos à liberdade política, como é o caso da China, onde eram menores os custos com matéria-prima, mão de obra, encargos trabalhistas e direitos sociais, essas cadeias globais de valor implicavam muita insegurança e muitos riscos.

Além disso, essas cadeias de produção e fornecimento continham uma armadilha com efeitos até então subestimados – mais precisamente, um paradoxo que as tornavam vulneráveis. Ou seja, se por um lado a dependência de produtos fabricados em apenas alguns lugares possibilita aumentos expressivos de eficiência e de redução de custos, por outro gera dependências e significativos riscos de descontinuidade decorrente de eventos não previsíveis e catástrofes de grande envergadura, como desastres ambientais, perda de biodiversidade, alterações climáticas, fenômenos naturais, pandemias com vírus letais, crises sanitárias, atentados terroristas, convulsões sociais e guerras, por exemplo, que podem atrasar cronogramas de entrega de bens intermediários e suprimentos, romper os fluxos comerciais e prejudicar o desempenho global da economia[1].

Foi o que aconteceu com a pandemia. Assim que ela eclodiu na capital da província chinesa de Hubei, uma região importante em matéria de fabricação de peças e componentes para produtos finais no campo da eletrônica, esse país foi obrigado a impor um conjunto de medidas envolvendo testes em massa, adoção de *lockdowns* em cidades inteiras por semanas, confinamento, quarentenas prolongadas para os infectados, imposição de restrições de locomoção e de viagens e de isolamento social. Esse ambicioso e agressivo conjunto de medidas autoritárias e draconianas foi chamado de *dinâmica Covid-zero* – termo que expressa a política de eliminação completa do vírus. Essas medidas submeteram mais de trezentos milhões de trabalhadores chineses a *lockdowns* rigorosos, a testes em massa, a isolamentos e a aplicativos capazes de rastrear deslocamentos.

O resultado não foi apenas a explosão de uma forte insatisfação de uma população já muito cansada de tanto autoritarismo e de imensos sofrimentos pessoais que, com o passar do tempo, geraram novas tensões e deflagraram enormes manifestações de protesto por parte da sociedade. Desgastado, o governo chinês viu-se obrigado a

---

1. Ver Afonso Fleury; Maria Tereza Leme Fleury, A Reconfiguração das Cadeias Globais de Valor (*Global Value Chains*) Pós-Pandemia, *Estudos Avançados*, v. 34, n. 100, 2020, p. 203-218.

abrir mão de sua política original de combate à pandemia quase três anos após tê-la adotado, o que deixou ao crescimento de novos contágios em ritmo de progressão geométrica, levando à superpopulação dos cemitérios e ao crescimento de idosos mortos. Essa inda e vinda também provocou um processo de desalinhamento logístico do sistema produtivo do país, uma vez que a política da *covid-zero* levou ao fechamento de linhas de montagens, centros de produção e cadeias de fornecimento por absoluta falta de pessoal, assim reduzindo significativamente o ritmo da economia chinesa.

À medida que foram aumentando, afetando cidades responsáveis por quase 60% do Produto Interno Bruto chinês, essas restrições desorganizaram a economia chinesa. Elas foram muito além de comprometer a capacidade de produção de semicondutores de componentes eletrônicos, que são essenciais para as indústrias automobilística e de produção de bens duráveis leves, como geladeiras, fogões e televisores, por exemplo. Também prejudicaram a produção e o transporte de insumos farmacêuticos, equipamentos hospitalares, de respiradores mecânicos, de máscaras, de luvas cirúrgicas e de medicamentos para intubação. As cadeias de fornecimento passaram a sofrer atrasos crescentes e até mesmo interrupções por prazo indeterminado, em decorrência dos problemas na rede logística internacional causados pela política de isolamento social e de confinamento, que obrigou os trabalhadores a permanecerem em casa e criou campos de quarentena obrigatórios às pessoas infectadas. Por causa disso, com a evolução da pandemia a China – a segunda maior economia do mundo e o maior fornecedor de insumos do sistema mundial para a indústria – foi deixando progressivamente de cumprir os contratos de fornecimento para a Europa, para a América do Norte e para alguns países da América do Sul, dentre eles o Brasil.

5. "DESARRISCAR":
"SLOWBALIZATION" OU "DEGLOBALIZATION"

Dadas as pressões para minimizar problemas e reduzir riscos (*de-risking*), a consequência foi uma reação em cadeia na economia globalizada, obrigando as grandes empresas que atuam nas fases finais do processo produtivo a encontrar alternativas para reduzir a dependência excessiva dos centros de produção asiáticos – notadamente chineses. Segundo o relatório de fluxos globais divulgado pelo McKinsey Global Institute, todas as regiões do mundo dependem das trocas externas com outras para se abastecer, em mais de 25% de pelo menos um tipo de produto importante. E, no caso de 40% do comércio global, as economias importadoras dependem de apenas três países ou menos para ter acesso a um determinado produto manufaturado[1]. Esse fato evidenciou o quanto é perigoso para as

1. Ver *Valor*, 19 jan. 2023, p. A13, e 27 jun. 2023, p. A10.

corporações mundiais estarem sujeitas economicamente a países com governos autoritários.

Em todos esses países, como foi evidenciado no caso da China, os governantes podem, a qualquer momento, censurar informações básicas de modo efetivo. Podem, igualmente, interromper as relações comerciais como parte de um jogo de poder ou, então, por restrições decorrentes de uma inesperada imposição de *lockdown* para enfrentar uma crise sanitária. Nos dois casos, contudo, os resultados são problemas em cadeia, tais como interrupções inesperadas na infraestrutura física ou digital, atritos com fornecedores de matérias primas, rompimento de planejamento da demanda, dificuldades com gerenciamento de estoque, por exemplo.

A abrupta interrupção das exportações chinesas deflagrou uma corrida mundial por medicamentos, equipamentos médico-hospitalares e artigos de saúde. Também provocou uma corrida por chips, semicondutores avançados e ferramentas de ponta, em razão da aceleração da substituição de pessoas por tecnologias nas áreas de produção de bens e prestação de serviços e do avanço do teletrabalho em todo o mundo provocada pela expansão das políticas sanitárias de isolamento social. Igualmente, deixou muitas empresas com fábricas nos Estados Unidos sem peças fabricadas na Ásia. Por fim, assim que a pandemia passou, a China – responsável desde 2010 pela manufatura da maior parte das exportações do mundo – anunciou que passaria a limitar as exportações de dois minerais amplamente utilizados em semicondutores e veículos elétricos, bem como radares militares, painéis de LED, painéis solares, veículos elétricos e turbinas eólicas. Esses minerais – gálio e germânio – são muito importantes para produtos de alta densidade tecnológica[2]. A China é a maior exportadora no mercado

---

2. Uma declaração do presidente da Associação Global de Mineração da China, Peter Arkell, dá a medida do impacto da decisão do governo chinês nas cadeias globais. A limitação das exportações dos ►

134

mundial desses minerais, e os principais importadores são Estados Unidos, Alemanha, França, Holanda, Taiwan, Coreia do Sul, Rússia, Índia e Malásia.

Embora o Ministério das Relações Exteriores chinês tenha distribuído nota afirmando que o país "sempre esteve comprometido em manter a segurança e a estabilidade das cadeias de suprimento global e sempre adotou medidas de controle de exportação justas, razoáveis e não discriminatórias", a decisão foi interpretada como uma resposta de Pequim às restrições de exportação de produtos americanos de alta tecnologia para as empresas chinesas, imposta pelos Estados Unidos. O anúncio da limitação das exportações do gálio e do germânio provocou uma disparada em suas cotações, dada a corrida das grandes empresas americanas, alemãs, holandesas, japonesas e sul-coreanas para tentar garantir suprimentos de insumos antes que essa medida fosse implementada.

Ao explicitar assim as fragilidades das cadeias globais de suprimentos, ampliando com isso as incertezas sobre a globalização econômica, essas corridas levaram a uma reflexão geoeconômica e a uma reavaliação das vantagens e riscos da concentração geográfica da produção e de uma interdependência mútua em escala mundial. Alguns governos anunciaram que pretendem planejar a diversificação do fornecimento de materiais-chave e buscar fontes alternativas para setores que atualmente dependem de um país específico. Corporações mundiais reagiram isolando suas operações na China do restante de seus negócios globais. Grandes empresas multinacionais passaram a avaliar as possibilidades de formular e de implementar um processo de "desacoplamento inteligente" e devidamente calibrado das economias e dos países em que estavam integradas. Ou seja, passaram a

▷ dois minerais "atingiu as restrições comerciais dos Estados Unidos onde mais dói", afirmou. Ver *Valor*, 5 jul. 2023, p. A11. A nota do Ministério das Relações Exteriores da China também foi publicada na mesma edição e na mesma página.

estudar a possibilidade de uma fragmentação, descentralização ou diversificação geográfica de suas respectivas cadeias de abastecimento e de plantas industriais, com o objetivo de reduzir os riscos da excessiva concentração da produção de fármacos e equipamentos médico-hospitalares no leste da Ásia, independentemente da velocidade com que as cadeias de suprimentos possam se normalizar após o fim da pandemia.

Entre as várias alternativas que estão sendo discutidas para a promoção de realinhamento de investimentos, para a reorganização da divisão global do trabalho em decorrência da crescente influência econômica da China e para a constituição de uma nova geografia produtiva, destacam-se pelo menos seis: (i) a repatriação das cadeias de valor (*reshoring*); (ii) a relocação de investimentos para a produção doméstica com o objetivo de aumentar a resiliência da economia de cada país e também base em considerações de segurança nacional (*onshoring*); (iii) a expansão de uma base de fornecedores locais ou nacionais nos países em que operam para assegurar o suprimento (*safeshoring*); (iv) a descentralização de riscos mediante a diversificação das cadeias de suprimentos e produção de bens intermediários por todos os continentes (*multishoring*); (v) a conversão das cadeias globais em cadeias mais regionalizadas ou em cadeias limitadas a um conjunto de "países amigos" (*friendlyshoring*); (vi) a descentralização das cadeias de produção de suprimentos de tecnologia para países mais próximos de centros de consumo e que, necessitando de segurança energética, mas preocupados com uma produção concebida para não causar impacto ambiental negativo, para atrair plantas industriais intensivas em energia oferecem biocombustíveis e energia verdes e renováveis, que é limpa, segura e barata, entre outros fatores para atração de capitais industriais (*powershoring*); (vii) e a política americana de aumentar a resiliência mediante a diversificação das fontes de abastecimento para seu mercado interno e para cadeias de produção das quais participa, valorizando opções na América Latina e no Caribe – regiões em que há parceiros políticos fiáveis, apoio dos governos locais, ausência de temas geopolíticos sensíveis, fuso horário similar, afinidade cultural com os Estados Unidos e uma certa facilidade de formação de clusters produtivos com base em empresas multinacionais de médio porte (*nearshoring*).

Todavia, qualquer que seja a opção por uma dessas alternativas, com o objetivo de se preparar para fazer frente a novos riscos decorrentes da imprevisibilidade de acontecimentos globais, sua implementação e sua execução serão não apenas complexas e difíceis, mas, também, custosas. Em primeiro lugar, por razões econômicas, uma vez que o otimismo registrado no começo da retomada econômica mundial pós-Covid, no início de 2023, foi substituído por um choque de realidade, dados os sinais de desaceleração do crescimento no Leste da Ásia e na Europa, a queda de mais de 20% na bolsa de valores da China, o aumento da inflação dos preços ao consumidor nos países de alta renda e as tensões geradas por quebras no sistema bancário dos Estados Unidos. Em segundo lugar, porque demandará estabilidade jurídica, disponibilidade de serviços corporativos e de apoio a negócios, redução de burocracia, digitalização, infraestruturas em matéria de logística e estímulos à expansão de empresas estrangeiras já estabelecidas nessas regiões e com interesses econômicos, financeiros e comerciais nos Estados Unidos. Em terceiro lugar, porque exigirá intrincados, demorados e custosos processos de mudanças geográficas de laboratórios de pesquisa, de unidades industriais e dos centros de distribuição, bem como a negociação do que os economistas chamam de novas "regras de trânsito" da economia mundial, que ajudem veículos de portes distintos e de velocidades diferentes a trafegar, em vez de impor um modelo único e uma velocidade limite uniforme. Em quarto lugar, porque as empresas terão de investir em treinamento e qualificação de mão de obra, elevar os novos fornecedores a padrões de qualidade aceitáveis, aumentar a eficiência das redes locais de fornecimento de componentes e assegurar estoques que permitam a continuidade da produção mesmo no caso de uma crise política na Ásia. E, em quinto lugar, porque as decisões a serem tomadas também terão de levar em conta fatores como aumento no custo de energia, crescimento da frequência e da intensidade de eventos naturais extremos, endurecimento do *compliance* ambiental e crescentes preocupações com questões geopolíticas.

Diante dessa descoberta *ex post facto* e num contexto de crescente deterioração nas complexas relações econômicas entre os países industrializados e a China, bem como de aumento da tensão geopolítica entre ela e os Estados Unidos, especialmente nas áreas mais sensíveis à indústria 4.0, o G-20 propôs a discussão sobre as novas formas de multilateralismo a serem adotadas quando a pandemia passasse. Na medida em que a China se tornou nas últimas décadas mais vigorosa como mercado consumidor e como fonte de suprimentos, de bens intermediários, de manufaturados, de determinadas tecnologias e de planejamento de negócios, além das medidas que tomou no campo geopolítico, anunciando a criação de dois novos projetos, a Iniciativa de Segurança Global e a Iniciativa de Civilização Global[3], a decisão do G-20 foi justificada em nome da necessidade de fortalecer compromissos "mais responsáveis" entre países em áreas essenciais, como saúde global, comércio internacional e desenvolvimento sustentável, tornando-os mais

---

3. Ver James Kynge, China Usa Poder Econômico e Seduz Sul Global Para Redesenhar Ordem Mundial, *Valor*, 28 ago. 2023, p. A18. Originariamente, o artigo foi publicado pelo *Financial Times*. Segundo Kynge, o objetivo das decisões tomadas pelo governo chinês no campo geopolítico é ampliar sua influência no cenário mundial, concentrando a atenção nos países emergentes, em organismos multilaterais de governança e, especialmente, na Organização das Nações Unidas, que hoje conta com 15 agências atuando, entre outras áreas, em finanças, telecomunicações, saúde, cultura e redução da fome.

transparentes e confiáveis e, com isso, afastando riscos de tensões geopolíticas.

Ao mesmo tempo, partindo da premissa de que as cadeias globais de valor e fornecimento de suprimentos teriam ido longe demais e de que a geografia das plantas industriais, dos centros de distribuição e dos laboratórios de pesquisa é custosa e demorada em tempos de crise pandêmica, as corporações globais aprenderam que a *segurança* econômica havia sido desprezada e que ela é tão importante quanto a *eficiência* econômica. Foi isso que as levou a reavaliar os riscos de terem poucos fornecedores situados numa determinada região mundial e, também, a começar a discutir (i) a transferência das cadeias de produção para fora da China, mesmo que isso signifique custos maiores; (ii) a adoção de estratégias de reindustrialização no mundo ocidental, mesmo que isso acarrete lucros menores; (iii) a possibilidade de contar com quatro ou cinco novos fornecedores de um mesmo item sediados na Índia, no Vietnã, na Indonésia, em Bangladesh ou mesmo em outros países do Sudeste Asiático; e (iv) avaliar as possibilidades de diversificar em outra regiões – como o Norte da África e a Europa Oriental – a localização de parte das cadeias de abastecimento de bens intermediários, inclusive semicondutores de menor valor agregado hoje concentradas no leste da Ásia, mesmo que isso possa trazer problemas de eficiência.

Essa não é uma empreitada fácil, uma vez que a tentativa de desvincular as cadeias globais de valor e de fornecimento de suprimentos, bens intermediários e produtos industrializados da China – país em que a oferta quase ilimitada de mão de obra, conjugada em algumas províncias com a exploração do trabalho nas *sweatshops,* fábricas onde se trabalha até quinze horas por dia e impede que os salários acompanhem o ritmo de crescimento da produtividade – é paradoxal. De um lado, porque a relocalização das cadeias de produção se tornou necessária em tempos pandêmicos. De outro lado, contudo, porque essa desvinculação, dependendo do modo como vier a ser conduzida em um período em que a pandemia parece estar finalmente controlada e tudo se encaminha para voltar a um quadro de normalidade, poderá ter efeitos desastrosos em termos de perdas comerciais, de problemas econômicos e até mesmo de tensões geopolíticas. Essa é uma das razões que explica por que, à medida que a pandemia foi refluindo, não foi até hoje constatado um êxodo em massa de empresas instaladas na China.

Além disso, há um outro importante ponto a ser considerado. Antes da globalização, que se acelerou no período entre a última década do século xx e a primeira década do século xxi, as economias nacionais eram mais fechadas e a competição entre elas era menor, motivo pelo qual conseguiam conviver com os esquemas protecionistas concebidos internamente. Embora a eficiência econômica de cada economia fosse inferior ao que é hoje, em parte isso era compensado – bem ou mal – por maior coesão social. No entanto, com o advento da mundialização ou transnacionalização dos mercados de bens, de serviços avançados e de serviços financeiros que foi corroendo o papel das fronteiras territoriais como fronteiras de horizontes entre esferas sociais e econômicas, esse cenário se transformou significativamente.

A crescente interpendência regional e global pôs em xeque a autonomia nacional para decidir questões básicas da prática democrática. Dito de outro modo, à medida que as economias e os mercados nacionais foram ficando cada vez mais submetidos a decisões tomadas fora de seus respectivos limites territoriais, e sob regimes jurídicos em cujo âmbito não há mecanismos de inclusão política, os Estados se tornaram menos capazes de, por meio de seus processos decisórios internos, neutralizar as consequências de fatores externos. E como os Estados também foram sendo obrigados a suportar múltiplas concorrências normativas, seus governos foram perdendo autonomia para definir o que seria mais apropriado para seus cidadãos. Mais importante ainda, conforme seu peso geopolítico e seu peso geoeconômico, em muitos Estados o próprio processo de governança foi lhes escapando progressivamente ao controle.

Por um lado, mercados mundializados ou transnacionalizados tornaram-se cada vez menos controláveis por parte dos governos nacionais. Ao mesmo tempo, eles também passaram a desenvolver estruturas normativas próprias com um nível de formalização menor do que o encontrado no direito positivo dos Estados e com normatividades que não se encaixam nas categorias jurídicas convencionais. Entreabrindo um crescente processo de fragmentação e de desterritorialização do poder, essas novas estruturas operam por meio de conceitos jurídicos influenciados por noções econômicas e sociológicas, que tendem a conferir força de regra ou de norma a ordenamentos jurídicos privados. Com isso, o chamado sistema jurídico global não existe como uma unidade, mas somente como uma forma fragmentada[4].

As indagações que então passaram a serem feitas a partir dessas transformações têm por objetivo saber (i) como essas estruturas funcionam; (ii) de que modo determinadas funções de governo foram deslocadas para o âmbito transnacional; (iii) como várias delas foram assumidas e

---

4. Ver Günther Teubner, *Constitutional Fragments: Societal Constitutionalism and Globalization*, Oxford: Oxford University Press, 2012, p. 48. Do mesmo autor, ver também Hybrid Laws: Constitutionalising Private Governance Networks, em Robert Kagan; Kenneth Winston (eds.), *Legality and Community*, Berkeley: Berkeley Public Policy Press, 2002, p. 311-331. Para um exame de como essa discussão começou a ser travada cerca de uma década e meia antes, ver Karl-Heinz Ladeur, Post-Modern Constitucional Theory: A Prospect for the Self-Organization Society, *The Modern Law Review*, Hamburg, Universität Hanburg, v. 60, n. 5, 1997. Do mesmo autor, ver também A Relação entre Direito Público e Normas Sociais no Constitucionalismo Nacional, Europeu e Global, *Direito UnB*, Brasília, v. 2, n. 1, 2016, disponível em: <https://periodicos.unb.br/index.php/revistadedireitounb/article/view/24521>. Ver, ainda, David Held, Democracy and the Global System, em David Held (ed.), *Political Theory Today,* Palo Alto: Stanford University Press, 1991.

executadas por atores coletivos ou corporativos não estatais, convertendo em sujeito regulador quem era objeto de regulação; (iv) em que medida é possível pretender que os direitos fundamentais sejam válidos nos espaços não estatais, em face das empresas mundiais e das entidades supranacionais e organizações multilaterais; e, por fim, (v) se na concepção moderna de democracia os cidadãos são os detentores legais do poder, tomando decisões que afetam os cidadãos nos limites de um território, nesse processo de deslocamento de certas funções de governo para o âmbito transnacional quem decide quem tem a última palavra?

Por outro lado, o aumento da competição em escala global trouxe maior eficiência econômica. Contudo, os programas destinados aos segmentos das populações mais desvalidas em todo o mundo – que têm baixo nível de qualificação e carecem de capacitação técnica para lidar com novas tecnologias – foram reduzidos drasticamente, impondo condições de vida moralmente indignas a essas pessoas. No caso específico do Brasil, cuja história jamais teve sentido linear rumo ao progresso com inclusão social, os mais pobres perderam o que os economistas chamam de "estratégias de sobrevivência" – ou seja, a busca e a utilização dos recursos e dos expedientes de economia marginal que lhes possibilita sobreviver com os restos, as sobras e os desperdícios do sistema econômico[5].

---

5. Nesse sentido, ver a entrevista do economista Ricardo Paes de Barros, especializado em demografia, educação, mercado de trabalho, pobreza e desigualdade social, ao jornal *Valor*, 19 ago. 2022, p. A16. Segundo ele, antes da pandemia "atividades informais – como vender alguma coisa na rua ou serviços domésticos – geravam alguma renda e, de certa forma, mantinham uma conexão delas com o setor formal. Esse gancho com a economia formal foi destruído depois da pandemia e da recessão. É como se o trem do Brasil tivesse partido, e os mais pobres, o último vagão, tivesse se desgarrado. O risco do Brasil é ser mais Belíndia do que nunca". Para uma análise sociológica dos números e dos argumentos mencionados nessa entrevista, ver o artigo de José de Souza Martins, A Perda da Capacidade de Ser Quem Somos, *Valor*, 26 ago. 2022. Ver, ainda, *Colapso e Recuperação: Como a Covid-19 Deteriorou o Capital Humano*, Washington: Banco Mundial, relatório divulgado em 16 fev. 2023.

A partir daí, entre as indagações formuladas no decorrer da pesquisa, pelo menos duas tiveram por objetivo saber (i) quais são os efeitos extraterritoriais decorrentes de estruturas de governança transnacional responsáveis pelo estabelecimento das regras fundamentais da economia global, da saúde, da propriedade intelectual e da administração do direito penal, por exemplo, e que carecem de legitimidade democrática e (ii) em que medida um eventual recuo parcial da globalização ou até mesmo um processo de reversão radical da economia globalizada poderia restabelecer a situação anterior mencionada dois parágrafos acima.

6. QUINZE PROBLEMAS

Entre os diferentes e complexos problemas causados e/ou evidenciados pela pandemia, e que mereceram análise aprofundada nesta obra, pelo menos quinze merecem ser aqui (re)apontados:

1. a inefetividade, em tempos de exceção, de direitos e instituições que foram concebidos para *tempos normais*[1]

---

1. Por *tempos normais* entendo os períodos históricos marcados por comportamentos sociais consolidados sob a forma de rotinas e respeito a tradições, por expectativas comuns de justiça, por relativo equilíbrio político-institucional e por uma conflituosidade decidida de modo eficaz e coerente por mecanismos judiciais. Por *tempos anormais* entendo os períodos históricos marcados (i) por crises econômicas, catástrofes climáticas, pandemias e emergências em matéria de saúde pública; (ii) por situações críticas ou excepcionais decorrentes de mudanças contínuas que impedem a consolidação de determinados padrões de convivência; (iii) pela ausência de expectativas comuns de justiça; (iv) por fortes tensões institucionais; (v) pela sistemática judicialização da política; (vi) pelo ativismo judicial; e (vii) por explosões de conflituosidade difíceis de serem neutralizadas e/ou decididas de modo eficaz e coerente pelos tribunais, ►

e as dificuldades enfrentadas pelos tribunais para atuar nos conflitos jurídicos envolvendo as cadeias globais de valor e fornecimento;

2. as consequências da superação da ideia de territorialidade – e, por consequência, de todas as instituições de direito produzidas a partir dela – no princípio da soberania absoluta do Estado nação;

3. a inefetividade das democracias tradicionais em matéria de formulação, implementação e execução de políticas públicas, com o subsequente declínio da confiança da população nos governos, por um lado; e as tensões causadas pela crise de representatividade expressa por presidentes da República que dividem a sociedade entre "o povo indefeso" e as "elites corruptas e corruptoras", acirrando com isso a polarização ideológica, a radicalização partidária e o nacionalismo populista, por outro lado;

4. a tensão entre *liberdade extrema de mercado* e *democracia*. Esse tipo de liberdade dissemina uma cultura individualista e egoísta, aprofunda o padrão das desigualdades como um todo, torna descartáveis os chamados "hipossuficientes" e reivindica a supressão dos controles legislativos democráticos. Baseada em teorias econômicas socialmente excludentes, essa concepção de liberdade radical de mercado culmina num darwinismo social, que exclui a garantia de direitos para os mais pobres. Já a ideia de democracia é igualitária por natureza e implica um rol mínimo de direitos sociais e benefícios para os segmentos mais desvalidos;

5. a distância entre a letra da lei e a realidade social, ou seja, o contraste entre dispositivos do artigo 5º da

▷ dificultando assim o desafio de recompor políticas de interesses conflitantes em jogo. Esse entendimento foi inspirado no conceito de *nomos*, desenvolvido na antiguidade helênica. Ele significa estar regido por normas, leis e estatutos, possibilitando assim a distinção entre civilidade e ausência de qualquer padrão de conduta aceito por todos. Ver também Wanderley Guilherme dos Santos, *As Razões da Desordem*, Rio de Janeiro: Rocco, 1993, e Boaventura de Souza Santos, *As Bifurcações da Ordem: Revolução, Cidade, Campo e Indignação*, São Paulo: Cortez, 2016.

Constituição, segundo os quais "todos são iguais perante a lei, sem distinção de qualquer natureza" e o direito à vida e à igualdade é "inviolável", e as fortes desigualdades regionais, sociais, materiais, de renda e de condições de vida que corroem o pressuposto igualitário da cidadania;

6. os níveis de desigualdades que a democracia comporta;

7. a tensão entre os efeitos redistributivos inerentes aos processos de fortalecimento da democracia e os custos que eles acarretam para as elites;

8. o impacto negativo sobre os regimes democráticos causado pelo declínio da economia – e, por consequência, do nível de emprego – após a eclosão da pandemia, aumentando com isso os diferentes padrões de desigualdade, a emergência de movimentos populistas e riscos de retrocesso autoritário;

9. o perigo de degradação da ordem constitucional, dada a necessidade de modificá-la reiteradamente para adaptá-la às constantes mudanças sociais e econômicas;

10. a dúvida com relação ao futuro do constitucionalismo, uma vez que no cenário que está descrito muitos problemas se situam não só fora das fronteiras dos Estados-nação, mas, igualmente, fora do setor político institucionalizado no plano internacional;

11. a incerteza com relação às redes globais, às organizações transnacionais e às novas formas de agremiações, configurações e agrupamentos, no sentido de saber se elas são constitucionalizáveis;

12. o impacto da pandemia em três itens que presidentes da República populistas tendem a desprezar: o saber especializado, lideranças políticas efetivas e gestões compartilhadas na formulação e implementação de políticas de saúde em países com regime federativo;

13. a tentativa de implementar as chamadas *democracias iliberais*. Nelas, os mecanismos jurídico-políticos da democracia são utilizados por políticos autoritários eleitos democraticamente com o objetivo de ir alterando pouco

a pouco os limites constitucionais ao exercício do poder pelo Executivo, seja mediante a aprovação de medidas que subvertem o *éthos* do regime, seja mediante a progressiva redução das mediações institucionais, a corrosão das garantias fundamentais, a erosão das liberdades públicas e a revogação dos direitos das minorias, aproveitando a pandemia para limitar a validade da Constituição a situações de "normalidade". Isso não só deixa as autoridades sanitárias livres para escolher arbitrariamente as vias de combate à Covid-19, como também liberta os governos centrais do primado do direito positivo, na medida em que concede mais discricionariedade e prerrogativas aos seus dirigentes, justificadas como medidas de emergência e esperando que, uma vez passada a crise, elas possam ter continuidade com base em outros pretextos;

14. a constatação de que pequenas mudanças podem se converter em transformações massivas, com riscos encadeados, de tal modo que várias coisas ruins podem acontecer simultaneamente, o que leva ao desafio de pensar a pandemia em termos de "complexidade sistêmica";

15. a constatação – feita por um levantamento conjunto das universidades de duas importantes universidades americanas, Stanford e de Nova York, publicado pela revista *Nature Human Behavior*[2] – de que os governos que adotaram políticas de distanciamento social generalizado e de medidas keynesianas para atenuar os efeitos da queda do nível de atividade econômica obtiveram resultados melhores; e, também, de que os governos liberais que optaram por estratégias negacionistas da ciência ou foram hostis a medidas como *lockdown*, de obrigatoriedade de isolamento social e uso obrigatório de máscaras em espaços fechados não conseguiram frear a propagação da Covid-19, o que resultou no exacerbamento das desigualdades anteriores e no travamento da mobilidade social.

2. Edição de 31 jul. 2020.

7. TRILEMA REGULATÓRIO

As discussões sobre cada um desses quinze pontos se relacionam a questões de diferente grandeza. Importantes, essas questões envolvem as mais variadas indagações, muitas ainda sem perspectivas de respostas plausíveis no curto prazo. Uma delas é saber se a transterritorialização dos mercados de bens, serviços e finanças será mais uma vez resiliente, como ocorreu durante a crise financeira de 2007-2009, ou se os Estados nacionais conseguirão retomar parte do seu poder regulatório perdido pelas já mencionadas transformações sociais, econômicas, políticas, jurídicas e institucionais na transição do século XX para o século XXI.

Em outras palavras, trata-se do embate entre globalização (o que implica a continuidade da interdependência global) *versus* "renacionalização" ou "desglobalização" (o que poderia levar a um ganho de recuperação política da ideia de soberania). Esse embate não é novo. Ele já fora evidenciado, por exemplo, entre 2007 e 2009, em meio a uma instabilidade financeira sistêmica global deflagrada pela insolvência de importantes agências financeiras estatais de crédito imobiliário nos Estados Unidos, como Fannie Mae e Freddie Mac, após os governos Clinton e Bush terem adotado uma política de estímulo à aquisição de moradias, para tentar estimular o consumo por meio de concessão de crédito fácil. Depois de o volume de comércio internacional ter passado de 18% para 33% do valor total da economia mundial, com a crise financeira ele caiu para 28%.

Apesar de ter submetido as cadeias globais de valor e as redes de fabricação, exportação e fornecimento de suprimentos a fortes tensões, a crise global de 2007-2009 atingiu principalmente o setor financeiro, levando ao aumento da inflação, à elevação dos juros, à queda da renda real e a dificuldades generalizadas em matéria de pagamento de dívidas. Com graves implicações para a economia mundial[1], ela derrubou todos os mercados de ações em decorrência da quebra de centenas de instituições bancárias americanas e europeias, dentre elas o Bear Stearns e o Lehman Brothers – esse fundado em 1850 e que era, à época da eclosão da crise, o quinto maior banco de investimentos dos Estados Unidos. E também obrigou a

1. Para uma análise do impacto dessa crise no âmbito do direito, ver Karl-Heniz Ladeur, The Financial Market Crisis: A Case of Network Failure? em Paul Kjaer; Günther Teubner; Alberto Febbrajo, *The Financial Crisis in Constitutional Perspective: The Dark Side of Functional Differentiation*, Oxford: Hart Publishing, 2001. Ver também Günther Teubner, Transnational Constitutional Norms: Functions, Arenas, Processes, Structures e Inter-Constitutional Collisions, em *Constitutional Fragments: Societal Constitutionalism and Globalization*, p. 73-87. Do mesmo autor, ver, ainda, Global Bukowina: Legal Pluralism in the World Society, em Günther Teubner (ed.), *Global Law Without State*, Aldershot: Dartmouth Gower, 1997; e Global Private Regimes: Neo-Spontaneous Law and Dual Constitution of Autonomous Sectors? em Karl-Heinz Ladeur (ed.), *Public Governance in the Age of Globalization*, Aldershot: Asgate, 2004, p. 71-87. Ver, ainda, David Sciulli, Foundations of Societal Constitutionalism: Principles From the Concepts of Communicative Action and Procedural Legality, *The British Journal of Sociology*, p. 377-408.

Alemanha, a França, a Áustria, a Holanda e a Itália a lançarem programas de ajuda no valor total de 1,17 trilhões de euros, em ajuda aos seus respectivos sistemas financeiros.

Tanto naquele período quanto durante a pandemia, a crise financeira global de 2007-2009 e a crise de saúde pública surgida em 2020 com a pandemia da Covid-19 explicitaram um trilema regulatório enfrentado pela economia global. Ele envolve pontos fundamentais tanto para a sociologia do direito quanto para a ciência política contemporâneas. São eles: (i) a crescente transterritorialização ou transnacionalização dos mercados e a tendência de se subdividirem funcionalmente em sistemas autônomos no plano global – como produção industrial de bens, prestação de serviços, transações financeiras, transporte e tecnologia, por exemplo; (ii) a progressiva relativização do princípio da soberania ilimitada do Estado-nação, baseada nas ideias de territorialidade e fronteira; e (iii) a discussão sobre o alcance e a efetividade da democracia representativa num contexto em que a crescente porosidade entre o público e o privado tende a despolitizar a tomada de decisões sobre assuntos que afetam bens coletivos e a deixar os interesses de toda a sociedade ao jogo e às pressões de interesses corporativos e setoriais[2].

No que se refere ao primeiro ponto desse trilema, quando a globalização econômica prevalece, o Estado nacional tende a se enfraquecer – ou seja, a perder sua centralidade e parte de seus poderes normativos, regulatórios e até mesmo operacionais. Dito de outro modo,

---

2. Ver Günther Teubner, From the National State to the Global State, or the Decline of Democracy, *Constellations: International Journal of Critical and Democratic Theory*, v. 13, n. 4, 2006. Ver também Günther Teubner, The Project of Constitution Sociology, *Critical Theory and Legal Autopoiesis: The Case of the Societal Constitutionalism*, Manchester: Manchester University Press, 2019. Ver também Daniel Innerarity, *La Política en Tiempos de Indignación*, p. 297, e Carmen Innerarity, Democracia y Integración Política: ¿Como Afectan los Procesos de Integración a la Representación Política?, *Revista Española de Investigaciones Sociológicas*, Madrid, n. 91, 2000, p. 39-58.

ainda que continue assegurando a ordem e a segurança pública, ele vai deixando de ser um *locus* de coordenação e de articulação entre um determinado território, uma comunidade, uma legitimidade político-jurídica e uma máquina administrativa. Em síntese, o Estado nacional vai perdendo parte de seu poder discursivo mobilizador, sua imagem como representante dos interesses gerais e coletivos e sua capacidade de atuar como fator de catalisação de valores patrióticos da população – atributos fundamentais historicamente associados ao seu papel de vértice da nação, que vigorou após o advento do mundo moderno. No caso específico dos mercados globais do setor financeiro, por exemplo, as decisões que definem os mecanismos jurídicos para regulá-los no âmbito dos Estados nacionais são cada vez mais tomadas em nível mundial, abrindo assim caminho para o já mencionado processo de precarização de sua soberania. No plano jurídico, esse processo é evidenciado pela desnacionalização do direito econômico e desestatização de sua produção, de um lado, e por uma explosão de conflitos *intersistêmicos* (e não propriamente de conflitos *internacionais*), de outro.

Em termos concretos, isso significa que, no plano político e institucional, o Estado começa, por exemplo, a perder progressivamente uma parte de seu poder de estabelecer o direito público e o direito privado aplicado dentro de seus limites territoriais, e que, no plano da economia, vão surgindo redes especializadas, funcionalmente diferenciadas e muitas vezes formalmente organizadas, que têm uma identidade global, mas se limitam a uma atuação setorial. Ou seja, a jurisdição de cada uma dessas redes abarca apenas um subsistema específico e altamente especializado e tecnicidade entre os vários que compõem ou integram o sistema econômico. E como ele tende a se tornar cada vez mais complexo, essas redes vão se reproduzindo, formando uma malha regulatória não nacional capaz de organizar a si mesma e com autonomia para definir seus próprios limites[3].

Com isso, à medida que os Estados nacionais vão delegando cada vez mais o poder autônomo de tomada de decisões às organizações internacionais, supranacionais e multilaterais, os espaços políticos nacionais vão tendo sua autonomia progressivamente posta em xeque. Instituições legislativas nacionais tendem, assim, a verem sua importância relativizada ou mesmo diminuída. Parte das normas jurídicas por elas aprovadas já não tem a posição estratégica que ocuparam como elementos-chave do direito no decorrer do século XX. Por fim, a expansão da malha regulatória promovida por organizações internacionais, supranacionais e multilaterais tende a gerar novas estruturas assimétricas de poder político na ordem mundial, o que, por consequência, aumenta ainda mais as assimetrias na representação dos interesses e a seletividade na aplicação das normas.

Em outras palavras, o que se tem aqui é tanto um risco quanto uma constatação recorrente no desenvolvimento deste trabalho. O risco é de uma submissão do direito positivo de um país democrático a um direito imposto por uma comunidade globalizada, o que leva uma ordem jurídica construída democraticamente a ser alterada e/ou corroída por formas e métodos não democraticamente legitimados de elaboração do direito. Já a constatação é de que o Estado não é mais nem um princípio de organização

---

3. Ver Günther Teubner, Global Bukowina: Legal Pluralism in the World Society, *Global Law Without State*; e Global Private Regimes: Neo-Spontaneus Law and Dual Constitution of Autonomous Sectors? Para se ter ideia da densidade dessa malha regulatória promovida por organizações internacionais, em 1960 havia um total de 8.776 tratados e convenções – em 2010, eram 63.419. No que se refere às regulações feitas por organismos multilaterais, elas foram objeto de 942 acordos em 1969 – em 2010, eram 6.154 acordos. Em 1960, havia 27 organismos semijudiciais – em 2004, eram 97. Ver Michael Zürn, Sociedad del Riesgo Global y Democracia Preventiva, em Daniel Innerarity; Javier Solana (orgs.), *La Humanidad Amenazada: Governar los Riesgos Globales*, Madrid: Instituto de Governanza Democrática, 2011.

dominante nem o titular absoluto ou exclusivo do mono-pólio da produção do direito positivo. Entre outras razões porque, com o fenômeno da mundialização dos mercados financeiros, o Estado está sendo obrigado a se submeter a lógicas, a diretrizes, a imperativos e a determinações que tendem a relativizar tanto sua soberania quanto a própria hierarquia de seu processo decisório.

Ainda na mesma linha, alguns processos sociais tam-bém propendem a ultrapassar limites jurídicos e políticos democráticos, em decorrência de uma crescente disso-ciação entre circunscrições territoriais, por um lado, e competências funcionais e setoriais, por outro lado. E, em um mundo cada vez mais multicêntrico e com rela-ções reticulares em contextos transnacionais de interação geopolítica, determinadas obrigações públicas dos Esta-dos nacionais já não conseguem mais ser realizadas em conformidade com os limites institucionais impostos pelas experiências constitucionais forjadas no decorrer do século XX, principalmente nas três décadas posteriores ao término da Segunda Guerra Mundial, quando prolife-raram Cartas Magnas de caráter social-democrata, com uma ampla pauta de direitos e uma cultura jurídica de combinação de elementos formais com elementos mate-riais de direito, e as chamadas "Constituições-dirigentes", que definem planos de metas e de direção, impondo ao Poder Executivo diretrizes a serem obrigatoriamente seguidas pelos órgãos estatais com o objetivo de assegu-rar crescimento econômico e progresso social.

Por isso, cada vez mais o Estado nacional tende a se sujeitar a pressões antirregulatórias de organismos internacionais, entidades supranacionais e organizações multilaterais e dos próprios mercados mundiais, que vão se convertendo em fontes de direito. No limite, com a progres-siva colonização do poder político pelo poder econômico o direito positivo vai deixando de ser concebido nos ter-mos políticos, constitucionais e democráticos inerentes ao constitucionalismo liberal forjado ao longo do século XX.

Ou seja, ele vai deixando de ser visto como elemento de um modelo em pirâmide da regulação política, econômica e social, assumindo a forma de uma concepção mais flexível, negociada e pragmática de uma ordem jurídica com um caráter cada vez mais policêntrico. E quanto mais o Estado cede a essas pressões e mais os mercados vão se tornando autorregulados, mais as corporações empresariais globais vão patrocinando e desenvolvendo formas privadas de resolução de conflitos. O que, por consequência, acaba afetando direitos de trabalhadores e consumidores, à medida que essa "privatização" do direito favorece a posição dos que têm maior posição de domínio e, por consequência, maior poder de pressão e de negociação[4].

Assim, à medida que a interdependência entre os Estados nacionais e as entidades internacionais, organismos multilaterais, agências de classificação de risco soberano, órgãos regulatórios privados e atores não estatais vai aumentando, do mesmo modo como as fronteiras territoriais vão se tornando mais difusas e ganhando identidades múltiplas e porosas, a produção jurídica tende a se deslocar para instâncias não legislativas, onde não há mecanismos de inclusão política. Desse modo, o espaço relacional múltiplo propicia compromissos mais abertos do que ocorria no período histórico em que o espaço territorial tinha uma dimensão fixa, objetiva e rígida. Mas com um problema já entreaberto no parágrafo anterior: quanto mais fluidos e desterritorializados

4. Ver Chris Thornhill, *The Sociology of Law and the Global Transformation of Democracy*, Cambridge: Cambridge University Press, 2018. Sobre o processo de reconfiguração das instituições de direito em cenários de transformações estruturais de caráter socioeconômico e político, ver Jacques Chevalier, *L'État post-moderne*, Paris: LGDJ, 2014. Ver também Gilles Lhuilier, *Le Droit transnational*, Paris: Dalloz, 2016. Sobre a privatização dos direitos, ver José Antonio Estévez Araújo (org.), *El Libro de los Deberes: Las Debilidades e Insuficiencias de la Estrategia de los Deberes*, Madrid: Trota, 2013, especialmente o capítulo final. Sobre as estratégias usadas pelas corporações empresariais globais para defender juridicamente seus interesses em economias conectadas e autorreguladas, ver, no mesmo livro, Isabel Turégano, Justicia Global, Justicia Legal y Imperio de la Ley, p. 241-246.

são esses novos padrões de normatividade, menos eles são capazes de neutralizar o exercício arbitrário dos grupos econômicos melhor situados globalmente. O que, entre outros desdobramentos, tende a levá-los a optar pragmaticamente pelos regimes jurídicos e espaços negociais que lhes são mais favoráveis, em matéria de fixação de parâmetros estáveis, de expectativas normativas e de referências prescritivas, sem questionar sua legitimidade.

Comum à concepção moderna de Estado de Direito, que tem sido encarado como uma combinatória de limitação do arbítrio, de racionalização do poder e de preservação dos espaços de autonomia individual, o reducionismo do direito ao direito positivo – e, deste, ao direito constitucional – cede vez, assim, a uma progressiva relativização da soberania do legislador tradicional. O que, por consequência, abre caminho para uma progressiva pluralização do direito, resultante dos processos de transterritorialização dos mercados, pela subsequente dispersão dos centros de poder num contexto globalizado e por uma crescente multiplicação de polos reguladores distintos e dinâmicos. Decorrente da erosão da centralidade político-econômica dos Estados e da multiplicação de fontes normativas não estatais, como foi dito, esse pluralismo implica uma combinatória de diferentes normatividades locais, internacionais, supranacionais e globais – ou seja, uma complexa rede multicêntrica de atores estatais e não estatais, com uma permanente mediação por intermediários de agências não estatais e atores público-privados no plano regulamentar[5].

---

5. Como foi discutido nos itens relativos às visões *estrutural* e *funcional* do direito e às concepções de direito como sistema independente e sistema dependente, a metáfora da rede é utilizada pelos teóricos do direito com formação interdisciplinar. Valorizando a flexibilidade e o pluralismo, ela se contrapõe à figura da pirâmide forjada pelos teóricos formalistas e positivistas, que concentram seu olhar na estrutura hierárquica ou escalonada da ordem jurídica. Ver, nesse sentido, François Ost; Michel van de Kerchove, *De la pyramide au réseau? Pour une théorie dialectique du droit*, Bruxelles: Publications des Facultés Universitaires Saint-Louis, 2018.

Esses novos formatos de normatividade vão, por exemplo, da forma de simples teias de alianças contratuais e de uma nova *lex mercatoria* – o direito surgido de uma *societas mercatorum* ou de uma *business community,* que estabelece as próprias obrigações contratuais e as próprias redes de adjudicação responsáveis pela gestão de possíveis controvérsias[6] – a um regime privado transnacional para a resolução de disputas financeiras, para conjunto de normas de deontologia médica estabelecidas por conselhos médicos, a códigos de boas práticas ou de ética corporativa presentes nos diferentes subsistemas funcionalmente diferenciados do sistema econômico (financeiro, industrial, serviços, tecnológico etc.)[7]. Esses novos formatos

6. Atuando como uma espécie de estatuto jurídico de extraterritorialidade, sem validez, por não surgir no marco do Estado, mas que se forma pragmaticamente por meio de acordos, a *lex mercatoria* foi o direito mercantil medieval em que se baseavam os comerciantes para formalizar suas transações nas grandes praças comerciais da Idade Média. Vista hoje como o ordenamento jurídico transnacional dos mercados mundiais, a nova *lex mercatoria* é o direito dos negócios criado com base em cláusulas usuais em contratos comerciais admitidas como jurídicas no universo empresarial, cláusulas essas dotadas de enorme maleabilidade e de adaptabilidade às circunstâncias de cada caso. Esses contratos são elaborados por escritórios multinacionais de advocacia de origem americana e inglesa geridos como empresas prestadoras de serviços. Trata-se de "contratos sem lei", ou seja, de contratos que, apesar de muitas vezes estarem escritos em linguagem do direito privado, não pressupõem um sistema jurídico estatal que os dote de validez formal e supra suas lacunas. Na dinâmica da nova *lex mercatoria*, esses escritórios de advocacia – também conhecidos como *merchants of norms* – substituem o Estado, o contrato, a lei e a decisão judicial.

7. Como exemplo dessa tendência de diferenciação funcional do sistema econômico, ver A.G. Berger Filho, Regulación y Gobernanza de los Riesgos Nanotecnológicos: Modelo de Red y Transnacionalización de la Ley, *Administración Pública y Sociedad* (APyS), n. 5, 2018, p. 67-83. Nesse texto, o autor mostra como a regulação que influencia os ramos da nanotecnologia implica uma rede não hierárquica de normas *nanoespecíficas* para setores nos quais a nanotecnologia está presente como tecnologia de base. Mostra, igualmente, como a maioria da regulação da nanotecnologia é construída espontaneamente sem um centro de comando estatal e até mesmo sem uma supervisão institucional nos planos nacional e internacional. Produzidas por instâncias estatais, organizações internacionais, empresas transnacionais e coalizões ►

de normatividade também se expressam por meio de regulações ambientais – tais como leis de antidesmatamento aprovada pela União Europeia em 2023 – que exigem de exportadores e importadores de determinados produtos que adaptem ou adequem seus processos e cadeias produtivas para poder continuar acessando mercados internacionais[8]. Expressam-se, igualmente, por meio da imposição, pela Organização para Cooperação e Desenvolvimento Econômico (OCDE), de um Código de Liberalização de Movimentos de Capital e ao Código de Transações Invisíveis como condição de ingresso aos países que aspiravam ser membros da entidade – enquanto o primeiro código prevê uma liberalização gradual do fluxo financeiro internacional, incluindo pagamentos, transferências, empréstimos, investimentos, e compra e venda de moeda estrangeira, o segundo disciplina a liberalização de transações que não envolvem bens e prestação de serviços de forma transfronteiriça, como consultoria, advocacia e arquitetura.

Os novos circuitos de poder normativo e as novas formas de pluralismo jurídico envolvem, ainda, experiências federativas ou confederativas que resultam na figura do direito comunitário (como o direito da União Europeia) e, especialmente, da jurisprudência formada pelo

---

▷ de comunidades científicas e epistêmicas, as *normas nanoespecíficas* demandam tanto práticas científicas e desenvolvimento tecnológico no campo da nanotecnologia, quanto uma reflexão sobre os critérios de diferenciação e delimitação do sistema jurídico nessa área com relação a outros sistemas normativos. E quanto mais subsistemas vão surgindo, mais o Estado tende a perder espaço.

8. Essas regulações têm um caráter extraterritorial, distinguindo-se de outros mecanismos de sustentabilidade do comércio internacional, como cláusulas incluídas em acordos de livre comércio e de sistemas regulatórios privados. E, por serem regulações em processo de desenvolvimento, ainda não há uma previsão e sistematização de seus impactos previstos nas atividades dos agentes potencialmente afetados. Ver Neil Malhotra et al., Does Private Regulation Preempt Public Regulation? *American Political Science Review*, Cambridge: Cambridge University Press, v. 113, n. 1, 2019, p. 19-37.

Tribunal de Justiça da União Europeia. Também abarcam indicadores e padrões definidos por agências privadas internacionais de classificação de riscos e concessão de graus de fiabilidade da dívida pública emitida pelos Estados, padronizações técnicas em matéria de segurança, autorregulação profissional (em que os próprios sujeitos que devem ser regulados determinam as normas que nortearão sua conduta e controlarão seu cumprimento), jurisprudência firmada pelas câmaras internacionais de arbitragem e direitos transnacionais. No limite, trata-se de uma normatividade que não é apenas plural. Igualmente, é uma normatividade de múltiplos níveis, dos quais alguns são produzidos sem o respeito a determinados princípios clássicos do Estado democrático de Direito, como, por exemplo, transparência, previsibilidade e uniformidade na aplicação das leis.

Uma das principais características dessa combinatória de normatividades é o fato de que elas são sobrepostas e não têm maior coerência entre si, combinando regras de validez local com regras cuja validez pode ser nacional, regional, internacional, supranacional ou global. Outra importante característica desse sistema jurídico de múltiplos níveis e de múltiplas escalas está no fato de que ele, ao contrário do que ocorre no processo legislativo tradicional dos Estados nacionais, cada vez menos é controlado pelo sistema político.

O Estado por si só não tem mais o poder de desafiar de modo eficaz os centros de poder da economia transnacional. Quando estiver conectado com uma cadeia mais ampla de institjtuições não estatais, o Estado pode agir apenas como um poder compensatório. Como elo do sistema politico global, o Estado somente pode exercer o papel de executor. Obrigado a agir correspondência com outros Estados e com outros regimes não-estatais, o tradicional poder de controle hierárquico do Estado se esvazia [...].

Isso é o que afirmam dois respeitados sociólogos do direito que há tempos analisam transformações estruturais no âmbito dos sistemas jurídicos[9]. Eles dão especial ênfase para o crescente número de organizações internacionais *de facto*, ou seja, cuja criação não decorreu necessariamente de tratados ou convenções firmados entre países. Esse é o caso, por exemplo, do World Telecommunication Policy Forum (WTPF), da International Telecommunication Union (ITU), do acordo de colaboração firmado pela United Nations Environment Programme (UNEP) com a International Olympic Committe (IOC) e do Basel Committee for Banking Supervision (BCBS), originariamente um simples grupo integrado por especialistas em boas práticas em matéria de serviços bancários internacionais.

Agindo com flexibilidade, informalidade, velocidade e capacidade de atrair e envolver setores interessados, as organizações internacionais *de facto* acabam, assim, exercendo um papel importante na constituição do que os teóricos e sociólogos do direito hoje chamam de "rede" ou de "comunidade reticular regulatória". Essa tendência, no entanto, leva a dois importantes problemas. Primeiramente, quanto maior é o número de "nós" no âmbito dessa rede, maior é a tendência de enfraquecimento da unidade dessa "comunidade regulatória" – e isso ocorre especialmente quando ela é integrada por muitas organizações internacionais desse tipo. "Os nós individuais são claramente distinguíveis da rede, embora a entidade coletiva os constitua e os articule como partes da rede. Essa contradição não pode ser superada por uma estrutura hierárquica onde o centro tem precedência", afirmam o professor italiano Angelo Golia Jr. e o sociólogo alemão Günther Teubner[10], um competente observador do que chama de "pluralidade heterárquica de ordens jurídicas".

9. Ver Angelo Golia; Günther Teubner, Networked Statehood: An Institutionalised Self-contradiction in the Process of Globalization?, *Transnational Legal Theory*, v. 12, n. 1, p. 10. (Tradução nossa.)

10. Ibidem, p. 24 (tradução nossa). Para Teubner, o "direito global" é uma ordem jurídica *sui generis*, que não pode ser analisada segundo os critérios de aferição dos sistemas jurídicos nacionais. Além do texto anterior (p. 18), ver também Günther Teubner, *Networks as Connected* ▸

Além disso, na medida em que a tradicional racionalidade política do Estado moderno implica atuar em todos os setores da sociedade, o que por princípio pressupõe que as decisões governamentais prevaleçam sobre todos os demais modos de resolução de problemas, o segundo problema não é menos importante do que o primeiro. A indagação é saber se é possível (e, caso a resposta seja afirmativa, de que modo) conciliar a competição entre os órgãos reguladores dos Estados e as redes ou "comunidades reticulares regulatórias" surgidas com os novos padrões de governança global. De que modo a pluralidade de diferentes racionalidades regulatórias parciais oriundas dessas comunidades ou redes pode ser efetivamente integrada em termos funcionais com os mecanismos regulatórios estatais?

Colocando-se a questão em outros termos: o que assegura, de fato, a funcionalidade da hibridez entre os dois regimes de regulação e governança global? Na medida em que aumentam os espaços jurisdicionais acima e além dos controles jurídicos e políticos tradicionais, qual é o ponto de convergência entre os padrões regulatórios internos de cada país e os padrões oficiosos de regulação dessas comunidades redes ou "comunidades reticulares"? Além disso, como nesse contexto há centros de poder e decisão muito diversificados, como atuar nele? Quem o faz? Onde se debate? Quem participa das deliberações e decisões? As respostas que têm sido dadas a indagações como essas pecam por um certo pessimismo, uma vez que pesquisas empíricas promovidas por sociólogos do direito e cientistas políticos têm detectado alguns riscos de importância considerável.

▷ *Contracts*, London: Bloomsbury, 2011; e A Autoconstitucionalização de Corporações Transnacionais? Sobre a Conexão Entre os Códigos de Conduta Corporativos, em Germano Schwartz (org.), *Juridicização das Esferas Sociais e Fragmentação do Direito na Sociedade Contemporânea*, Porto Alegre: Livraria do Advogado, 2012. Ver, ainda, Helmult Willke, The Tragedy of State: Prolegomena to a Theory of State in Polycentric Society, ARSP – *Archiv für Rechts und Sozialphilosophie*, Stuttgart, v. 5, n. 6, 1986.

Cinco riscos que guardam uma conexão entre si merecem particular destaque.

O primeiro é o risco de captura dos padrões oficiosos dessas redes regulatórias por *transnational corporations*, por grandes instituições financeiras, por conglomerados privados mundiais e por setores cartelizados ou monopolistas da economia, que se valem de seu poder para extrair vantagens imiscuindo-se nos processos de negociação das organizações internacionais *de facto* com os Estados nacionais[11].

O segundo é risco de que, pressionadas por esses conglomerados, corporações e setores cartelizados, muitas redes regulatórias tenham capacidade de se sobrepor aos órgãos reguladores de determinados Estados, valendo-se de sua expertise em matéria regulatória nos setores mais sofisticados da economia globalizada.

O terceiro risco é o de desfiguramento, de descaracterização e/ou de subalternização das comunidades regulatórias mais fracas em decorrência do peso político e da força econômica das comunidades mais fortes.

O quarto risco é o de que a ampliação do âmbito do direito em espaços mundializados tende a favorecer grupos globais de interesses, no domínio dos negócios internacionais, afastando-se cada vez mais dos espaços controlados pelos Estados.

Por fim, o quinto risco é o de formação de uma tecnocracia jurídica nova, com o olhar voltado para fenômenos normativos nascidos fora do Estado, fenômenos esses que respondem a determinados interesses particulares forjados em grupos dotados de graus distintos de espontaneidade[12].

11. Ver Sol Picciotto, *Regulating Global Corporate Capitalism*, Cambridge: Cambridge University Press, 2018.

12. A simples enumeração desses riscos dessacraliza a ideia de extrema funcionalidade implícita na coexistência de diversos sistemas jurídicos independentes entre si, e não sujeitos ao primado das constituições nacionais, desenvolvida por sociólogos do direito vinculados à teoria dos sistemas, em seus trabalhos sobre pluralismo jurídico. No mundo ▶

Como consequência do alargamento do campo do direito em escala global, e esse é o segundo ponto do trilema regulatório, a democracia também enfrenta enormes dificuldades para concretizar no plano jurídico a vontade política determinada pela sociedade por meio de eleições livres, com base no voto universal e secreto e na regra de maioria. A ideia de Estado contemporâneo sempre esteve associada à ideia de legitimidade democrática. Contudo, desde a transição do século xx para o século xxi os mecanismos deliberativos tradicionais da democracia representativa vêm progressivamente perdendo força política. À medida que as redes globais se expandem, esses mecanismos deliberativos tendem a ser substituídos por sistemas de arbitragem ou, então, por mecanismos de avaliação e peritagem. Além disso, a titularidade legislativa dos parlamentos vem tendendo a se deslocar progressivamente para sistemas intergovernamentais e organismos supranacionais e multilaterais, bem como para comunidades epistêmicas integradas por especialistas, consultores, analistas de risco, centros de pesquisa e *think tanks*, cuja neutralidade e cuja legitimidade muitas vezes podem ser colocadas em dúvida.

▷ real, pode se observar que não existe propriamente um equilíbrio plenamente funcional entre os sistemas normativos. O que há, isso sim, é uma ampla constelação de interesses em contextos amiúde cartelizados ou monopolizados, e em cujo universo axiológico – como lembra o jurista coimbrão António Manuel Hespanha em um livro bastante influente – muitas vezes predomina uma engenharia jurídica desenvolvida a partir de objetivos hegemônicos em relação a interesses "menos fortes" e com base no artificialismo, na ganância, na opacidade, no espírito de ficção e engano e no descaso com relação aos dos interesses coletivos e mesmo dos padrões democráticos. Ver *Pluralismo Jurídico e Direito Democrático: Prospectivas do Direito no Século XXI*, Coimbra: Almedina, 2019. Numa perspectiva que o próprio autor chama de "mais polifônica e menos sistemática", ver também *O Direito Democrático Numa Era Pós-estatal: A Questão Política das Fontes de Direito*. Ver, igualmente, a discussão travada cerca de duas décadas antes por William Twining, *Globalization and Legal Theory*, Evanston: Northwestern University Press, 2002; e por P.S. Berman, The New Legal Pluralism, *Annual Review of Law and Social Science*, San Mateo, v. 5, 2009, p. 225-242.

Assim, nesse cenário em que as práticas jurídicas estão se desenvolvendo em níveis muito além do Estado-nação, de que modo é possível preservar o princípio da legitimação democrática do direito, que é um dos pilares fundamentais dos Estados constitucionais? Como fica o princípio constitucional de que, no âmbito da democracia, o ordenamento jurídico se fundamenta na aprovação da sociedade, obtida por meio dos mecanismos de escrutínios periódicos e de representação política? Enfim, partindo da premissa de uma definição de direito sensível aos sentimentos comunitários de justiça como imperativo do modo de se legitimar democraticamente o poder e o direito, de que modo manter o que os juristas chamam de "democraticidade" do direito em um contexto de pluralismo jurídico extraterritorial ou transterritorial?

Por fim, no que se refere especificamente ao terceiro ponto do trilema regulatório, o grande desafio no plano político é aprofundar a ideia de democracia representativa como modelo de legitimação do Estado contemporâneo. O problema, contudo, é que o enfrentamento desse desafio colide frontalmente com o processo de globalização econômica. Em outras palavras, esse desafio pressupõe um enorme esforço pelo refortalecimento do Estado e pela autodeterminação nacional num cenário de transterritorialização dos mercados de bens, serviços e finanças[13].

---

13. Ver Dani Rodrik, *The Globalization Paradox: Democracy and the Future of the World Economy*, New York: W. Norton, 2011. Ver também Karl-Heinz Ladeur, Globalization and the Conversion of Democracy to Polycentric Networks: Can Democracy Survive the End of the Nation State?, em Karl-Heinz Ladeur, *Public Governance in the Age of Globalization*. Para uma análise do período histórico anterior, em que o Estado desconstitucionalizou e flexibilizou direitos e promoveu amplos programas de desburocratização e desregulação, ver S.A. Marglin; J. Schor (eds.), *The Golden Age of Capitalism*, Clarendon: Oxford University Press, 1990.

8. RISCOS E INCERTEZAS EM TEMPOS NORMAIS E ANORMAIS

A pandemia da Covid-19 tornou esse trilema particularmente explícito e evidente. Em *tempos normais*, quando muitos acontecimentos são previsíveis e a análise de experiências passadas propicia estudos fundamentados para políticas de prevenção e precaução com relação a novos riscos, os diferentes sistemas que, com suas diferentes lógicas, compõem a sociedade – como o econômico, o financeiro, o político, o educacional, o médico, o científico-tecnológico, o cultural, o esportivo e o ambiental – tendem a operar de modo equilibrado e funcional. Desse modo, quando um desses sistemas eventualmente atravessa um período de *stress*, de baixo desempenho, de exaustão funcional e de situações inesperadas, críticas e controversas, os demais sistemas tendem a apresentar níveis satisfatórios de eficiência e desempenho, permitindo assim que uma crise política, ou econômica, ou, então, social, sejam controláveis.

Já os *tempos anormais* – aqueles que colocam em xeque perspectivas de mundo distintas e muitas vezes diametralmente opostas – são deflagrados por guerras, pandemias, colapso dos sistemas de saúde pública, terremotos, tsunamis, incêndios, catástrofes climáticas, crises ambientais, desastres naturais, imigração descontrolada, implosão de mercados financeiros, holocaustos, atentados terroristas do porte do ataque contra as torres gêmeas do World Trade Center. *Tempos anormais* são marcados por interações não lineares – ou seja, como os acontecimentos não se encadeiam entre si de modo ordenado, pequenas mudanças podem acabar resultando em grandes impasses. Por consequência, esses impasses muitas vezes tendem a provocar pressões que culminam no deslocamento dos centros democráticos de decisão para áreas ou espaços no âmbito governamental não controláveis democraticamente.

Tempos anormais são tempos que também tendem a multiplicar as polêmicas entre a política e a ciência, com todos seus efeitos sociais, econômicos e culturais. São controvérsias e inovações científicas. Ou seja, entre o negacionismo enquanto processo coletivo organizado de desqualificação da ciência por motivos políticos, econômicos e morais, com base no uso de falsos especialistas, falácias lógicas e artigos isolados. E inovações científicas, o que abre caminho para decisões governamentais tomadas e justificadas não de modo racional, mas, sim, impostas em meio a divergências muitas vezes inconciliáveis. São retesamentos entre difusão e aplicação do saber científico e a necessidade de sua legitimação, o que leva à discussão de questões políticas. E, por fim, são tensões entre lideranças consistentes e responsáveis e populismo inconsequente e irresponsável. Em períodos difíceis e cambiantes como esses é que se descobre que conhecer não é apenas avaliar o passado, composto de fatos ocorridos que já não dependem de nossas vontades. Mais do que isso, conhecer é também olhar para o futuro. É, igualmente, desenvolver análises com vistas à antecipação no processo de identificação de problemas.

Como a história revela, os processos de inovação científica encerram algum grau de risco. O conceito de risco, que não se confunde com o de incerteza, restringe-se a situações em que possíveis desfechos futuros são mensuráveis e, por consequência, previsíveis. Nesse caso, o desafio é saber como se pode reduzir a ignorância por meio da avaliação de ocorrências e experiências passadas, convertendo-as em mecanismos de previsão de riscos. Já o conceito de incerteza se refere, por um lado, a situações em que não se conhecem as probabilidades. E, por outro, a situações em que os desfechos futuros não são mensuráveis. Por isso, como a história revela que em seu curso a humanidade sempre tem de enfrentar algum tipo de crise, de desastre e de catástrofe, que emerge causando perplexidade, desconhecimento e desorientação, incertezas envolvem acontecimentos cujos efeitos não respeitam fronteiras, classes sociais e gerações futuras, põem em xeque as normas jurídicas em matéria de culpabilidade, responsabilidade e imputabilidade e inviabilizam sistemas de seguros, uma vez que não são conversíveis em riscos calculáveis[1]. Nesse caso, o desafio é gerir incertezas que não poderão ser completamente eliminadas, transformando-se em riscos calculáveis e possibilidades de aprendizagem.

Assim, se com relação aos riscos de algum modo é possível preparar-se para as surpresas deles advindas, com as incertezas isso é quase impossível. Considerando a perda de normatividade do sistema jurídico, dada a sobrecarga a que suas normas vêm sendo submetidas por causa do descompasso entre produção legislativa e assimilação das novas leis pelos tribunais e pelos próprios sujeitos de direito, mais uma vez reaparecem questões já entreabertas

1. Ver, nesse sentido, Frank Knight, *Risco, Incerteza e Lucro*, Rio de Janeiro: Expressão e Cultura, 1972 (a obra original é de 1921).

ou apresentadas antes. Como trabalhar a um só tempo com o sabido e o desconhecido? Como lidar com contingências que nunca podem ser totalmente convertidas em riscos mensuráveis? Como agir em contextos complexos e definir necessidades e prioridades? Qual é a capacidade que os governos nacionais têm para administrar situações de incerteza e de preparar a sociedade para as surpresas que a esperam? Em termos funcionais, têm eles condições de continuar combinando regulações substantivas com base em normas programáticas e de uma regulação procedimental, o que permitia que os diferentes setores da economia e da sociedade se balizassem para dirimir os conflitos deflagrados em suas respectivas áreas?

Apesar de repetitivas, essas não são indagações fáceis de serem respondidas. Entre outros motivos porque, como sempre acontece com as incertezas, segundo o entendimento que Frank Knight tem desse conceito[2], no sentido de que elas não são calculáveis nem podem ser previstas por meio de probabilidades numéricas, a eclosão da pandemia da Covid-19 trouxe vários problemas que surpreenderam tanto os dirigentes governamentais, que não são técnicos, quanto os cientistas, que não são respaldados pelo eleitorado e ainda não tinham um rol de respostas plausíveis para os problemas emergentes.

2. Ibidem.

9. IMPLICAÇÕES JURÍDICAS DA PANDEMIA

Informação e Educação

Embora o presidente da República tenha tratado reiteradamente a epidemia como simples "gripezinha" ou "resfriadinho" e afirmado que um dia "todos morremos", seu governo foi criativo ao invocar a crise de saúde pública causada pela Covid-19 como simples pretexto para tomar decisões inconstitucionais, do ponto de vista técnico-jurídico, e antidemocráticas e paradoxais, em termos substantivos. O recurso a informações exageradas, infundadas ou simplesmente inverídicas chegou a tal ponto que deflagrou um processo de judicialização envolvendo os mais variados temas – desde o alcance do direito de ir e vir e do princípio de força maior como justificativa para não cumprimento das obrigações à discussão sobre se a transmissão intencional do vírus da Covid-19 configuraria lesão gravíssima por enfermidade incurável ou "dolo de matar".

Nos meios jurídicos e forenses, passou-se a discutir se também haveria um "direito de mentir". Já nos meios políticos passou-se a debater mecanismos para preservar e garantir as liberdades de expressão e de informação num período de verdades fragmentadas, de pensamentos binários, de forte passionalidade, de polarização política e de crescentes graus de cinismo moral. Dois casos jurídicos importantes ilustram a estratégia de afrontar direitos básicos, corroer liberdades fundamentais e desprezar as garantias públicas adotada pelo presidente da República após debochar da vida e negar a ciência no decorrer de uma crise sanitária de proporções inéditas.

O primeiro é o da Medida Provisória n. 928, que foi baixada pelo chefe do Poder Executivo em 2020 e enviada ao Poder Legislativo. Entre outros objetivos, essa MP estabelecia novos critérios para o encaminhamento e atendimento dos pedidos de acesso à informação relacionados ao enfrentamento de situações de emergência no campo da saúde pública. O ponto mais importante era a suspensão – por ela determinada – dos prazos de resposta aos pedidos de acesso à informação nos órgãos ou nas entidades da máquina governamental cujos servidores estavam sujeitos a regime de isolamento, quarentena, teletrabalho ou equivalentes. Segundo o governo, a MP n. 928 foi concebida para adaptar o acesso à informação à realidade dos órgãos públicos que haviam passado a atuar em regime de trabalho remoto, sem prejudicar os órgãos em que seus agentes estavam envolvidos no enfrentamento da pandemia.

Contudo, a própria exposição de motivos afirmava que 99% das solicitações e respostas aos pedidos de acesso à informação já vinham sendo realizadas por via eletrônica. Como a negação de determinadas informações impedia a imprensa de noticiar o desempenho da administração pública no combate à pandemia, o Conselho Federal da Ordem dos Advogados do Brasil e dois partidos políticos – Rede Sustentabilidade e Partido Socialista

Brasileiro – impetraram Ações Diretas de Inconstitucionalidade que foram acolhidas pelo Supremo Tribunal Federal, sob duas justificativas conexas. A de que as restrições previstas pela MP 928/20 limitavam o direito à liberdade de informações assegurado pela Constituição. E a de que, no âmbito da democracia, o "dever de transparência do Estado", o acesso a informações, a visibilidade total e a multiplicidade de críticas às políticas governamentais permitem o controle do poder público por parte da sociedade.

O segundo caso que dá a dimensão da tentativa de usar a pandemia como pretexto para afrontar a Constituição e a ordem infraconstitucional em vigor, por parte do governo, é o da Medida Provisória n. 979. Baixada também em 2020, ela autorizava o Ministério da Educação a designar reitores e vice-reitores "pro tempore" para as universidades federais, para os institutos federais e para o Colégio Pedro II, durante o período de emergência de saúde pública "de importância internacional decorrente da Covid-19" e durante o período necessário para a realização dessa consulta "até a nomeação dos novos dirigentes pelo presidente da República". Pela Lei n. 13.979/20, reitores e vice-reitores dessas universidades e institutos são escolhidos com base em consulta à comunidade escolar e acadêmica para a formação de listas tríplices.

Ao justificar essas iniciativas, o governo alegou estar seguindo a orientação da Organização Mundial da Saúde que recomendava a adoção de medidas de isolamento social. Por isso, apesar das reiteradas críticas do presidente da República a elas, a MP 979 afirma que a suspensão das aulas, decorrente dessas orientações, teria prejudicado o processo de consulta, de indicação e de escolha, comprometendo seu "caráter democrático". Em face da flagrante natureza antidemocrática dessa MP, suprimindo a consulta e permitindo a designação unilateral de reitores e vice-reitores pelo ministro da Educação, o Poder Legislativo a devolveu ao Executivo sem analisar tanto o mérito quanto a urgência, com base em duas justificativas conexas. A de que a MP 979 feria o princípio da gestão democrática do ensino público previsto pelo inciso VI do artigo 206 da Constituição. E a de que passava por cima da autonomia universitária prevista pelo artigo 207.

As Políticas de Isolamento Social e "Lockdown"

No caso no enfrentamento da pandemia pelos entes federativos, um dos problemas mais importantes não apenas do ponto de vista político-institucional, mas, também, jurídico, ocorreu com a judicialização de questões relativas ao exercício do poder administrativo-sanitário nas 27 unidades da federação. O exemplo mais ilustrativo foi a Ação Direta de Inconstitucionalidade (ADI) protocolada pela Advocacia-Geral da União (AGU) no Supremo Tribunal Federal em nome do presidente Jair Bolsonaro, cujo governo àquela altura já não media esforços para tentar dominar por completo os órgãos de controle e o próprio sistema judicial.

A ação solicitava a suspensão imediata de medidas como *lockdown* e obrigatoriedade de medidas de isolamento social e de uso de máscaras em lugares fechados nos estados de Pernambuco e do Rio Grande do Norte, na região Nordeste, e do Paraná, na região Sul. O que levou o Poder Executivo a protocolar essa ADI no Supremo Tribunal Federal com apoio de uma até então pouco conhecida Associação Nacional de Juristas Evangélicos (Anajure) foi um episódio já mencionado anteriormente. Trata-se das tentativas frustradas do presidente Jair Bolsonaro de (i) impedir que Estados e municípios coibissem o funcionamento de igrejas e templos com o objetivo de evitar aglomerações; (ii) de mobilizar tropas do Exército em favor de comerciantes que insistissem em abrir suas portas durante o período de restrição imposto por prefeitos e governadores para tentar deter o avanço da pandemia; e, também, (iii) de centralizar todas as decisões em matéria de política de saúde pública tomadas no país, avocando para si prerrogativas que, pela Constituição, são dos entes subnacionais. No entanto, antes mesmo da eclosão da pandemia o presidente não apenas já se atritara com governadores da região Nordeste, como também havia retirado do Conselho da Amazônia os governadores dos estados da região Norte.

Tomando-se por base a lógica jurídica, um dos problemas desse recurso estava na incoerência de quem o patrocinou na mais alta corte do país. Apesar de o presidente da República em momento algum ter escondido ser negacionista da ciência – a qual comprovou ser a pessoa não vacinado uma portadora de vírus – tendo se convertido assim em contaminador potencial de outras pessoas, a AGU alegou, em nome do chefe do Executivo, que as medidas adotadas pelos governadores não tinham base científica "teórica ou empírica". Outro problema foi o modo como o artigo 5º da Constituição, que trata dos direitos fundamentais, foi interpretado pela AGU, sem qualquer ponderação ou balanceamento entre seus 79 incisos e quatro parágrafos. É como se cada direito por eles previsto fosse absoluto e passível de simples juízo de subsunção, equivalendo a uma premissa maior delimitada em sua hipótese de incidência e consequência normativa, à qual fatos evidentes servissem como uma premissa menor, tomando-se por base a premissa maior, aplicando-a à premissa menor, chegando-se assim a uma conclusão necessária.

O total de incisos e parágrafos do artigo 5 da Constituição é demasiadamente alto e isso decorre de uma das características da Constituição brasileira. Refletindo o ambiente político prevalecente no período de redemocratização do país, ela parte de uma concepção de Estado que, entre outras atribuições, assegura diferenças positivas (em matéria de cultura, valores, pluralidades de crença e modo de vida) e diferenças negativas (que são expressas por desigualdade de renda, desigualdade de oportunidades e dignidade). Se as diferenças positivas podem de algum modo ser vistas como conquistas civilizatórias, pelo simples fato de terem sido constitucionalizadas, isso já não ocorre no caso das diferenças negativas. Para serem corrigidas de modo efetivo, elas exigem como condição necessária – ainda que não suficiente – políticas públicas de inclusão social, no sentido mais amplo dessa expressão.

Os dois casos mostram que a Constituição brasileira conjugou respeito ao contrato social com os princípios da alteridade – ou do reconhecimento do outro – e o sentido de solidariedade. Essa conjugação deixa claro que a Constituição tem um caráter aspiracional, uma vez que, promulgada menos de três anos após o fim da ditadura militar, buscou converter o que era reivindicação em direito, transformar o que já direito formal em direito substantivo e transfigurar as relações de poder – e não as conservar com roupagem nova. Por isso, ao consagrar um determinado tipo de liberdade e de direito, cada um desses incisos e parágrafos não é aplicável à maneira do tudo ou nada. Como existe uma interação entre eles, a interpretação constitucional busca o equilíbrio entre as liberdades e as garantias por eles estabelecidas, o que torna impossível afirmar que cada direito é absoluto.

A petição da AGU afirmou que, ao adotar políticas de *lockdown*, de obrigatoriedade de isolamento social, de fechamento de escolas e do uso de máscaras em espaços fechados, os três Estados causaram "notório prejuízo para a subsistência econômica" de suas respectivas populações. Também alegou que o argumento invocado pelos governadores – conter a propagação da Covid-19 – não apresentava "técnica minimamente consensual sobre sua eficácia". Por fim, repetindo mais uma vez, dizia que o argumento dos governadores era "inadequado" impondo injustificadamente uma decisão discriminatória sobre o comportamento das pessoas, invadindo espaços fechados e desprezando direitos e liberdades ao exigir um comportamento "virtuoso" de todos os cidadãos. Por seu lado, os governadores apontaram os artigos, parágrafos e incisos da Constituição em que se basearam, lembrando seu dever de agir por um interesse maior da coletividade, que era a "manutenção da vida".

Diante desse embate de narrativas sobre oportunidade, competência e adequação, o Supremo Tribunal Federal, exercendo seu papel de guardião da Constituição, fez o que era mais lógico e esperado. Ou seja, rejeitou a ADI protocolada pela AGU em nome do presidente da República. Além de ter fundamentado a decisão com base em argumentos técnico-jurídicos, a corte lembrou que, por mais importante que seja a liberdade individual, cabia às três esferas do poder público a responsabilidade pela saúde de toda a população daquelas três unidades da Federação. Se em tempos pandêmicos muitos cidadãos queriam maximizar suas liberdades num período de uma devastadora crise de saúde pública, Estados e municípios não tiveram outra saída a não ser proibi-los de exercê-las, por egoísmo, imprudência ou mesmo alienação, para resguardar a vida dos demais cidadãos. Afirmando que as unidades federativas em questão tiveram por foco o bem comum em contraposição ao bem individual, com o objetivo de salvar vidas, por maioria de votos a corte afirmou que a defesa do presidente da República não entendeu – ou então não quis entender por motivação política – que a imposição da vontade de alguns sobre a vontade de outros poderia levar à postura arbitrária: a de se reivindicar como exercício de liberdade a realização de atividades que põem em perigo a vida da sociedade. Em meio a um governo que negava a ciência e desprezava cientistas, os defensores dessa liberdade não se revelaram capazes de compreender que, na democracia, não há direitos absolutos.

Como desde a consolidação do Estado democrático de Direito ficou consolidado que há um sentido de responsabilidade maior que limita determinadas liberdades individuais, como forma de defesa do interesse geral da coletividade, a decisão do Supremo Tribunal Federal foi acertada. Entre outros motivos porque, se os cuidados mínimos tomados pelos governadores de Pernambuco, do Rio Grande do Norte e do Paraná fossem suspensos, a expressão "liberdade", que é citada em vários dos 79 incisos e quatro parágrafos do artigo 5º da Constituição, corria o risco de perder sentido. Sem o entendimento do STF, a noção de liberdade absoluta poderia ser aplicável a qualquer iniciativa, bem como ser utilizada por um presidente da República negacionista da ciência para justificar a liberdade que a população teria de não se vacinar num período de uma crise pandêmica trágica e devastadora.

Estado de Sítio

No campo específico das instituições de direito, a chegada da Covid-19 ao país acarretou quatro problemas importantes. Em primeiro lugar, após alguns meses de pandemia, o presidente da República surpreendeu ao pedir à sua assessoria jurídica um parecer jurídico sobre a possibilidade de declarar Estado de Sítio no caso de ocorrer situações de convulsão social, como saques a supermercados. O que, de fato, ele estaria desejando ao tomar essa iniciativa?

Em tese, Estado de Sítio e democracia – um regime que não se limita ao processo eleitoral e não é apenas a letra da lei, sendo também o espírito de legalidade acima de tudo – não se opõem. No regime democrático, que demarca politicamente as liberdades, os direitos, os deveres e as obrigações por meio da Constituição promulgada em outubro de 1988, o Estado de Sítio é um mecanismo jurídico que permite em situações emergenciais a limitação temporária do Poder Legislativo e do Poder Judiciário, para agilizar as ações de urgência por parte do Poder Executivo. Contudo, não suspende a democracia e sua dimensão deliberativa.

Pelos artigos 136, 137 e 138 da Constituição Federal promulgada após a redemocratização do país, o presidente da República pode solicitar ao Congresso que o autorize, por maioria absoluta, a decretar o Estado de Sítio nos casos de "(i) comoção grave de repercussão nacional ou ocorrência de fatos que comprovem a ineficácia de medida tomada durante o estado de defesa; (ii) declaração de estado de guerra ou resposta à agressão armada estrangeira". No caso de comoção grave, o Estado de Sítio não poderá ser decretado por mais de 30 dias, nem ser prorrogado por igual período. No segundo caso, o Estado de Sítio poderá ser decretado "por todo o tempo que perdurar a guerra ou a agressão armada estrangeira". A Constituição também autoriza a Mesa do Congresso a nomear uma comissão composta por cinco membros para fiscalizar as ações tomadas pelo chefe do Estado no período.

No século xx, quando a política se confundia com uma competição entre partidos, a declaração do Estado de Sítio conferia ao presidente da República enormes poderes. Negava, contudo, poderes absolutos. O problema é que, à medida que a sociedade foi se tornando mais plural e complexa no século xxi, sobrecarregando o sistema político com a diversidade dos sujeitos políticos e novas técnicas de comunicação, já não bastava afirmar que a legitimidade da democracia se fundamentava apenas no cumprimento dos formalismos do processo eleitoral. Tornou-se preciso, igualmente, indagar se é efetivamente democrático um sistema político que catalisa as aspirações sociais, mas deixa as coisas como estão, sem produzir mudanças socioeconômicas substantivas. Nesse sentido, o que pode ocorrer quando, depois de eleitos por expressa maioria, os governantes adotem programas e discursos contrários ao que prometeram em campanha, gerando impasses parlamentares e levando à judicialização da vida política e administrativa?

O que se viu, naquele momento, foi uma combinação de falsas esperanças, adiamento de soluções, muita demagogia, radicalizações ideológicas, desqualificações recíprocas e uma atuação política cada vez mais condicionada pelos interesses de curto prazo, rompendo com isso a noção de planejamento e estratégia do poder público e levando à descrença na capacidade transformadora da democracia.

Naquele contexto, o chefe da Nação sobressaiu-se prometendo, em vez de políticas que alterassem as estruturas da sociedade, "salvá-la" de inimigos imaginários. Por isso, a simples possibilidade de um pedido de Estado de Sítio, formulado por um presidente da República que já afrontara o STF ao afirmar que "ordens absurdas não se cumprem", que "nós temos que botar um limite nessas questões" e que vinha há tempo flertando com a ruptura institucional, foi encarada como uma nova ameaça às liberdades fundamentais, causando enorme preocupação no país"[1].

Entre outros motivos, porque o pedido poderia ser mais uma tentativa de recorrer a mecanismos jurídicos da própria democracia para corroê-la. De se valer do princípio da "comoção grave de repercussão nacional" e da "declaração de estado de guerra" a um vírus estrangeiro como pretexto para cercear liberdades públicas e restringir os direitos de manifestação e protesto. De tentar recorrer a plebiscitos, de promover consultas e de propor referendos como forma de degradar o processo legislativo democrático. Se o Congresso negasse o pedido de Estado de Sítio, em que medida o chefe do Executivo não poderia estimular mais uma vez a ida do povo às ruas para culpar os políticos pela tragédia? Se eventualmente o Congresso cedesse e a questão fosse parar no Supremo Tribunal Federal, não poderiam ocorrer as mesmas pressões caso a corte derrubasse a autorização legislativa para a decretação do Estado de Sítio? Por fim, se Bolsonaro voltasse a insistir que passaria a escolher decisões da mais alta corte que cumpriria, o que poderia restar do regime democrático?[2]

1. Ver *O Estado de S. Paulo*, Ordens Absurdas Não se Cumprem, Temos Que Botar um Limite, Diz Bolsonaro, 28 maio 2020.

2. Quase dois anos depois, ao analisar o modo como o STF reagiu a esse risco, dois conhecidos e respeitados analistas do funcionamento da corte diriam que a maioria dos ministros relegou antigas divergências para segundo plano e passou a agir de modo coeso, por razão de resistência e de sobrevivência. "Escolheu o que julgar, quando julgar e como julgar. Decidiu não decidir de forma estratégica. Decidiu decidir como entendesse mais adequado. Reinterpretou determinados conceitos conforme ▶

Evitar aglomerações e isolamento são as regras sanitárias, mas, desde o início da pandemia, o presidente já vinha dando mostras de não as levar a sério. Assim, como nem o Legislativo nem o Judiciário sentir-se-iam confortáveis em ampliar os poderes de um presidente impulsivo e autoritário, um eventual confronto entre os poderes jamais deixou de ser descartado. Fosse outro o chefe do governo, o pedido de Estado de Sítio até poderia passar. Desde sua posse, o presidente não escondeu o desprezo pela Constituição. Fez do aparato de comunicação do governo e das redes sociais veículos do menosprezo pelos avanços civilizatórios e do apreço por concepções regressivas de ordem pública. Disseminou um mal-estar difuso contra o sistema político, gerando desconfiança com o futuro das garantias fundamentais. No momento em que a pandemia do coronavírus vinha levando milhares de pessoas a morrer sufocadas, com falta de ar, as indagações eram como deter a degradação do regime democrático e reconstruir a confiança nele?

Contratos e Racionalidade Econômica

Na medida em que desequilibrou as relações comerciais, acarretando graves problemas no campo dos negócios e prestação de serviços, a chegada da Covid-19, como vem sendo apontado, foi um acontecimento disruptivo na economia. Políticas de *lockdown*, de restrição de locomoção, de confinamento e de isolamento social, por exemplo, provocaram uma progressiva estagnação da economia mundial, com impacto diferenciado conforme seus setores ou segmentos.

Quando a pandemia se agravou, os problemas por ela causados foram se aprofundando. Em diversos setores

▷ suas estratégias processuais e institucionais, mudou seus próprios entendimentos conforme a circunstância de momento, decidiu casos com um olho no direito e outro na conjuntura política. No nome de quem estava sendo processado". Ver Felipe Recondo; Luiz Weber, *O Tribunal: Como o Supremo se Uniu Ante a Ameaça Autoritária*, p. 238.

econômicos tornou-se impossível a manutenção e o cumprimento das cláusulas contratuais firmadas por pessoas físicas e pessoas jurídicas com base no princípio da autonomia da vontade antes da Covid-19. Com as dificuldades de empresas e concessionárias de fornecerem produtos e executarem serviços previamente acordados, o resultado foi a ruptura do que muitos privatistas chamam de "equilíbrio funcional dos contratos".

Contratos são instrumentos por meio dos quais os direitos são estabelecidos, transferidos, outorgados ou cedidos. O equilíbrio funcional dos contratos, cuja função é neutralizar riscos para as partes contratantes, envolve dois tradicionais princípios de direito: o do *pacta sunt servanda* e o do *rebus sic stantibus*. Ao enfatizar que os contratos têm de ser cumpridos, o primeiro princípio tem como contraponto a condição de que os fatos permaneçam como estavam no tempo da contratação. Assim, quando há mudanças profundas no que foi negociado causadas por acontecimentos fortuitos e fatos inesperados de origem externa à relação jurídica travada, os contratos são afetados. E isso justifica um pedido de revisão das obrigações contratuais pelo contratante mais atingido. A pandemia é um desses fatos imprevisíveis, que acabou afetando de modo significativo uma intrincada malha de relações contratuais nos diferentes setores e segmentos da economia brasileira.

Por isso, nesse contexto de crise generalizada, os tribunais passaram a receber um expressivo número de ações judiciais em que cidadãos desempregados e empresas com queda de faturamento, problemas de caixa e com riscos de inadimplência reivindicavam ajustes contratuais de diversa natureza. Tomando por base especialmente o artigo 393 do Código Civil (Lei n. 10.406/2002)[3], muitas

---

3. Segundo o *caput* desse artigo, "O devedor não responde pelos prejuízos resultantes de caso fortuito ou força maior, se expressamente não se houver por eles responsabilizado". O parágrafo único desse dispositivo reza que "o caso fortuito ou de força maior verifica-se no fato necessário, cujo efeito não era possível evitar ou impedir".

dessas ações fundamentavam-se em termos substantivos na teoria jurídica da imprevisão. Esse conceito diz respeito a acontecimentos externos ao contrato – acontecimentos esses que são estranhos à vontade das partes, por serem imprevisíveis e inevitáveis, causando desse modo um desequilíbrio considerável entre as partes, tornando assim a execução do que foi pactuado excessivamente onerosa para uma delas.

Com base nessa teoria, cidadãos desempregados e empresas com problemas financeiros passaram a pleitear um direito ao reequilíbrio econômico-financeiro dos contratos, sob a justificativa de que casos de força maior e superveniências imprevisíveis são excludentes de responsabilidade. Ou seja, são casos que implicam a impossibilidade de cumprimento do direito contratual, enquanto um sistema de procedimentos, normas e princípios. Além disso, as medidas de *lockdown*, restrição de locomoção, isolamento e distanciamento social já vinham provocando uma acirrada discussão política e jurídica sobre o alcance e os limites da liberdade e dos direitos fundamentais assegurados pela Constituição, nos diferentes sentidos que a expressão possa ter – especialmente com relação ao direito de ir e vir, que tem fortes implicações econômicas.

No caso específico das pessoas jurídicas, ao dificultar ou a inviabilizar o cumprimento das obrigações contratuais firmadas antes da pandemia nos mais variados setores econômicos, desde os de serviços, de logística de carga, de distribuição de produtos e de transportes coletivos até as diferentes áreas do setor industrial, a pandemia da Covid-19 abriu caminho para um colapso com efeitos disruptivos em cadeia. Uma das consequências mais importantes da deflagração desse risco sistêmico foi, inicialmente, a ruptura do equilíbrio dos mercados. Em seguida, e com enorme intensidade, veio o risco de rompimento do que os teóricos do direito privado chamam de *sanctity of contracts*. Ou seja, uma crescente judicialização

180

das relações contratuais, em decorrência do acentuado desequilíbrio das partes, levando a uma onda de inadimplências obrigacionais – judicialização essa decorrente de uma explosão de processos judiciais fundamentados no princípio jurídico da força maior.

Ainda que a pandemia não tenha afetado a todos os segmentos econômicos na mesma intensidade, em sua grande maioria, esses processos – sempre associando o princípio de força maior com os princípios da boa-fé objetiva, da função social dos contratos, do interesse da coletividade e da solidariedade social, pediam a suspensão de pagamento de aluguéis e tributos. Reivindicavam o afrouxamento de prazos para a amortização de empréstimos. Pleiteavam mudanças nas condições de pagamento e nas cláusulas de garantia. Demandavam alterações da taxa de juros e correção monetária negociadas. Solicitavam a liberação de bens de empresas em recuperação judicial que viram seu faturamento cair a zero. Originariamente relacionado a forças naturais, o princípio jurídico da força maior permite a conversão das ideias de inevitabilidade, imprevisibilidade e impessoalidade como justificativa para o não cumprimento de obrigações contratuais. Por seu lado, o Congresso Nacional passou a discutir projetos de lei apresentados com o objetivo de flexibilizar certas regras, como, por exemplo, a suspensão de prazo prescricional (PL n. 1.179/20), proibição de ação de despejo (PL 936/20) e suspensão de novos inscritos em cadastro positivo (675/20).

No meio acadêmico e no mundo do direito privado, vários juristas publicaram artigos e deram entrevistas defendendo a preservação da teoria econômica dos contratos e alertando para os riscos da aplicação da teoria da imprevisão. Em um contexto econômico e social marcado por instabilidade e incertezas, projetos de lei como esses poderiam inviabilizar negócios e dificultar a gradativa recuperação da economia – disseram eles à época. Muitos também perguntaram se seria legítima uma revisão de conceitos normativos para atender os segmentos da população atingidos por um empobrecimento acelerado e pessoas jurídicas com dificuldades financeiras. Indagaram, ainda, se seria dogmaticamente aceitável qualquer flexibilização interpretativa num cenário de crise econômica e, em caso positivo, como seria possível harmonizar esse entendimento com a necessidade de preservação da atividade econômica que passa por uma crise igualmente epidêmica.

Não escondendo o temor com o risco de um revisionismo irrefreado e ao mesmo tempo reivindicando das diferentes instâncias dos tribunais padrões decisórios claros, sem casuísmos decorrentes de sentimentos de comiseração e capazes de viabilizar uma "jurisprudência de exceção", propunham limites às revisões extraordinárias e cuidado para não se confundir pessoas físicas e jurídicas atingidas pela pandemia com aventureiros, ou seja, cidadãos e empresas oportunistas em busca de ganhos fáceis[4]. No mundo forense, o Conselho Nacional de Justiça (CNJ) recomendou aos juízes de primeiro e segundo grau que, quando recebessem casos em que uma das partes invocasse o princípio de força maior, optassem pelo bom senso e incentivassem a mediação e a negociação, onde não há vencedores nem vencidos.

Por seu lado, as autoridades econômicas chamaram atenção para os riscos de "perturbação extrema dos

---

4. Tomo por base a publicação *Direito & Pandemia*, Brasília: Conselho Federal da Ordem dos Advogados do Brasil, 2020. Publicada no terceiro mês da pandemia, ela contém excelentes e oportunas análises de caráter técnico-jurídico sobre as teorias, as doutrinas legais, os precedentes judiciais e a jurisprudência de tribunais brasileiros e estrangeiros relativas às tensões entre conservação ou revisão de contratos em face do advento de motivos de força maior. A expressão "jurisprudência de exceção" é de Roni Preuss Duarte, Covid-19 e Revisão dos Contratos: O Solidarismo Contratual na Jurisprudência de Exceção, *Revista Direito e Pandemia: Edição Especial*, maio 2020, p. 129-148. Ver também Wilson Engelman; Lucas Pacheco Vieira; Adriano Farias Puerari, Covid-19 e Contratos de Concessão: Problemas e Alternativas Sob a Ótica da Análise Econômica do Direito, *Revista de Direito Administrativo*, Rio de Janeiro, v. 281, n. 3, dez. 2022, p. 179-214.

equilíbrios" que poderiam resultar dessa judicialização. Receando que a autodeterminação privada fosse infiltrada pela ideia defendida por doutrinadores de que contratos também são instrumento para realizar também interesses da coletividade[5] e invocando a segurança do direito, solicitaram à magistratura que garantisse o respeito aos contratos e a inalterabilidade da "base negocial" do mercado. Em sucessivas entrevistas, o presidente do Banco Central distribuiu nota na qual afirmava que, quando a economia sofre choques e as situações jurídicas já constituídas deixam de ser mantidas, as incertezas econômicas aumentam e o retorno a um quadro de equilíbrio se torna mais difícil.

Já as concessionárias de serviços essenciais, como energia elétrica, setor em que a Empresa de Pesquisa Energética (EPE) e a Câmara de Comercialização de Energia Elétrica (CCEE) projetavam para o primeiro ano da pandemia uma queda no consumo de 0,9%, passando de 65.835 MW médios para 67.249 MW médios[6], advertiram para o risco de uma insegurança jurídica generalizada. Não esconderam o temor com relação a decisões desencontradas de diferentes instâncias judiciais, resultantes da explosão de interpretações a um só tempo restritivas e extensivas do princípio jurídico de força maior. No entanto, com base no mesmo princípio jurídico, concessionárias de energia elétrica também acabaram batendo na porta dos tribunais para pedir a renegociação de seus contratos, com o objetivo de recuperar prejuízos causados pela pandemia. Além do aumento de tarifas, pleiteado sob a justificativa de compensar a redução da demanda, perda de receita e o aumento da inadimplência, ainda reivindicaram a ampliação dos prazos de concessão, juntamente

---

5. Nesse sentido, ver o texto clássico de Orlando Gomes, *A Função Social do Contrato*, Rio de Janeiro: Forense, 1983.

6. Ver ONS – Operador Nacional do Sistema Elétrico, Impactado Pela Covid-19, Consumo de Energia Deve Cair 0,9% em 2020, *ONS – Operador Nacional do Sistema Elétrico*, disponível em: <https://www.ons.org.br/Paginas/Noticias/20200327_Impactado-pela-Covid-19,-con-sumo-de-energia-deve-cair-0,9-em-2020.aspx>.

com mais flexibilização de investimentos e cortes no pagamento de outorgas.

Naquele momento duas coisas ficaram claras. Em primeiro lugar, tornou-se evidente que o problema não dizia respeito apenas às partes diretamente envolvidas nessa discussão jurídica, mas à sociedade como um todo, pois era sobre ela que recairiam as consequências das decisões a serem tomadas pelos tribunais no julgamento de uma questão em princípio setorial. Em segundo lugar, também ficou evidente que, se as interpretações do princípio jurídico de força maior não seguissem um determinado balizamento, e as diferentes instâncias judiciais relegassem para segundo plano os princípios da inalterabilidade das obrigações pactuadas e autorizassem o descumprimento dos contratos de modo generalizado, conforme o entendimento particular de cada magistrado, os tribunais provocariam um efeito dominó em toda a economia. Ou seja, comprometeriam a solvência dos fornecedores e concessionários, acarretando distorções em todas as cadeias produtivas e, no limite, desarticulando tanto o setor privado quanto o sistema de concessão de serviços essenciais, como saneamento, transporte urbano, aeroportos, rodovias etc.

No plano jurídico, por consequência, essa postura das diferentes instâncias do Poder Judiciário poderia levar a um desequilíbrio inédito no universo das obrigações contratuais num setor vital para a sociedade e para a economia, com desdobramentos imprevisíveis que afetariam drasticamente a chamada "confiança dos mercados". Como os contratos tinham matrizes de custos e riscos distintos, juízes e desembargadores foram aconselhados a analisar caso por caso, levando em conta as especificidades de cada uma daquelas demandas judiciais.

Levando-se em conta a importância global de um problema jurídico de natureza setorial, à primeira vista o conselho parecia sensato. Contudo, não resolvia o problema que estava por trás da insegurança jurídica: a ampla discricionariedade de que a magistratura dispõe para interpretar princípios jurídicos polissêmicos e indeterminados, como bem com comum, função social da propriedade privada, função social dos contratos e força maior. Conforme foi visto no capítulo sobre as opções metodológicas, princípios como esses têm o objetivo de propiciar a resolução dos "casos difíceis" – aqueles que não são enquadrados nas regras jurídicas em vigor. No sistema jurídico, princípios têm uma função integradora, diretiva e interpretativa, fornecendo diretrizes programáticas, orientando o preenchimento de lacunas e assegurando coerência doutrinária e sistêmica ao ordenamento normativo. Eles permitem aos juízes ponderar e equilibrar valores, regras, finalidades, obrigações e permissões. A necessidade dessa ponderação e desse equilíbrio decorre da dificuldade de se conjugar em termos lógico-formais uma ordem social e econômica concreta cada vez mais complexa, na qual os sujeitos de direito se encontram imersos em múltiplas redes de relações, com as categorias normativas abstratas e atemporais do direito positivo.

Assim, ao julgar os "casos difíceis", como são as ações fundamentadas com base no princípio jurídico de força maior, os juízes não podem decidi-los somente aplicando a lei de forma mecânica. Entre outros motivos, como já foi dito no início deste trabalho, porque os princípios são concebidos de modo deliberadamente vago para poder atuar como diretrizes programáticas. E, também, porque sempre há divergências sobre sua interpretação e seu alcance. Essas divergências são inexoráveis, uma vez que não há interpretação literal. Como ensinam os professores de filosofia e teoria do direito, toda interpretação de um texto legal é, de algum modo, uma forma de recriação desse texto. No limite, como apontam as teorias críticas do direito, nesses julgamentos parte significativa da magistratura tende primeiramente a tomar uma decisão política para depois a fundamentarem com argumentos jurídicos. Por fim, o processo de pacificação em matéria hermenêutica jurídica, do qual resultam súmulas e jurisprudências, já é naturalmente lento em *tempos normais*. O que dizer, então, com relação aos tempos pandêmicos?

Nesses tempos, o desenrolar dos acontecimentos de certo modo é suficiente para permitir aos tribunais que, aos poucos, calibrem as expectativas jurídicas, garantindo com isso a certeza do direito. Nessas fases, os textos legais – a começar pela Constituição – constituem um marco que tenta combinar estabilidade com flexibilidade. Já em períodos de crise a interpretação das regras jurídicas e das normas principiológicas ou programáticas é sobrecarregada por incertezas e contingências. Como podem os juízes, cuja formação acadêmica foi concebida para atuar em *tempos normais*, lidar com o instável e indeterminado dos *tempos anormais*? No caso das ações judiciais que invocavam o princípio jurídico de força da maior para suspender obrigações contratuais, como discernir o que é um pleito justo do que é um pleito com má-fé?

Pela concepção de ordem jurídica em vigor no país, além disso, o tempo da segurança do direito é também um tempo longo, que não pode ser afetado em sua essência por fatores meramente conjunturais. Já nos períodos de exceção, como o deflagrado pela pandemia da Covid-19, levam ao conflito entre o tempo do direito (em que as normas processuais e o processo legislativo convencional são condições de segurança jurídica) e o tempo da economia (em que medidas emergenciais só podem ser adotadas mediante o desrespeito a essas mesmas normas e a esse processo, em nome da urgência e da "excepcionalidade"). O resultado é um cenário de incerteza política, de insegurança jurídica e de caráter paradoxal. Por um lado, há a necessidade de que o tempo do direito acompanhe as mudanças sociais, econômicas e culturais. Por outro lado, contudo, é preciso assegurar estabilidade da ordem jurídica ao longo da história – o que é impossível no tempo curto das decisões frente ao imediato e à urgência. O imediatismo e a urgência contrariam os princípios da estabilidade e da confiança inerentes às limitações impostas pelo Estado de Direito aos processos de revisão tanto do direito público como do direito privado. Aprofundando o argumento, se por um lado o tempo de exceção também tende a ocultar conflitos de caráter estrutural diluídos no imediatismo das soluções, por outro as hesitações frente ao imediato inerentes às decisões emergenciais colocam em xeque os próprios princípios gerais do direito.

Na medida em que as instâncias superiores do Poder Judiciário brasileiro não tinham condições de firmar a curto prazo uma jurisprudência sobre como interpretar o princípio jurídico de força maior e como definir seu alcance em tempos de tragédia humanitária, de negacionismo científico, de perplexidade, indignação, angústia e medo, vários governos estaduais decidiram agir, para compensar as decisões intempestivas e insensatas do presidente da República. Enquanto o Lowy Institute apontava o Brasil na última posição entre 98 países em termos de políticas públicas de enfrentamento à pandemia, avaliação essa endossada pela ONG Médicos Sem Fronteiras e por pesquisas publicadas na revista *Science*, esses governos procuraram executar o que a União, desprezando a gravidade da Covid-19 e afrontando o direito individual e coletivo à saúde, não fazia[7].

Com o objetivo de deter a corrida aos tribunais, em cujo âmbito as ações judiciais tramitam com enorme lentidão, o que dificultaria ainda mais o reequilíbrio das relações comerciais após o término da pandemia da Covid-19, os governos estaduais agiram com inteligência. Apesar da oposição de grupos governistas, muitos dos quais provocavam manifestações exibindo armas, os governadores adotaram medidas transitórias para desonerar as empresas,

---

7. Para um relato objetivo, minucioso e bem fundamentado sobre o comportamento irresponsável do Governo Federal, das iniciativas inconsequentes e socialmente irresponsáveis do presidente da República e da gestão desastrosa de um general de divisão por ele indicado para gerir o Ministério da Saúde, nos primeiros 18 meses da pandemia, ver Lígia Baía et al., A Tragédia Brasileira do Coronavírus, *Insight Inteligência*, Rio de Janeiro, n. 93, abr.-jun. 2021, p. 59-89.

procurando assegurar-lhes condições mínimas de sobrevida. Também definiram o prazo de seis meses contra processos judiciais que viessem a ser abertos contra pessoas físicas e pessoas jurídicas. E ainda estabeleceram uma prorrogação legal dos prazos concedidos pelos credores a seus devedores para o pagamento de dívidas.

Na mesma linha, o Poder Legislativo discutiu projetos que previam a suspensão de prazos prescricionais, suspensão de novos inscritos em cadastro positivo de devedores e proibição de ações de despejo por falta de pagamento[8]. E, procurando estimular uma recuperação econômica gradual, as "ilhas de racionalidade" que restaram no âmbito de um Governo Federal desastroso tomaram iniciativas para, de um lado, estimular as partes a promoverem negociações diretas ou então a recorrerem a mediações, com o objetivo de encontrar um novo ponto de equilíbrio; de outro lado, adotaram medidas para tentar reduzir os custos de concretização de negociações – ou seja, para diminuir o que os economistas chamam de *custos de transação*.

A Teoria da Imprevisão

Diante dos efeitos disruptivos da pandemia da Covid-19 sobre toda a economia, disseminando a insolvência nos mais variados setores da iniciativa privada e, também, causando graves problemas nas concessões de serviços públicos, levando os agentes econômicos a invocar nos tribunais a teoria da imprevisão para justificar o não cumprimento de suas obrigações, os tribunais acabaram sendo levados a uma encruzilhada.

Por um lado, o ativismo de um Judiciário sobrecarregado pelas demandas da crise passa pela interpretação do artigo 393 do Código Civil, que é indeterminado por sua

8. Respectivamente, PL 1.179/20, PL 675/20 e PL 936/20.

natureza. No âmbito das relações privadas, disciplinadas pelo Código Civil, a autorização judicial indiscriminada do descumprimento dos contratos pode acabar acarretando um efeito dominó, com distorções nas cadeias produtivas, desarticulando o setor privado da economia. Já no campo do Direito Administrativo, uma eventual rigidez no *enforcement* das obrigações das concessionárias públicas pode levar o desequilíbrio econômico-financeiro ao limite dramático da inviabilidade dos serviços públicos. Dada a ausência de um balizamento minimamente objetivo, é grande a chance de erro na dose, seja ela contra ou a favor dos contratos assinados. Por outro lado, contudo, em meio às demandas inéditas e urgentes da pandemia, não se pode exigir dos tribunais soluções que, dada sua configuração institucional e sua lógica decisória, eles não têm condições de produzir no curto prazo.

Essa encruzilhada envolve problemas relevantes. Um diz respeito à efetividade da Constituição. Em *tempos normais*, por exemplo, a Constituição é um marco normativo que tem como desafio combinar estabilidade e flexibilidade ou adaptabilidade às mudanças econômicas, sociais e culturais. A combinatória é difícil, pois se privilegiar a estabilidade, ela se desatualiza e é ultrapassada pela evolução da história. E, se privilegiar a flexibilidade ou adaptabilidade, mudando incessantemente, corre o risco de perder suas referências normativas e a capacidade de balizar as expectativas da sociedade. O que dizer então com relação aos *tempos anormais*, marcados por imprevisibilidades, inevitabilidades e interdependências[9] que exigem respostas,

---

9. Como lembra Innerarity, interdependência significa "a dependência mútua, a exposição partilhada, as proteções insuficientes, a não poder fazer primeiro uma coisa e depois outra; em vez disso, tudo deve ser abordado ao mesmo tempo, motivo pelo qual deixamos de desfrutar do conforto da divisão do trabalho ou do princípio de que os nossos próprios problemas têm primazia". Ver Daniel Innerarity, Governing a Crisis Society, *Open Journal of Political Science*, n. 12, 2022, p. 198 (tradução nossa). Do mesmo autor, ver também Governar la Sociedad de las Crisis, *La Libertad Democrática*, p. 191-194.

providências e discussões sobre compartilhamento de riscos que nem o aparato burocrático e administrativo governamental, nem o ordenamento jurídico e nem mesmo varas e turmas falimentares das diferentes instâncias do Poder Judiciário têm condições de responder de modo rápido, eficaz e, acima de tudo, funcionalmente coerente, garantindo um mínimo de segurança jurídica?

Diante de situações inéditas e excepcionais, geradoras de tragédias humanitárias, debacles econômicas e desastres naturais, que implicam diversos aspectos em matéria de governança e exigem respostas e providências imediatas por parte da administração pública, com seus múltiplos órgãos dispostos de maneira vertical e hierarquizada, o que fazer quando a ordem jurídica pressupõe, para sua revisão ou reforma, mecanismos com um tempo funcional muito mais lento do que o tempo das necessidades da saúde pública, o tempo da economia e o tempo do desenvolvimento científico e tecnológico? Evidentemente, por mais que uma Constituição possa receber emendas e até ser revista, isso não acaba colidindo com sua vocação para a estabilidade, que é condição para que possa durar, assegurando assim a estabilização das expectativas da sociedade?

Essas indagações não são novas. Elas foram formuladas após a quebra da Bolsa de Nova York, no final da década de 1920. Quando a Grande Depressão eclodiu, houve quem criticasse interferências estatais, sob a justificativa de que o mercado saberia se autorregular. O governo Hoover, que começara oito meses antes da crise, revelou-se tíbio ao enfrentá-la. Republicano, conservador e defensor de uma economia de mercado em nível quase absoluto, o presidente Herbert Hoover enfatizava a responsabilidade pessoal dos indivíduos por seu destino e alegava que o cuidado dos desvalidos da recessão era de responsabilidade local, e não do Governo Federal. Derrotado na campanha pela reeleição, foi sucedido por Franklin Roosevelt, um democrata eleito com base num programa de intervenção econômica e social, o *New Deal*, voltado à recuperação econômica e à proteção das classes mais prejudicadas pela crise.

Entre outras medidas, esse programa previa a criação da *National Recovery Administration*, um órgão de planejamento de alcance nacional com a prerrogativa de gerir uma espécie de economia de guerra. O *New Deal* adotado pelo governo Roosevelt não apenas formulou um conjunto de ações regulatórias destinado ao campo econômico e ao campo social, como também previa a promoção de direitos e a implementação de programas sociais fundamentais para a eficácia das liberdades básicas dos cidadãos. Contudo, apesar de sua política econômica e social ter sido bem recebida pela sociedade americana, algumas de suas inovações regulatórias – como a National Recovery Administration – foram declaradas inconstitucionais pela Corte Suprema, sob a alegação de que a Constituição não permitia o "socialismo", gerando assim fortes tensões entre os Poderes.

Quase um século depois, guardadas as devidas proporções, a eclosão da pandemia levou à necessidade de um direito econômico para uma situação crítica – mais precisamente, uma matriz jurídica para uma espécie de *New Deal a ser implementado* após longo período de políticas econômicas ortodoxamente liberais. Do ponto de vista substantivo, o desafio causado pela pandemia foi reconstruir o conceito de interesse público e reformular a ação do Estado para que pudesse, além de enfrentar a crise sanitária, induzir investimento e criar valor e renda em contexto de isolamento social. E isso exigiu criatividade para unir a dinâmica virtual da economia com a infraestrutura e a logística físicas do transporte, mas dentro dos protocolos sanitários. Exigiu, igualmente, ampla discussão sobre a possibilidade de o Estado alavancar, com o instrumento das compras públicas, empreendimentos privados capazes de realizar uma substituição de importações de testes de diagnóstico, insumos e equipamentos hospitalares, dentre tantos outros itens que o momento possa sugerir. E ainda demandou uma ordem jurídica mais flexível.

O *New Deal* enfrentou forte resistência por parte da Suprema Corte. Segundo ela, circunstâncias extraordinárias – o equivalente ao que hoje se chama de "imprevisão" – não justificariam tanta interferência regulatória no mercado. Mas o governo Roosevelt conseguiu superar essas resistências e implantá-lo sem colocar em risco a estabilidade institucional da democracia e a integridade da ordem jurídica. Os embates entre os Poderes tornaram-se referência para o constitucionalismo moderno. Entre outros motivos, porque deixaram claro que uma Constituição democrática é um projeto em contínua construção, de tal modo que o desenvolvimento de seus princípios estruturantes e fundantes pode ser realizado pelos poderes constituintes – inclusive o Judiciário.

Todavia, caminhar nessa linha com o objetivo de tentar evitar uma tragédia humanitária, uma desestruturação das cadeias de produção e um apagão jurídico esbarra em dificuldades, como a incapacidade de alguns governos – a exemplo do brasileiro – para formular programas anticíclicos, aumentar gastos públicos e afastar o risco de desarticulação do setor privado e de colapso das concessões de serviço público. Dificuldades como essas elevaram os dilemas sobre o princípio jurídico da imprevisão a um patamar insolúvel. E, aí, não há condição alguma de os tribunais, julgando caso a caso, de forma aleatória, descentralizada e descoordenada, fazerem milagre, dado o efeito dominó das quebras contratuais em todos os setores da economia.

Colisão de Direitos

O quarto problema jurídico causado pela eclosão da pandemia – a discussão sobre o alcance dos direitos fundamentais – foi deflagrado pelos empresários do setor de serviços e também acabou sendo judicializado. Eles foram os mais afetados economicamente pelas medidas de restrição de locomoção, de distanciamento, de isolamento social, de fechamento de parte do comércio, de *lockdowns* e imposição de uso de máscaras e de apresentação de comprovante de vacina para a entrada em espaços fechados impostas por prefeituras e por Estados, para tentar conter ou mitigar a propagação da Covid-19. Igualmente, os empregados do setor – tradicionalmente trabalhadores pouco qualificados, mal remunerados e com vínculos precários – estavam entre as primeiras categorias trabalhistas afetadas pela crise.

Na defesa de seus interesses, justificada em nome do "direito de trabalhar", entidades como a Associação Brasileira de Bares e Restaurantes (Abrasel), Central Brasileira do Setor de Serviços (Cebrasse) e o Sindicato de Hotéis, Restaurantes, Bares e Similares de Brasília (Sindhobar)[10] protocolaram ações coletivas nas quais, entre outros argumentos, alegaram que o direito de trabalhar é um "direito social". Também argumentaram que não é justo que os trabalhadores que dependem de gorjetas, como *maîtres*, garçons, cozinheiros e faxineiros, vejam-se impossibilitados de assegurar o sustento que lhes permita financiar suas necessidades básicas diárias e as de suas respectivas famílias. Ainda nesse sentido, também afirmaram que as medidas de restrições de locomoção levaram ao fechamento de cerca de seiscentos mil micro e pequenas empresas, das quais parte significativa era de seu setor, e à demissão de nove milhões de funcionários[11]. Ponderaram que, numa sociedade pluralista, com diferentes valores, tradições e comunidades culturais, não caberia ao poder público determinar o comportamento correto dos cidadãos. No mesmo sentido, disseram que uma coisa é ser *incentivado* a ser prudente e ficar espontaneamente confinado em casa e outra coisa é ser *coagido* a ser prudente, tendo de ficar

10. *Valor*, 9 ago. 2022, p. E1. Ver também Norton Nohama; Jefferson Silva; Daiane Simão-Silva, Desafios e Conflitos Bioéticos da Covid-19: Contexto da Saúde Global, *Revista Bioética*, São Paulo, v. 28, n. 4, 2020.

11. Ver Mathias Brotero, Mais de 600 Mil Pequenas Empresas Fecharam as Portas Com Coronavírus, CNN *Brasil*, 9 abr. 2020, disponível em: <https://www.cnnbrasil.com.br/economia/macroeconomia/mais-de--600-mil-pequenas-empresas-fecharam-as-portas-com-coronavirus/>.

obrigatoriamente em casa. E afirmaram, ainda, que seus clientes tinham, juridicamente, o "direito ao lazer".

Por fim, recorreram a dois argumentos técnico-jurídicos. Disseram, inicialmente, que o inciso xv do artigo 5º da Constituição Federal garante a liberdade de ir e vir – o chamado direito de locomoção ou de circulação. Em seguida, enfatizaram que a Constituição Federal faz uma distinção entre esfera pública, por um lado, e esfera privada de vida, por outro lado. Assim, os órgãos públicos municipais e estaduais somente poderiam obrigar os cidadãos no âmbito político, garantindo direito à vida, integridade e liberdade. Jamais poderiam intervir na esfera privada, onde cada cidadão teria a liberdade para exercer sua autonomia, em matéria de pensamento, de expressão, de comportamento, de hábitos alimentares, de consumo de bebidas alcoólicas, de opção religiosa, de valores morais e de preferências culturais. Frente à esfera privada de vida, em outras palavras, as diferentes instâncias do poder público careceriam de legitimidade jurídica para impor padrões e restrições de conduta.

Os entes subnacionais – prefeituras e estados – refutaram todos esses argumentos. Em termos técnico-jurídicos, por exemplo, alegaram que a dimensão do direito à saúde em seu aspecto coletivo implica um conjunto de ações coordenadas entre órgão federais, estaduais e municipais com o objetivo de formular medidas preventivas e de prestar os serviços necessários para implementá-las. Também lembraram que o artigo 1º da Constituição define o Brasil como uma república federativa e que o 24 a concretiza ao consagrar as competências concorrentes simultâneas entre os entes subnacionais. Afirmaram, ainda, que os direitos fundamentais não são absolutos, exigindo ponderação para serem respeitados, e que o direito à saúde é indisponível. Por fim, alegaram que não haveria como se enfrentar a pandemia se os cidadãos não aceitassem algum tipo de autolimitação da liberdade pessoal para assegurar a vida da coletividade ante a ofensiva do vírus.

Em termos substantivos, prefeituras e Estados declararam que, se as diferentes instâncias da administração pública têm a obrigação de não medir esforços para assegurar a "manutenção da vida", como é expressamente previsto pelos artigos 196, 197 e 198 da Constituição Federal, os governos municipais e estaduais estavam legalmente aptos para impor restrições sanitárias com o objetivo de evitar nova propagação de um vírus altamente mortal. Igualmente, contrapondo o conceito de interdependência ao conceito de autonomia, argumentaram que o direito de ir e ir e vir não é absoluto, uma vez que seu gozo implica uma vida social responsável. Assim, vistas à luz do bem comum, as restrições impostas ao funcionamento do setor de serviços, sob a justificativa de conter a pandemia, seriam procedentes, uma vez que elas evitariam a contaminação do resto da população.

Contudo, vistas à luz de cada cidadão, com base na premissa de que o constitucionalismo liberal limita as interferências dos outros sobre sua própria liberdade, as restrições impostas ao setor de serviços continuaram sendo consideradas abusivas – como se a responsabilidade pela saúde pública de todos nada tivesse a ver com as liberdades individuais. E, também, como se cada indivíduo não tivesse qualquer obrigação sobre os efeitos de seu comportamento para toda uma comunidade.

Bem comum ou interesses individuais? O que se tem aqui, portanto, é um caso de "colisão de direitos fundamentais"[12]. No exercício de suas prerrogativas, o Estado tem, em primeiro lugar, a obrigação de respeitar direitos

---

12. Ver Roberto Gargarella, The Fight Against Covid-19 in Argentina: Executive vs Legislative Branch, *Werfassungsblog on Matters Constitutional*, 1 May 2020, disponível em: <https://verfassungsblog.de/the-fight-against-covid-19-in-argentina-executive-vs-legislative-branch/>. Ver também Maria Cristina Alé, *Colisión de Derechos en Pandemia. Derecho a la Salud y Límites a la Ación Estatal*, p. 368-404. Ver, ainda, Carlos Frederico Ramos de Jesus, Quais os Limites da Liberdade na Pandemia? Uma Reflexão a Partir da Obra de John Rawls, *Revista da Faculdade de Direito da USP*, São Paulo, dez. 2021.

individuais, o que implica o que os juristas chamam de *não fazer* – ou seja, uma abstenção. Em segundo lugar, o Estado tem a obrigação de proteger, isto é, de resguardar e preservar o pleno gozo ou usufruto dos direitos frente às ações e omissões de terceiros. E, em terceiro lugar, o Estado tem a obrigação de realizar, o que exige o que os juristas chamam de um *fazer*, por meio da obrigação de facilitar, proporcionar e promover a adoção de medidas destinadas a assegurar a efetividade dos direitos fundamentais.

Na prática, isso significa que, no cotidiano da vida social e econômica em condições de normalidade, o Estado tem a obrigação de respeitar o direito de ir e vir dos cidadãos. Contudo, isso também significa que, em períodos de anormalidade e de situações de emergência, como nos tempos de pandemia, o Estado tem a obrigação e o dever de proteger toda a população. Em outras palavras, ele tem base constitucional para, sob a justificativa de invocar a proteção da saúde pública contra o avanço da Covid-19, limitar em caráter excepcional e temporário o exercício de determinadas liberdades fundamentais. E, também, de adotar as medidas restritivas recomendadas por autoridades sanitárias e fundamentadas tanto em pesquisas biomédicas quanto em evidências científicas.

Entre essas medidas restritivas está a limitação do direito de ir e vir e do direito de reunião, que é fundamental para a eficácia de programas elaborados para conter e mitigar a pandemia, como *lockdown*, distanciamento social, confinamento e fechamento de fronteiras, independentemente dos problemas e dos custos que isso poderá acarretar para iniciativa privada.

A Liberdade de Ir e Vir

Mais liberdade ou menos liberdade? De que modo evitar um cenário em que ocorra liberdade contra liberdade? Mais restrições ou menos restrições? Mais Estado ou mais individualidade – o que deveria prevalecer em *tempos anormais,* em decorrência da propagação do coronavírus? Aqueles que aceitam maior intervenção do poder público afirmaram que a liberdade não consiste na ausência de interferências, implicando "dominação" – isto é, o exercício legítimo do monopólio da força ou da violência pelo Estado, para retomar a definição de Max Weber, já mencionada no início deste livro. Por consequência, se em tempos de pandemia alguns cidadãos quiseram maximizar suas liberdades, aglomerando-se em bares, restaurantes e shopping centers, o poder público não teve outra saída a não ser vedar que o comportamento irreflexivo de alguns colocasse em risco a vida dos demais – até porque, nesse caso, não haveria liberdade possível, mas uma mortandade. Já os defensores da liberdade individual como princípio supremo refutaram o argumento da maximização das liberdades individuais, alegando que ninguém tem autoridade para dizer o que cada um pode ou não fazer. Também argumentaram que uma crise de saúde pública não deveria servir de justificativa para a afirmação de um poder desmedido, apesar da gravidade da pandemia.

Essa discussão não é nova. Ela já era travada nos séculos XVII e XVIII, quando os contratualistas resgataram postulados da tradição grega para desenvolver suas concepções de contrato social no âmbito da sociedade moderna. Se para um liberal como John Locke o Estado era visto como mediador que se propunha a centralizar um poder ou uma verdade, para Thomas Hobbes, por ser o homem egoísta e almejar seus interesses pela força, apenas um Estado capaz de monopolizar essa força conseguiria evitar a barbárie, assegurar um viver em paz entre os homens e garantir uma defesa comum.

A discussão também está vinculada a pelo menos duas tradições. Uma é a tradição liberal. Partindo da ideia de uma sociedade constituída por indivíduos iguais e indiferenciados, ela enfatiza a liberdade de cada cidadão. A outra é a tradição comunitarista. Partindo da ideia de uma sociedade integrada por pessoas marcadas pela diversidade, ela valoriza laços de solidariedade, o bem comum e o interesse geral da comunidade. Na visão liberal mais extrema ou radical, a sociedade é um conjunto de indivíduos autossuficientes, motivo pelo qual suas respectivas trajetórias de vida dependem basicamente de suas virtudes, de seus méritos, de seus esforços, de seus defeitos, e não de fatores socioeconômicos. Nessa perspectiva, a ideia de bem comum envolveria a agregação de interesses por meio do mercado.

Já na visão comunitarista a vontade geral vai muito além da mera somatória das vontades individuais. Ela exige, por exemplo, intervenção dos diferentes órgãos do Estado, seja para neutralizar eventuais impasses decorrentes da colisão entre princípios constitucionais, seja para reduzir desigualdades econômicas e sociais causadas pelo livre jogo de mercado. Nessa perspectiva, se por um lado existe a liberdade de sair de casa e de andar e perambular pelos diferentes meandros dos espaços públicos, por outro isso não implica liberdade para infectar, para contaminar – ou seja, para propiciar o avanço da Covid-19. Nessa perspectiva, há um sentido de responsabilidade maior que limita a própria liberdade de locomoção, como forma de defesa do interesse geral – no caso, deter o avanço da pandemia.

O argumento que os empresários do setor de serviços apresentaram, no sentido de que têm o "direito de trabalhar", e o que afirmaram seus clientes, no sentido de que têm "direito ao lazer", não procedem. Empresários e clientes não percebem que, por interesse econômico (os primeiros) e por egoísmo (os segundos), a simples imposição da vontade de uns sobre a vontade de outros pode levar à postura arbitrária de reivindicar como liberdade a realização de atividades que põem em risco a vida coletiva. Não entendem que, no âmbito de um Estado democrático de Direito, restrições à liberdade podem ser legítimas, desde que devidamente explicadas à sociedade e abertas à crítica. Esquecem-se de que a teoria do contrato social formulada pelo pensamento liberal clássico implicava a aceitação da autoridade para impedir o conflito hobbesiano de todos contra todos. Não compreendem que medidas sanitárias são formuladas e implementadas com o objetivo de preservar a vida – e, portanto, a própria liberdade, uma vez que ela só pode ser exercida pelos vivos.

A tradição republicana não se limita a restringir a interferência dos outros sobre a própria liberdade. Vai além, procurando viabilizar o equilíbrio entre a liberdade de cada indivíduo e a liberdade de outros. Se para os liberais extremados os homens são livres quando não há restrições, para os republicanos não se pode falar em liberdade enquanto as condições substantivas mínimas para seu exercício estiverem minadas por desigualdades sociais e econômicas cuja superação só pode ser obtida por meio de ações do poder público com o objetivo de criar fontes compensatórias de emprego, de corrigir, por meios fiscais, formas abusivas de consumo e de adotar programas eficientes de educação e imunização.

Essas foram as fragilidades demonstradas pelos liberais extremados. Não conseguiram aceitar que, do ponto de vista de sua condição socioeconômica, os homens não são iguais e que pensar a saúde coletiva em contexto de pandemia é, também, pensar uma questão de inclusão social – e, portanto, essencial para a integração da sociedade e para a própria soberania do país. Igualmente, não perceberam o alto custo social das políticas liberais mais extremadas que, submetendo-se à disciplina da acumulação ilimitada de riqueza abstrata, diminuíram a capacidade do Estado de intervir na correção das distorções estruturais da sociedade. Também desprezaram o fato de que num período de grave crise da saúde pública a autolimitação da liberdade pessoal era um modo eficaz de assegurar a sobrevivência. E não perceberam que, nesse cenário, a interdependência era mais importante que a autonomia.

Por esse motivo, se em períodos de pandemia dirigentes das diferentes instâncias administrativas do poder público tiveram a obrigação de justificar jurídica e politicamente eventuais restrições de liberdades perante os tribunais e perante a própria sociedade, apontando sua utilidade como instrumento de política de saúde pública, em situações emergenciais e excepcionais, os cidadãos e os empresários que defenderam tanto o "direito de trabalhar" como o "direito ao lazer" também teriam de ter demonstrado que suas aspirações eram absolutamente compatíveis com o objetivo geral de conter a pandemia da Covid-19. O que, como a história mostrou no caso específico do Brasil, eles não conseguiram fazer.

A verdade é que, se cuidados mínimos tivessem sido desprezados durante a pandemia por parte das autoridades sanitárias dos diferentes entes federativos do país, o termo "liberdade" teria corrido o sério risco de perder seu sentido, na medida em que poderia ser aplicável a qualquer coisa – inclusive como pretexto para os demagogos, os populistas e os negacionistas da ciência que invocaram ter o direito garantido pela Constituição de não se vacinar.

10. PODER POLÍTICO
E CONHECIMENTO CIENTÍFICO

Outro ponto relacionado às incertezas e aos problemas no campo da saúde pública trazidos pela eclosão da pandemia da Covid-19 decorre de pelo menos duas necessidades. Por um lado, a necessidade que as diferentes instâncias e setores do poder público passaram a ter de maior assessoria médica e hospitalar no campo da saúde pública, de aconselhamento científico para a formulação, implementação e execução de políticas epidemiológicas e de provisão de bens comuns nessa área do conhecimento, em *tempos anormais.* Por outro lado, a necessidade de uma discussão não apenas epistemológica, mas, também, sociológica sobre o progresso da ciência, sobre seus métodos, sobre os critérios que fundamentam as políticas científicas e sobre compartilhamento de informações técnicas, que se tornaram fatores de unidade de um mundo em que todos então estavam ameaçados.

Esse ponto pode ser identificado na interface entre governos e ciência enquanto forma específica que tomam as relações sociais do conhecimento tanto da natureza quanto da própria sociedade. Mais precisamente, na já apontada tensão entre o poder político e o conhecimento produzido pela comunidade científica, enquanto fonte creditada da verdade científica – ou seja, enquanto grupo institucionalizado capaz de assegurar a garantia de autenticidade científica aos saberes especializados desenvolvidos em laboratórios e centros de pesquisa e suscetíveis de serem transmitidos em larga escala e serem aplicados na prática. E, também, na ideia de que não existem noções pré-definidas e incontestáveis do que são resultados satisfatórios no campo da política. Resulta justamente daí uma conhecida afirmação do cientista político e economista americano Herbert A. Simon (1916-2001), para quem governar é fazer escolhas frente a limitações orçamentárias, restrições administrativas e às mais variadas alternativas políticas, motivo pelo qual não há uma escolha ótima. Ganhador do Prêmio Nobel de economia em 1978 por seus estudos sobre os limites da racionalidade do processo decisório na vida econômica, administrativa e política, Simon lembrava que a democracia, em decorrência de sua complexidade, é um sistema político que parte da ignorância sobre o que pode ser uma boa decisão – "a política mais eficiente, que pode melhorar ao máximo o bem-estar nacional, é aquela formulada com base em acordos"[1].

Em outras palavras, como o *first-best* pressupõe que o decisor tenha um controle completo do ambiente da decisão, que as regras com base nas quais decidirá sejam

1. Ver Herbert A. Simon, *Administrative Behavior: A Study of Decisionmaking Processes in Administrative Organization* (tradução nossa); e *Teoria das Organizações*, Rio de Janeiro: Fundação Getúlio Vargas, 1979. Ver também o texto clássico de Charles Lindblom, *O Processo de Decisão Política*, Brasília: UnB, 1981. Ver, ainda, *The Intelligence of Democracy: Decision-Making*. Em outra perspectiva, ver ainda Harold Berman, *Law and Revolution: The Formation of Western Tradition*, Cambridge: Harvard University Press, 1983.

estáveis, que ele saiba realizar todos os cálculos necessários para selecionar a melhor alternativa entre as várias disponíveis, que saiba determinar as alternativas mais adequadas aos seus propósitos por meio de avaliações e comparações complexas e que tenha competência para associar a cada alternativa distribuições complexas de probabilidade, que tenha um conhecimento perfeito das consequências de cada e, por fim, que isso é impossível na vida política – especialmente no âmbito de sociedades plurais e de um regime democrático. Decorre daí a importância do *second-best*, ou seja, a decisão *satisfatória*, a decisão boa, que se contrapõe à decisão ótima. A segunda decisão não é o que se deseja. É, isso sim, aquilo que parece ter condição de (i) ser mais realizável; (ii) de gerar retornos políticos e administrativos suficientes que compensem os custos e os riscos fiscais; e, por fim, (iii) de acarretar o máximo de apoio parlamentar e de ganho de popularidade possíveis.

Por isso, frente ao desconhecido, ao não mensurável e ao incontrolável, decorrente da eclosão da pandemia, a tensão entre o processo de tomada de decisões político-administrativas, um saber científico disponível ainda insuficiente e um conhecimento sem maior fiabilidade no que se refere ao conhecimento de um novo vírus levou muitas instituições governamentais a sofrerem mudanças organizacionais e jurídicas de natureza estrutural. Afinal, se governar, entre outras funções, é organizar a incerteza, esse papel exige informações técnicas e científicas essenciais para a tomada das decisões adequadas frente a uma situação de crise. O que, no caso da chegada da Covid-19, demandou um progresso mais complexo e acelerado da ciência, em cuja dinâmica costumam surgir problemas de financiamento, respeito à privacidade, dificuldades de testabilidade, incongruências, equívocos e contradições, até se chegar a novas teorias explicativas, verdades e descobertas. E, também, questões éticas, conflitos morais e discussões sobre o uso social do conhecimento científico pelos próprios cientistas.

No mundo atual, a maioria dos dirigentes governamentais sabe que a efetividade de sua gestão administrativa há muito tempo já não depende apenas e tão somente de sua legitimidade no campo político. Sua gestão administrativa também está sujeita à sua capacidade de adaptação ao lidar com dinâmicas cada vez mais não lineares, com estruturas volúveis e inconstantes e sujeitas a crescentes interferências, interações e dependências internacionais. A eficiência administrativa de cada governo está ainda condicionada ao acesso contínuo ao saber especializado, à densidade das informações técnicas obtidas, à assessoria de um corpo burocrático qualificado em termos de formação técnica, à competência em matéria de formulação e implementação de políticas públicas e modelação de novos padrões regulatórios. E, por fim, à capacidade de reagir ao inesperado, de tomar atitudes cooperativas em termos locais, regionais, nacionais e internacionais, de articular apoios e de construir consensos.

Dito de outro modo: se os governantes têm de desenvolver uma determinada concepção do que é o interesse geral da sociedade em que estão à frente e de lidar com o que se sabe e não se sabe em matéria de conhecimento técnico-científico, necessitam de padrões mínimos de autoridade moral e de convicções políticas coerentes para tomar decisões mesmo com informações limitadas – inclusive sobre padrões e critérios de competência. Todavia, conjugar as duas coisas – o que implica a coordenação de uma linha democrática com outra linha técnica de decisões – não é uma tarefa fácil. Com as novas tecnologias que foram surgindo ao longo do século XXI, atualmente há muito mais sentidos, direções e horizontes do que no século XX. Por consequência, nem sempre a experiência anterior da máquina administrativa governamental e do grau de informação nela disponível podem oferecer a segurança necessária para a tomada de decisões não apenas dos riscos, mas, principalmente, das incertezas.

Na transição da sociedade industrial ou afluente para a chamada sociedade informacional ou sociedade do conhecimento, entre esses dois séculos, as exigências de eficácia em matéria de gestão da sociedade pelas diferentes instâncias do poder público – independentemente de suas formas de governo – mudaram significativamente. Com a desarticulação do bem-sucedido arranjo do capitalismo posterior à Segunda Guerra Mundial, também chamado de *capitalismo organizado*, com governos social-democratas e políticas econômicas de inspiração keynesiana, após a crise econômica da década da 1970 causada pelo aumento do preço do petróleo as instituições governamentais passaram de um período em que estavam acostumadas a tomar decisões, a emitir ordens e a comandar com base em saberes e rotinas bem estabelecidas para um novo período novo e inédito – o atual.

Agora elas se dedicam a aprender, a buscar informações, a desenvolver modelos analíticos cujos resultados são previsões comparadas com as realizações – enfim, a "governar" o conhecimento e, acima de tudo, a lidar com a ignorância, ou seja, com o não sabido e com formas incompletas de saber. A ignorância não é uma insuficiência ou escassez que prejudica a tomada de decisões. Significa, isso sim, uma oportunidade para iniciativas criativas, para o aprofundamento da inteligência coletiva. Como tende a colocar em xeque as diretrizes e as orientações da sociedade industrial, a sociedade do conhecimento é, paradoxalmente, uma sociedade que produz desconhecimento. Isso porque, ao articular novos saberes e novos conhecimentos, ela produz incertezas e instabilidade. Como afirmam os sociólogos vinculados à teoria dos sistemas complexos, essa é uma sociedade cuja inteligência coletiva pressupõe gerir a ignorância de modo racional, prudente e cooperativo[2].

---

2. Ver Daniel Innerarity, *La Democracia del Conocimiento: Por una Sociedad Inteligente*, Barcelona: Espasa, 2011, p. 55-70. Do mesmo autor, ver também La Sfida democrática dela pandemia, p. 23-36; e *La Libertad Democrática*, p. 213-216. Ver também Norbert Lechner, ¿Por Qué ▸

No mesmo período histórico em que são obrigadas a aprender, a buscar informações, a "governar" o conhecimento e a lidar com o pluralismo das interpretações da realidade, as instituições governamentais também têm de decidir de forma experimental e reversível. Entre outros motivos, porque os tradicionais instrumentos de previsão, prevenção, antecipação e precaução dos sistemas públicos têm se revelado limitados no âmbito de um mundo cada vez mais dinâmico e acelerado, com mercados de bens geridos com base nas premissas do maior retorno possível no menor prazo de tempo e do máximo de segurança e com o menor risco, e com mercados financeiros em cujo âmbito imperam a compulsão pela liquidez, pelos ganhos de curto de prazo, pela distribuição de riscos entre os agentes econômicos e pela valorização patrimonial. Ou seja, com uma concepção de tempo muito mais rápida do que a que prevalece no campo das políticas governamentais e da própria administração pública. E quanto maior é a aceleração do tempo, mais rápida tende a ser a obsolescência dos padrões e métodos de gestão vigentes – a cada inovação segue-se sempre um cemitério, apontam os cientistas políticos[3].

▷ la Política ya no Es lo Que Fue?, *Leviatán – Revista de Hechos e Ideas*, Madrid, v. 63, 1996.

3. No campo do direito, dois importantes exemplos ilustram os problemas acarretados por essa tendência de aceleração do tempo. O primeiro está na crescente exaustão dos conceitos jurídicos tradicionais, que se dá numa velocidade muito maior do que a capacidade de reposição da ciência do direito. O primeiro exemplo já foi mencionado antes. Está no fato de que muitas exigências de decisões de curto prazo encaminhadas por mercados financeiros, como ocorreu durante a crise financeira de 2007-2009, têm uma implementação incompatível com o tempo do sistema judicial e com o tempo do processo legislativo tradicional, o que coloca em xeque os próprios princípios gerais de direito. O segundo exemplo está no paradoxo que os juristas têm de enfrentar num contexto como esse: de um lado, há a necessidade de que o tempo do direito acompanhe as mudanças sociais; de outro lado, porém, é preciso inscrever a Constituição e as leis ao longo da história, em nome da segurança jurídica, e não no tempo curto do imediatismo exigido pelos mercados financeiros em matéria legislativa. Esse imediatismo, conjugado com as pressões para mudanças na Constituição conforme os ventos da conjuntura econômica, colidem ▶

Em um período histórico de mercados conectados, de interconexão de estruturas empresariais e de inovações científicas e tecnológicas emergentes cujas consequências ainda são imprevistas, ou então não são de todo controláveis, as instituições governamentais têm enfrentado crescentes dificuldades para identificar e compreender pequenas mudanças que ocorrem em um sistema social ou econômico. São mudanças que, com a passagem do tempo, tendem a se converter em grandes transformações e riscos encadeados, com efeitos, implicações e consequências de grande porte. Já estressadas pela queda abrupta do nível de atividade econômica gerada pela pandemia, pelo subsequente aumento do desemprego, pela desvalorização do trabalho não qualificado e pelo drama social da pobreza e de suas consequências na própria continuidade da ordem econômica, as instituições governamentais parecem ter cada vez menos respostas para problemas cada vez mais complexos.

Diante de tantas dúvidas, indecisões e incertezas trazidas pela Covid-19, como as experiências passadas não ajudaram muito na orientação de decisões atuais, o grande desafio foi investir em conhecimento futuro, por um lado. E em inteligência compartilhada por outro lado, como afirmam economistas, filósofos, sociólogos e cientistas políticos. No entanto, esse caminho tem uma faceta paradoxal: se os crescentes problemas administrativos, econômicos e sociais causados por uma pandemia avassaladora cada vez mais exigem uma alta dose de conhecimento científico para serem enfrentados com sucesso, virtude essa carente no âmbito da classe política tradicional, no sentido que Max Weber dá aos "políticos que vivem da política"[4], a vida política passa a ser possível

▷ com os princípios da estabilidade e o princípio da confiança inerentes às limitações impostas pelo Estado de Direito aos processos de revisão constitucional.

4. Ou seja, aqueles que não possuem recursos materiais para sua subsistência a não ser os vencimentos e os recursos oriundos da própria ▶

somente por meio de um recurso contínuo aos saberes técnicos e especializados[5].

Há, também, quem afirme – como o próprio Weber o fez há mais de um século – que a relação entre a ciência e a política não se caracteriza apenas por uma *distinção necessária*. A seu ver, a ciência é suscetível de servir ao que chama de "homem de ação" – como é o caso de um chefe de um governo que atua numa conjuntura singular e única, por exemplo – do mesmo modo como a atitude dele pode diferir de seu fim, mas não, em sua estrutura, da do homem da ciência. Em uma linha não muito distinta da de Weber, há ainda quem afirme que a relação entre política e ciência não deveria ser encarada nos termos de submissão de uma pela outra, mas pensada, isso sim, como um processo argumentativo entre ambas. Contudo, se os problemas políticos podem ser traduzidos na linguagem da ciência, não há uma tradução imediata dos juízos científicos em decisões políticas.

▷ atividade política, que são sua única fonte de renda. Ver Max Weber, *El Político y el Científico*, p. 95-97. Weber contrapõe esses políticos aos que "vivem para a política" – aqueles que têm o poder de transformar seus valores e suas ações em seu fim de vida.

5. Para este e para o próximo capítulo ver Daniel Innerarity, *La Democracia del Conocimiento: Por una Sociedad Inteligente*; *Pandemocracia*; e *La Sociedad del Desconocimiento*.

11. OS GOVERNOS DIANTE
DE RISCOS E INCERTEZAS

Se com relação aos riscos é possível preparar-se para as
surpresas deles advindas, e com as incertezas isso é impossível, qual é, então, a capacidade dos governos nacionais
de enfrentar situações de incerteza e de preparar a sociedade para os acontecimentos inesperados que a esperam?
Com o foco no regime democrático do Brasil contemporâneo, a resposta a essa indagação envolve uma tríplice
discussão – ou seja, (i) sobre o que se sabe; (ii) sobre o que
não se sabe; e (iii) sobre as novas formas de saber incompleto a partir das quais as decisões coletivas são tomadas.

Dentre os desafios inerentes à indagação feita acima,
três merecem destaque. Em primeiro lugar, é preciso
saber de que modo é possível tentar reduzir a ignorância por meio da ampliação dos mecanismos de previsão
de riscos. Em segundo lugar, o desafio é administrar ou
gerir as incertezas que nunca podem ser completamente

209

eliminadas, transformando-as em riscos calculáveis e possibilidades de aprendizagem. E, em terceiro lugar, como as políticas públicas estão relacionadas com fatos com valores econômicos e sociais, que tipo de tipo de racionalidade elas propõem? Decorre daí a importância de ver a ciência como um saber "construído" ao longo de um processo social e não pelo puro exercício intelectual e lógico. Um saber que implica não só conhecimento, mas, também, compreensão, juízo, reflexão crítica e consciência de suas significações epistêmicas e de seus dilemas éticos num dado contexto socioeconômico.

Como lembra Simon Schwartzman, por serem complexas e contraditórias, as sociedades modernas costumam ter diversas redundâncias, muitas superposições e uma sucessão de oposições entre diversos setores – inclusive o científico – desempenhando atividades aparentemente similares ou concordantes. São justamente essas redundâncias que permitem a essas sociedades falharem em alguns casos e acertarem em outros, no campo da ciência, tentando diferentes vias ao mesmo tempo e ir resolvendo, na prática, e não *a priori*, com base em pesquisa, modelos, simulações e experimentações sob controle que podem ser repetidos, provados e assegurados, os melhores caminhos a serem percorridos[1].

Como em várias outras áreas no âmbito da ciência, o processo de inovação na medicina e setor médico-hospitalar sempre implica riscos, motivo pelo qual as discussões sobre se uma sociedade determinada quer ou não se expor a esses riscos é uma decisão política que envolve uma gama de análises e de juízos, que vão desde evidências, comprovações e argumentos científicos a critérios como utilidade social, oportunidade e custo econômico. Por abarcar um enorme número de fatores, trata-se, desse modo, de uma decisão difícil em

---

1. Ver Simon Schwartzman, *Ciência, Universidade e Ideologia: A Política do Conhecimento*, Rio de Janeiro: Zahar, 1981, p. 66.

um período pós-territorial de diferenciação política. E, por consequência, também tende a ser bastante morosa, uma vez que depende de legitimação coletiva.

Em *tempos anormais,* a ciência é obrigada a responder com rapidez a demandas urgentes tanto dos governantes quanto da própria sociedade, uma vez que o combate a um vírus desconhecido – como foi o caso da Covid-19 – exige resultados imediatos. Em *tempos normais,* contudo, o trabalho científico, por ser cuidadoso e responsável, costuma ser lento e trabalhoso, exigindo longa duração por estar sujeito a fracassos e submetido a diferentes formas e tipos de avaliação. Também esbarra num problema: a experiência passada dá lugar a um conhecimento a partir do futuro, por meio de análises de riscos e de estratégias de prevenção. Nas sociedades democráticas, além disso, o desenvolvimento da ciência e a formulação de políticas públicas nelas fundamentadas envolvem milhares de especialistas que as discutem abertamente em público.

Já em *tempos anormais,* como a eclosão da pandemia evidenciou, as pressões de governantes e da sociedade valorizam o curto prazo – ou seja, apenas a dimensão mais imediatamente útil. Entre outras consequências, diante do sentido de urgência, como se viu nos meses seguintes após o advento da Covid-19, esquece-se de que não há ciência básica sem uma análise cuidadosa das externalidades negativas das descobertas científicas – análise essa na qual as ciências sociais e as ciências humanas exercem um papel importante, questionando, por exemplo, os resultados do avanço científico em termos econômicos, sociais, éticos e morais.

12. AS CIÊNCIAS EXATAS
E AS CIÊNCIAS SOCIAIS E HUMANAS

Construída com base em ações racionais com vista a um conhecimento específico, a ciência pressupõe um sistema de conhecimentos coerentes e fundamentados, obtidos com base na observação e em teorias e leis, por meio de métodos e procedimentos rigorosos e sobre um determinado objeto. A indagação que agora se coloca é saber se a ciência pode ser pensada não no singular, mas no plural. A resposta é que as ciências exatas e as ciências sociais e humanas não são excludentes.

Se as primeiras são basicamente experimentais, as segundas são orientadas por valores e avaliações de caráter ético, jurídico, sociológico e psicológico. E isso propicia uma interação salutar para que as atividades científicas possam se desenvolver em conformidade com os mecanismos de controle e de avaliações da própria comunidade científica, integrada por pesquisadores e especialistas vinculados a universidades, institutos de pesquisa públicos e privados, agências de fomento à pesquisa, associações e empresas dos mais variados setores econômicos – do industrial ao eletroeletrônico.

As ciências exatas e as ciências sociais e humanas interagem entre si – e é justamente das tensões entre elas que surgem, por exemplo, o dissenso entre os especialistas, os impasses na valoração científica dos riscos e a crítica ao potencial ameaçador de algumas inovações científicas. Além disso, é a partir dessas tensões que também se pode identificar, observar, aprender e analisar a ampliação do conhecimento sobre a natureza. Por fim, essas tensões também levam a um paradoxo, expresso pelo fato de que, se de um lado a ciência suscita mais confiança da opinião pública do que outras instituições sociais, de outro a confiança na objetividade dos cientistas "pertence ao passado". Entre outros motivos, porque em determinados setores do universo científico (como se viu no já mencionado debate entre isolamento social *versus* contágio controlado, durante os primeiros meses da pandemia) cada *expert* tende a ter um *contra expert*, o que ajuda a despojar o saber científico de sua pretensa objetividade e segurança, afirma Daniel Innerarity[1]. Em outras palavras, longe de colocar um ponto final aos debates, os juízos científicos acabam aumentando o número de perspectivas a serem levadas em conta, o que tem consequências políticas, ao mesmo tempo que deixa a opinião pública insegura.

O arsenal de tecnologias para manipular a natureza pode gerar problemas ambientais, sociais, dificuldades políticas, tensões geoeconômicas e até mesmo custos psicológicos, especialmente nas sociedades mais

---

1. Ver Daniel Innerarity, El Conocimiento Tras la Pandemia, *La Vanguardia*, 13 mar. 2021. Do mesmo autor, ver também El Conocimiento en la Sociedad del Conocimiento, *Claves de Razón Práctica*, Madrid, n. 196, 2009, p. 40-77; El Diálogo Entre Saber y Poder, *Claves de Razón Práctica*, Madrid, n. 209, 2011, p. 12-19; e *La Transformación de la Política*, Bilbao: Península, 2002.

fragmentadas e competitivas. Recorrendo mais uma vez a Schwartzman, as diversas formas de conhecimento não se desenvolvem no vácuo social nem se limitam a uma mera acumulação de informações, de conceitos e de teorias. Pelo contrário, como as formas de conhecimento resultam de estruturas societárias concretas, isso dá a dimensão da importância de identificar (i) como elas surgem a partir de trabalho coletivo organizado com base em diferentes graus de saber e poder; (ii) como se relacionam entre si; (iii) quais práticas sociais permitem seu aparecimento e (iv) como são aplicadas; e (v) como são avaliadas seja em termos quantitativos (número de teses, patentes e número de citações, por exemplo) e qualitativos (como resultados concretos e impacto social)[2].

No caso específico das pesquisas sobre vacinas condicionadas pelo imediatismo de uma conjuntura adversa[3], com todos os riscos de externalidades negativas e de

2. Ver Simon Schwartzman, *Ciência, Universidade e Ideologia: A Política do Conhecimento*, p. 8-23; e Boaventura de Sousa Santos, Da Sociologia da Ciência à Política Científica, *Biblos*, Coimbra: Faculdade de Letras da Universidade de Coimbra, 1977, p. 193-238.

3. Alguns números dão a dimensão das pressões imediatistas em matéria de desenvolvimento de vacinas, em decorrência da pandemia. Entre janeiro de 2020 e janeiro de 2021, a Organização Mundial da Saúde registrou cerca de 130 milhões de pessoas contaminadas e mais de dois milhões e oitocentas mil mortes resultantes do vírus. Ao discutir as pressões sobre os laboratórios, em artigo publicado pelo jornal *Folha de S.Paulo* (22 jul. 2022, p. 2), o presidente da Sociedade Brasileira para o Progresso da Ciência e professor de filosofia da Universidade de São Paulo Renato Janine Ribeiro lembrou que mais de uma dúzia de vacinas contra a Covid-19 foram criadas no período inferior a um ano após a eclosão da pandemia. Segundo relatório do Global Data, em janeiro de 2021 já havia 63 vacinas candidatas em fase de avaliação clínica em humanos, além de 172 em fase de pesquisas pré-clínicas. O relatório informa ainda que o número de estudos clínicos sobre a Convid-19 pulou de 549, no início de abril de 2020, para mais de 4 mil, em janeiro de 2021, portanto, um aumento de 639% em apenas dez meses. Ver Covid-19 Clinical Trials Have Increased by 639% With The US Leading the Way, *GlobalData*, 1º Feb. 2021, disponível em: <https://www.globaldata.com/media/coronavirus/covid-19-clinical-trials-increased-639-us-leading-way/>.

implicações de longo prazo, os cientistas oriundos tanto das ciências exatas quanto das ciências sociais e humanas logo compreenderam o alcance da crise de saúde pública e as limitações dos medicamentos e de vacinas então disponíveis. Estavam conscientes de que, se as promessas de respostas rápidas fossem demasiadas, o perigo poderia acabar sendo a deslegitimação da própria ciência. Também advertiram para que os recursos destinados à elaboração de vacinas não prejudicassem os recursos para a ciência básica, apontando a importância da distinção entre *known unknowns* (desconhecidos conhecidos) e *unknowns unknowns* (desconhecidos desconhecidos)[4].

Os cientistas aprofundaram, ainda, duas importantes discussões sobre o potencial transformador da ciência em tempos pandêmicos. A primeira sobre a importância das práticas de uma *open science* ou ciência aberta – aquela que é produzida em um ambiente marcado por um amplo processo de colaborações, com acesso aberto ao conhecimento e à livre disponibilização para todo o mundo e ao compartilhamento de dados com acesso geral. E a debateu se a descoberta de vacinas e imunizantes contra a Covid-19 em curto período de tempo teria sido resultante de ciências biomédicas *disruptivas*, apontadas como inovadoras por questionar o conhecimento existente e desprezar os estudos predecessores, ou de ciências biomédicas *consolidadoras*, que geram um efeito acumulativo e tendem a melhorar os fluxos de conhecimento existentes – posição esta endossada pela maioria dos cientistas. Por fim, parte significativa da comunidade científica passou a defender

---

4. No caso *desconhecidos conhecidos*, como é o da vacina da Covid-19, por exemplo, os cientistas ainda não sabiam como ter sucesso, mas sabiam o que queriam, o que era preciso e o que eles deveriam fazer. Já no caso dos *desconhecidos dessconhecidos*, os cientistas não têm ideia do que vão precisar, mas têm consciência de que necessitam criar uma provisão de conhecimento para atuar em situações futuras inesperadas, como é o caso de uma nova pandemia. Ver Euclides de Mesquita Neto, No Xadrez da Ciência Global, *Pesquisa Fapesp*, São Paulo, Fundação de Amparo à Pesquisa do Estado de São Paulo, ano 23, n. 321, 2022, p. 3-39.

de modo ainda mais intenso e incisivo do que antes da pandemia a tese de que conhecimento científico produzido com financiamento público deve se tornar público.

Os cientistas demonstraram, igualmente, saber que a responsabilidade pelas políticas para o enfrentamento dessa crise é dos governantes, que são obrigados a assumir riscos e a responder pelas consequências. Estavam conscientes de que, desde seu advento no mundo helênico, a democracia partiu da ideia de que os cidadãos têm liberdade para debater e deliberar politicamente, e de que só depois da tomada de uma decisão os governantes recorrem aos técnicos, uma vez que o saber específico deles em cada área do conhecimento é grande valia na implementação e execução dessa decisão. Tinham ciência, assim, de que as decisões em matéria de saúde pública em tempos de pandemia implicavam, além da devida fundamentação científica, maior circulação do conhecimento, pluralidade nos meios de comunicação e um debate transparente.

Apesar de a ciência ter sido cada vez mais apontada como um importante indicador de autoridade fundada na progressiva relevância técnica que foi assumindo ao longo dos últimos tempos, há uma constatação que precisa ficar clara: com algumas exceções, como no caso do Brasil, muitos governantes mostraram saber que ela assessora, mas que em hipótese alguma ela pode ou deve substituir o político. Nesse sentido, os cientistas também revelaram estar cientes das indagações cujas respostas são decisivas para avaliar a interação entre poder político e conhecimento científico, entre governo e ciência em tempos de crise da saúde pública.

Sabiam ainda que, apesar de a vocação de ciência ser a busca incondicional da "verdade", o ofício do político – que pressupõe embate, diálogo, tolerância e articulação de uma combinatória equilibrada entre coesão e diversidade – nem sempre permite reconhecê-la[5]. Por fim,

---

5. Ver o ensaio introdutório de Raymond Aron, *El Político y el Científico*, p. 9-77. Nesse texto, Aron fala do ofício político em um regime democrático, lembrando que, como seu campo de ação é aberto, seus ▶

a exemplo da comunidade científica, os cientistas demonstraram estar cientes de que as decisões em matéria de saúde pública sempre exigem intensos debates abertos, seja sobre as implicações éticas relacionadas a estudos sobre os riscos que envolvem indivíduos que se apresentam como voluntários nas pesquisas de vacinas[6], seja sobre as diretrizes que envolvem os programas de saúde pública e os procedimentos que podem ser adotados para o bem da sociedade em tempos de pandemia.

Nessa perspectiva, e reaparecem aqui as indagações apresentadas na Introdução, como preparar a sociedade para o enfrentamento de incertezas? De que modo trabalhar a um só tempo com o sabido e com o desconhecido? De que maneira lidar com as contingências, acontecimentos inesperados que nunca podem ser totalmente eliminados nem convertidos em riscos calculáveis? Como hierarquizar necessidades? Como estabelecer prioridades? Como equilibrar valores? Quais são os critérios técnicos e morais que poderão ser utilizados para definir os grupos de risco? Quais são as limitações da liberdade justificáveis em tempos pandêmicos? Em suma: em períodos *anormais*, o que de fato deve prevalecer? E, diante do dramático número de vítimas fatais, será possível ressignificar a ideia de *normalidade*?

▷ resultados são imprevisíveis e na maioria das vezes não respondem às intenções originais. Cerca de quinze anos após a publicação de seu ensaio, no período em que a ditadura militar tentava implementar o Brasil Grande Potência, um projeto autoritário de desenvolvimento econômico concebido por tecnocratas e militares, Marilena Chauí advertiria para os riscos de inversão produzida pela sociedade do conhecimento e pela ideologia da competência, com técnicos decidindo e os cidadãos acatando – inversão essa que poderia levar à despolitização da sociedade brasileira. Ver *Cultura e Democracia: O Discurso Competente e Outras Falas*, São Paulo: Moderna, 1981.

6. Uma competente avaliação dos debates que vêm sendo travados na Europa e nos Estados Unidos sobre esse tema pode ser encontrada em Sonia Vasconcelos; Adriana Graça; Christiane Santos; Karina Rocha; Maria Júlia Antunes; Mariana Ribeiro; Marlise Pedrotti, Uma Perspectiva Sobre os Aspectos Éticos e Regulatórios Sobre a Pesquisa em Seres Humanos na Pandemia de Covid-19, *SciELO em Perspectiva*, São Paulo, Scientific Eletronic Library Online, 29 abr. 2021.

13. CIENTISTAS E POLÍTICOS

Afirmei no capítulo anterior, com base em Innerarity e em Schwartzman, que a ciência e a política têm racionalidades sistêmicas distintas. A ciência é regida pelo código da verdade. Por mais que tente implicar objetividade e universalidade, ela assessora a política por meio de informações, de estudos, de pesquisas e de pareceres de comissões de especialistas. Desse modo, ela não tem poder para determinar os objetivos da sociedade. Já a política pressupõe um processo decisório que envolve um jogo de interesse fragmentado e aberto, o que faz com que os problemas sejam encarados e percebidos diferentemente pela burocracia governamental, pelos partidos, por grupos de pressão e pelos setores sociais que sofrem o impacto e as consequências das decisões tomadas.

Assim, se a ciência é regida pelo código da verdade, fundado em instrumentos de verificação, protocolos, contraste de dados e evidências, a política é regida pelo código do poder. Desse modo, seus critérios de compromisso, de viabilidade ou de oportunidade costumam ser estranhos para a atividade científica, uma vez que envolvem discussão pública, barganha, mediação de interesses e acordos. Dessas racionalidades sistêmicas distintas – a científica e a política – é que decorrem, nos Estados democráticos, as dificuldades que os dirigentes governamentais enfrentam para, nos casos mais graves de saúde pública, como o da pandemia da Covid-19, impor determinadas medidas restritivas de direitos e até mesmo de liberdades fundamentais com base em evidências e justificativas científicas.

Também como já foi entreaberto, o dilema dos Estados democráticos está no fato de que, em contextos com alto grau de crescente complexidade técnica e social, o saber científico disponível, ao mesmo tempo que suas iniciativas e suas decisões, especialmente em matéria de vigilância sanitária e de restrições de direitos em situações de epidemia e de pandemia, têm de estar legitimadas democraticamente. Em tempos pandêmicos, não obstante os riscos de que a política possa deixar de ser um assunto de confrontações para se converter em questão de conhecimento científico e técnico, o que esvaziaria uma governança mais participativa e democrática, pensar estrategicamente o presente e o futuro do país é abrir caminho para o estabelecimento de metas e objetivos de longo prazo com base em um projeto nacional.

E essa é uma função primordial do político, não do cientista. Também não é função da ciência, mas da política, onde não há neutralidade e os assuntos não são objetivos nem evidentes, assegurar a formação das condições indispensáveis a qualquer projeto de médio e de longo alcance. Como advertia Lindblom em texto clássico, políticas públicas não são decididas de uma vez por todas, mas formuladas e reformuladas muitas vezes, uma vez que consistem em um processo de sucessivas aproximações a alguns objetivos desejados, em que o próprio objeto almejado continua a mudar sempre que é revisto e reconsiderado. Em sociedades em que os indivíduos são livres para se associar na busca de praticamente qualquer interesse comum e em que os órgãos governamentais são sensíveis às pressões desses grupos, a formulação e a implementação de políticas públicas é, assim, sempre um processo complexo e árduo. Entre outros motivos, porque nem os políticos nem os governantes conhecem suficientemente bem o mundo social e econômico para impedir que ocorram equívocos na estimativa das decisões e das medidas a serem adotadas[7]. Entre as virtudes dos políticos e dos governantes, conclui Lindblom, uma das mais importantes é a consciência de que suas decisões e medidas nunca alcançam tudo o que desejam e de que elas sempre acabam acarretando consequências imprevistas e não desejadas.

Apesar de todas as esperanças de que uma competente assessoria técnico-científica possa aliviar o peso da responsabilidade das decisões políticas tomadas por governantes, por políticos e por administradores públicos, a ciência é ciência. E a política, obviamente, continua sendo política, tendo, como já foi dito, a responsabilidade de definir prioridades, estabelecer estratégias e formular programas e políticas públicas, com base na premissa de que o Estado, em distintos momentos, pode ter distintas funções adequadas a distintos objetivos. Por esse motivo, mesmo que os saberes técnico-científicos e a ciência tenham obtido enorme visibilidade e grande protagonismo no debate público e midiático após a eclosão

---

7. Ver Charles Lindblom, *The Science of Muddling Through*. Com base nesta expressão, Lindblom afirma que mais eficaz do que os "grandes passos planejados nas grandiosas formulações de políticas públicas" são "os passos pequenos ou incrementais" tomados por governantes e políticos com base (i) na avaliação de experiências passadas; (ii) na consciência de que não precisam "tentar dar saltos enormes que exijam previsões que vão além de seu conhecimento"; e (iii) na capacidade de "testar suas previsões à medida que se movimentam no sentido dos passos seguintes", o que lhes permite "remediar erros passados com razoável rapidez.

da pandemia da Covid-19, o fato é que os cientistas não substituem os políticos.

Com base nesses argumentos, é possível aprofundar um pouco mais a discussão sobre as relações entre políticos e cientistas, agora tomando por base o que disse Max Weber – para quem o processo de formulação de políticas públicas pode ser comparado a uma perfuração de "grossas vigas de madeira" – em duas já mencionadas conferências sobre a política como vocação e a ciência como vocação, ambas pronunciadas em 1919 na Universidade de Munique – Ludwig Maximilian (LMU). Na vida política, dizia ele, o interesse está voltado às condições necessárias ao funcionamento de um aparato estatal dirigido por quem *vive da política* ou, então, por quem *vive para a política*[8]. Já a ciência se destaca por ser uma prática que contribui para o desenvolvimento de tecnologias – ou seja, para a construção de instrumentos, para o adestramento do pensar e para o que Weber chamava de "ganho de clareza".

Políticos, sejam os que *vivem dela* ou *para ela*, não são técnicos. Todavia, aparam divergências e negociam com base numa *ética weberiana de responsabilidade*. Ou seja, uma ética de racionalidade formal, em que predominam não somente suas intenções, mas, igualmente, a capacidade de compreender o mundo em sua complexidade e de responder pelas consequências de seus atos e decisões. Já os cientistas, que não são respaldados pelo eleitorado, enfatizam o que consideram mais racional e mais tecnicamente fundamentado, baseando-se numa *ética weberiana de convicção*. Ou seja, uma ética de racionalidade material,

---

8. Em termos esquemáticos, o homem político tem como atributos a paixão, o sentimento de responsabilidade e o senso de proporção. O político que vive para a política a converte em fim de sua vida – é o político profissional. O político que vive para a política não depende de remuneração pelas suas atividades políticas, nelas se envolvendo por causas que dão significado à sua vida. Ver Max Weber, *El Político y el Científico*.

fundada num conjunto de normas e valores que orientam seu comportamento como pesquisadores[9].

Nessa linha de raciocínio, não há uma noção pré-definida e incontestável do que é um resultado satisfatório em política – uma atividade intrinsecamente marcada pela falta quer de exatidão quer de neutralidade. Na democracia, dependendo dos anseios, das vontades e dos valores dos setores majoritários do eleitorado, as decisões podem levar a conquistas e avanços. Ou, então, a crises e retrocessos. As decisões também podem ser bem ou mal recebidas pela sociedade – especialmente nos casos de pandemia com alto número de letalidade, em que as autoridades sanitárias precisam justificar o caráter excepcional de suas regulamentações restritivas, com o objetivo de tentar minimizar seu impacto sobre os direitos das populações atingidas. Em princípio, a democracia é um sistema político que parte da ignorância sobre o que pode ser uma boa decisão. O sentido das instituições de mediação nesse regime político, que é marcado pela interação, pela controvérsia e pelo embate de forças políticas, de grupos de pressão e de conflitos classistas, consiste em estabelecer alguma distância entre vontade imediata e as decisões políticas, o que permite um intercâmbio livre e informado entre opiniões.

Democracia é um conceito muito citado, porém nem sempre bem definido, significando assim coisas diferentes. Na história da democracia a partir do mundo moderno há alguns modelos clássicos, tais como democracia *protetora* (na linha de Bentham e Stuart Mill, que a enfatizam como regras do jogo e mecanismo contra a opressão), democracia *desenvolvimentista* (na vertente de Tocqueville e

---

9. "Toda a atividade orientada segundo a ética pode ser subordinada a duas máximas inteiramente diversas [...], a ética de convicção e a ética da responsabilidade. Isso não quer dizer que a ética da convicção equivalha a ausência de responsabilidade e a ética da responsabilidade, a ausência de convicção [...]. A ética de convicção e a ética da responsabilidade não se contrapõem, mas se completam e, em conjunto, formam o homem autêntico, isto é, um homem que pode aspirar à vocação política". Ver ibidem, p. 113-122.

Locke, que a examinam do ângulo da expansão das potencialidades dos indivíduos e da proteção das liberdades), democracia como *modelo de equilíbrio* (na corrente de Schumpeter e Kelsen, que a atribuem como um método de escolha de governos, não tendo fins morais em si) e *democracia como participação* (nas variantes alinhadas à esquerda de Gramsci, Paul Hirst, Ralf Miliband e Nicos Poulantzas, que a concebem com base no caráter coletivo dos conflitos sociais condicionados economicamente pelas diferenças de classe)[10]. Em todos esses modelos, democracia está associada à expressão da vontade popular, motivo pelo qual implica participação, representação, deliberação e direção. Na transição do século xx para o século xxi surgiu mais um modelo de democracia, esse formulado pela teoria dos sistemas complexos, e que a concebe a partir do conhecimento, da informação e da aprendizagem (na linha aberta por Niklas Luhmann, Norbert Lechner, Helmut Willke, Rafaelle di Giorgi e Daniel Innerarity).

Numa época em que os sistemas políticos têm de lidar com um número cada vez maior de atores, de valores e de óbices cada vez mais complexos, em face das mudanças já apontadas na economia e na sociedade contemporânea, a democracia tem de ser repensada, atualizada e revigorada à medida que a sociedade evolui, exigindo reflexões e mudanças de realidades institucionalizadas. Por esse motivo, a democracia precisa estar sempre aberta a indagações, a questionamentos, críticas e ao aprendizado dos equívocos coletivos cometidos por diferentes gerações, ao mesmo tempo que tem de manter sua capacidade de enfrentar emergências imprevisíveis e problemas cada vez mais intricados, tornando-os controláveis.

10. Nesse sentido, ver C.B. Macpherson, *A Teoria Política do Individualismo Possessivo*, Rio de Janeiro: Paz e Terra, 1979. Ver também David Held, *Modelos de Democracia*, Belo Horizonte: Paideia, 1987. Ver, ainda, Seyla Benhabib, Sobre um Modelo Deliberativo de Legitimidade Democrática, em Denílson Luís Werle; Rúrion Soares Melo (orgs.), *Democracia Deliberativa*, São Paulo: Esfera Pública, 2007.

Se por um lado essa abertura tende a tornar suas respostas muitas vezes lentas e a criar dificuldades para a correção de determinados equívocos cometidos por políticos e dirigentes governamentais, por outro ela obriga o regime democrático a alargar o campo do que é politicamente discutível no mundo contemporâneo. Em períodos históricos de crescente multiplicação de alternativas e de possibilidades de decisão, nos quais os avanços dependerão da captação e da utilização eficiente de informações, como ocorre nos dias de hoje, o funcionamento do sistema democrático depende não só do livre intercâmbio de pontos de vista, mas, também, do modo como ele capta, como atende, como satisfaz e como acomoda interesses diversos e antagônicos. Foi justamente o que aconteceu com a eclosão da pandemia.

Como afirmam sociólogos vinculados à teoria dos sistemas complexos, um sistema político democrático sempre tem de estar descerrado a qualquer conhecimento, ao surgimento de controvérsias, ao aumento do número de protagonistas, à aceitação de novos temas, à explosão de novas reivindicações e à admissão de novas alternativas. Assim, democratizar é *complicar* certas coisas que estavam comodamente decididas, o que se dá mediante (i) o questionamento da autoridade estabelecida; (ii) a ampliação do que pode ser politicamente discutido; e (iii) a multiplicação de possibilidades. Essa politização também envolve o questionamento de evidências técnicas e o surgimento de acirradas polêmicas e de controvérsias ideológicas, como o embate entre negacionistas *versus* não negacionistas da ciência.

Igualmente, o regime democrático jamais se fecha às possibilidades de reflexão e de mudanças institucionais, uma vez que os padrões administrativos, as técnicas de gestão e formulação de políticas públicas e até mesmo as decisões governamentais tomadas com base em argumentos científicos sempre podem ser politizados. E isso é especialmente delicado quando, em determinadas situações, essas decisões acabam afetando desigualmente os diferentes segmentos da sociedade, principalmente os mais vulneráveis. Assim, o regime democrático é aquele que garante determinados *inputs* – especialmente o que assegura a igual liberdade de todos os cidadãos para tomar parte no processo de formação de uma vontade política e nas subsequentes decisões tomadas com base nela.

Se em *tempos normais* a relação entre a política e o saber especializado já é naturalmente tensa, uma vez que na primeira tende a prevalecer uma visão de curto prazo e de acordo com os ciclos eleitorais, enquanto na segunda prevalece uma visão de médio e longo prazo com base em argumentos técnicos, planejamento e gestão da complexidade, em *tempos anormais* essa tensão tende a crescer de modo exponencial. Nesse caso, e trata-se da primeira de três indagações a serem formuladas, de que modo essa democracia tem condições de agir de maneira eficiente em espaços transterritorializados e interdependentes, bem como em períodos críticos, como o da eclosão da pandemia, em que o maior desafio é conjugar complexidade, saber técnico especializado e globalização econômica?

A segunda indagação segue na mesma perspectiva da primeira. De que maneira a democracia pode oferecer resultados eficazes no campo da saúde pública em períodos pandêmicos? Ou seja, períodos em que a ação dos governantes acaba sendo influenciada e afetada pelo desenvolvimento da ciência, por um lado, e pela racionalidade das decisões por eles tomadas às pressas, em condições de emergência e de exceção, que pode acabar sendo míope, por outro lado?

Por fim, a terceira e última indagação parte do conceito do processo de destruição criadora desenvolvido por um dos clássicos da economia e da ciência política do século XX, o austríaco Joseph Schumpeter (1983-1950)[11]: se o sistema

---

11. Segundo ele, o avanço da economia tem dois ciclos. No primeiro, as empresas fabricam produtos homogêneos e disputam o mercado por meio do preço. Isso afeta suas taxas de lucratividade, uma vez que a redução do preço ao consumidor final é condição básica para ▶

político tem de se adaptar cada vez mais ao ritmo acelerado do processo de destruição criadora no campo da ciência e da técnica, orientado à inovação e à competividade, dispõe ele, para poder integrar suas inovações em sociedades e mercados cada vez mais complexos, quais as condições necessárias para acompanhar a velocidade do que está sendo técnica e cientificamente produzido? Ou, pelo contrário, não consegue fazê-lo em decorrência das limitações de seus próprios procedimentos decisórios, que envolvem lentidão administrativa, conflitos entre diferentes órgãos da máquina burocrática pública, haveria riscos não só de judicialização de suas iniciativas, mas, também, de que as decisões judiciais sejam afetadas por ativismos de procuradores da Justiça e da magistratura?[12]

▷ manutenção das vendas. Como a concorrência vai aumentando, os preços tendem a serem reduzidos. Isso porque, dada a necessidade que as empresas têm de manter o volume de vendas, suas margens de lucro vão sendo reduzidas. Esse é o momento em que os empresários chegam a uma situação-limite: ou criam algo novo – um produto, um método de produção, a abertura de um novo mercado, a descoberta de novas fontes de matérias – ou, então, quebram. É aí que começa o segundo ciclo. No início, o empresário inovador não tem concorrentes, podendo assim impor preços desatrelados ao custo de produção – o que Schumpeter chamava de "lucros de monopólio". Com a passagem do tempo, porém, o que é inovação começa a ser copiado e socializado, o que gera um novo período de forte concorrência no mercado, via redução de preço. O que, por consequência, leva o segundo ciclo a se esgotar e a ser substituído pelo primeiro ciclo. Schumpeter entendia que esses ciclos eram longos, durando décadas. Mas, com a rapidez das transformações tecnológicas ocorridas no século XX e, agora, no século XXI, o tempo de duração de cada um desses ciclos foi diminuindo, o que os levou a se sucederem em questão de anos. Nesse sentido, ver *Capitalism, Socialism and Democracy*, New York: Harper Torchbooks, 1962. Para uma utilização do conceito schumpeteriano de destruição criadora no âmbito das transformações do direito ocorridas nas últimas cinco décadas, ver meu texto *O Estado e o Direito Depois da Crise*, São Paulo: FGV/Saraiva, 2013.

12. Ver Philippe Aghion; Céline Antonin; Simon Bunel, *Le Pouvoir de la destruction créatrice: innovation, croissance et avenir du capitalisme*, Paris: Odile Jacob, 2020. Ver também Steven Yearley, Social Construction and Scientific Knowledge, *Science, Technology & Social Change*, London: Unwin Hyman, 1988.

Governar é, assim, uma tarefa que implica estratégias de ordenações seletivas, a necessidade de informações de toda natureza e canais abertos para que elas possam fluir. São condições necessárias, ainda que não suficientes, para a tomada das decisões mais adequadas em termos de gestão e de planificação estratégica. Não é de hoje que a política somente pode ser praticável eficientemente com base num acesso contínuo ao saber especializado nos diferentes campos do conhecimento. Os governos devem ter uma concepção pública de interesse geral, do mesmo modo como têm de estar suficientemente legitimados para promovê-la. Por sua vez, a legitimidade dessa promoção depende da justiça dos objetivos, de valores como igualdade e, também, de que essa decisão sobre o tipo de sociedade a que aspiramos resulte numa opção com impacto na coletividade.

Os problemas científicos devem ser traduzidos em linguagem da ciência, mas as respostas dos cientistas somente são aplicáveis por meio de programas governamentais no formato de decisões políticas. Do mesmo modo como o cientista não sabe tudo, o político também não tem tanto poder. A rigor, o compromisso dos políticos é com o resultado de suas ações, enquanto o compromisso dos cientistas é com a validade de seus conhecimentos. Nesse sentido, o político precisa tomar decisões mesmo com informações limitadas, dentre elas as produzidas pela ciência. O político também precisa de algum liame entre suas convicções e os resultados de seus programas.

Já o cientista busca conhecer a realidade. Ele tem de combinar suas convicções pessoais com os resultados, com o respeito às evidências e com os princípios, os métodos e as opiniões da comunidade científica. Também tem de estar ciente de que a produção do saber não é uma livre criação independente, que se esgota em uma normatividade metodológica. Ou seja, tem de ter consciência de que a produção do conhecimento científico não envolve apenas pesquisa e criatividade, sendo, igualmente, resultante das estruturas e do dinamismo da sociedade em que vive e atua. E ainda precisa ter algumas habilidades específicas, como formação técnica, muita leitura, capacidade de abstração, raciocínio crítico e a virtude de saber formular problemas e de tentar equacioná-los. São atributos que, se por um lado não lhe conferem direitos superiores aos demais cidadãos, por outro entreabrem a dimensão de suas responsabilidades, seja em *tempos normais*, seja em períodos de pandemia.

No cotidiano da vida política e administrativa de um país democrático, em que há normas e valores que pertencem ao espaço público, bem como pluralismo, direito de oposição e alternância no poder, sempre existem múltiplas possibilidades de combinações entre distintos pontos de vista. Na literatura especializada, há muito tempo já se tornou truísmo a afirmação de que, nas sociedades abertas e nos regimes democráticos, a virtude está nas combinações quando a relação é apenas entre adversários políticos e sob a égide de uma Constituição. Na medida em que há um grau mínimo de confiança entre os oponentes, eles não se veem uns aos outros como uma ameaça existencial – isto é, como inimigos em uma guerra. Ao se aceitarem reciprocamente, com base na premissa de que se todos vivem sob uma mesma ordem jurídica é legítimo que tenham o mesmo direito de participação na elaboração de suas normas, por meio de eleições livres e da regra de maioria, as tensões e os conflitos, por um lado, e as negociações, as convergências e os acordos, por outro lado, passam a serem encarados como algo natural do jogo político.

Por esse motivo, uma vez que não existe uma política sem interesses e uma vez que na dinâmica das sociedades nem tudo pode ser resolvido com objetividade, evidência científica e consenso de especialistas ou de comunidades epistêmicas, é preciso afastar os riscos de maniqueísmos para se evitar a degradação da democracia. E, dentre eles, os mais preocupantes são (i) o entendimento pobre, canhestro e, acima de tudo, distorcido da realidade; (ii) o repertório limitado de interpretações da sociedade; (iii) a confusão entre iniciativas pragmáticas e oportunismo; (iv) o desrespeito como método, a linguagem bélica, as manifestações extremistas, a propagação do insulto e o recurso reiterado a mentiras para humilhar, estigmatizar, excluir e discriminar; (v) a exploração de ressentimentos e temores como matéria-prima para manipulações e estímulos à insurgência; (vi) a dramatização exagerada, o uso abusivo do conceito de golpe de Estado e a simulação de estar salvando ou preservando algo que o adversário estaria tentando destruir; (vii) a assunção de palavras de ordem transmitidas por influenciadores digitais, pastores e radicalistas cooptados ou financiados e inspiradas no nazifascismo, sob a justificativa de que a liberdade de opinião e expressão seria um direito absoluto; (viii) a incitação à depredação e à tomada de edifícios do Executivo, do Legislativo e do Judiciário; e, por fim, (ix) a visão da política como se fosse uma espécie de *vale-tudo*, no qual não existem valores, mas apenas e tão somente interesses cuja perseguição poderia ser justificada com base na ética de cariz maquiavélico.

Descrédito das instituições, mentiras sistemáticas, radicalização política, acirramento ideológico, recusa reiterada aos resultados das eleições, estímulos a intentonas e golpes, afronta à impessoalidade dos órgãos de investigação, desinformação, intolerância, incapacidade de ceder, desqualificação moral dos outros, hostilização de adversários, discursos de ódio, negação de encarar quem diverge como sujeito de direitos e arroubos autoritários – ações e atitudes cumulativas formais e informais de corrosão dos valores e das instituições que foram comuns no Brasil entre 2019 e 2022, durante o governo do presidente Jair Bolsonaro – são práticas colidentes com o caráter construtivo da diversidade de perspectivas, das diferenças políticas, do reconhecimento da validade das posições opostas e da convivência em meio a desacordos persistentes inerentes à democracia representativa.

Também são iniciativas que desprezam a capacidade que os regimes democráticos têm de canalizar conflitos, articular o equilíbrio entre dissenso e consenso e delinear padrões de tolerância política e de convivência social. São fatores que, como apontam historiadores, filósofos, juristas e especialistas em ciência política comparada, costumam gerar instabilidades sistêmicas. Ao sobrecarregar os mecanismos deliberativos do sistema político, em razão da explosão de demandas radicais, das oposições difíceis de serem superadas e das pressões pelo imediatismo das decisões, essas instabilidades sistêmicas muitas vezes levam a uma situação de paralisia decisória do regime democrático-representativo, deflagrando com isso crises que, somadas umas às outras, configuram um processo de erosão progressiva da institucionalidade democrática[13].

Por seu lado, essa paralisia decisória do regime democrático-representativo tende a deflagrar uma polarização ideológica que surge quando um grupo de atores políticos passa a considerar os atores com opiniões diferentes às suas uma ameaça. Como consequência, a afirmação da identidade desse grupo passa a exigir a demonização dos demais grupos. Numa situação limite, esses comportamentos desqualificadores dos adversários no jogo político tendem a conduzir à relação amigo *versus* inimigo de que falava o controverso constitucionalista alemão Carl Schmitt (1888-1985), para quem as democracias não foram criadas para o estado de exceção[14]. Subordinando o direito

13. Ver, nesse sentido, Adam Przeworki, *Crisis of Democracy*, Cambridge: Cambridge University Press, 2019; Yasha Mounk, *O Povo Contra a Democracia*, São Paulo: Companhia das Letras, 2019; e Steven Levitsky; Daniel Ziblatt, *Como as Democracias Morrem*, São Paulo: Zahar, 2018.
14. Ao definir opositores como inimigos, esse autor converte o jogo político na desqualificação e na intimidação dos adversários. Inimigo não é o oponente pessoal, mas um grupo – "um conjunto de homens que se contrapõe a um conjunto semelhante", afirmava. Uma comunidade nacional organiza-se com base no interesse comum frente aos inimigos – prosseguia. Nesse sentido, o controle da diferenciação entre quem é amigo e quem é inimigo é um dos traços marcantes da soberania, conceito que o autor relaciona a situações políticas limítrofes ou ▶

ao poder e a razão à vontade, Schmitt foi um dos teóricos do decisionismo. Também foi um grande crítico do constitucionalismo liberal, do normativismo formal e abstrato a ele subjacente e da ideia de democracia como participação, competição e equilíbrio, sob a justificativa de que eles geram um Estado fraco, uma vez que é obrigado a respeitar direitos civis e garantias públicas, ao mesmo tempo que está sujeito a um sem número de obrigações.

Tendo por foco as situações de exceção e não a normalidade, Schmitt afirmava que, enquanto o normal não prova nada, a exceção prova tudo. Em outras palavras, ela confirmaria não apenas a regra, como a regra também viveria da exceção. Na exceção, a força verdadeira da vida quebra a crosta de um mecanismo cristalizado na repetição, afirmava. A seu ver, como casos excepcionais e situações emergenciais não estão previstos pelo ordenamento jurídico em vigor, eles poderiam, assim,

▷ excepcionais. Por dispor de um poder ilimitado e não estar sujeito a determinações jurídicas, soberano é quem decide sobre controvérsias em torno do direito e sobre o estado de exceção. É, assim, quem distingue normalidade (ou seja, estar regido por uma norma) de exceção (que é o domínio da política por meio da força). E é justamente em situações de exceção que o soberano se revela, impondo as medidas necessárias, inclusive a suspensão da ordem constitucional, concluía Schmitt. A atualidade dessa discussão pode ser ilustrada pelo que discuti acima, ao tratar das questões sobre situações emergenciais – como o Estado de Sítio e o Estado de Defesa – previstas pela Constituição. De Schmitt, ver *O Conceito do Político*, Lisboa: Edições 70, 2015. Ver também *Sobre los Tres Modos de Pensar la Ciencia Jurídica*, Madrid: Tecnos, 1996. A concepção de política de Schmitt marcou a ascensão do nacional-socialismo na Alemanha, durante a década de 1930, quando o autor atuou como "teórico de partido". Ela ressurgiu no século XXI repaginada pela extrema-direita dos Estados Unidos. E foi plagiada pelo bolsonarismo no Brasil, que, rejeitando a razão, a lógica e as evidências, a ela recorre seja para desumanizar seus adversários, atribuindo-lhes características caricatas de imoralidade, maldade ou ameaça a valores familiares, seja para justificar sua afronta contínua ao Poder Judiciário, a erosão da ordem constitucional e o uso das redes sociais para promover uma guerra cultural contínua e tentar minar a credibilidade das instituições de direito, degenerando desse modo o próprio regime democrático.

ser encarados como uma conjuntura de extrema necessidade ou um contexto de perigo excessivo para a estrutura e para a funcionalidade do Estado. E é justamente para evitar esse risco que, segundo ele, o Führer – o detentor absoluto da força – tem a prerrogativa de decidir sobre o Estado de exceção. O princípio jurídico fundamental é a vontade do Führer, e não a legalidade. A ordem jurídico-política expressa sua vontade supralegal, concluía.

Na visão *schmittiana*, o princípio constitucional fundamental era a vontade do Führer, do chefe ou do condutor, e não a simples legalidade. Dito de outro modo, a ordem jurídico-política expressava a vontade supralegal do Führer – isto é, do Chefe – com base em um direito suprapositivo fundado nos valores vitais de um povo e de seu Estado. Assim, por ser o titular da soberania política, o Führer e seus comissários políticos teriam a prerrogativa de determinar, em nome da coletividade por ele representada, qual seria o inimigo a ser combatido. Para esse defensor do decisionismo político como fundamento do direito, o inimigo não é alguém que se deva eliminar por qualquer motivo ou, então, que se deva aniquilar por seu desvalor. Ele integra grupos sociais que se contrapõem a outros grupos semelhantes. Como o inimigo se situa no mesmo plano que o amigo, esse deve se confrontar com ele para tomar consciência de sua medida e de seu limite – afirmava esse constitucionalista, depois de lembrar que o inimigo absoluto tinha de ser evitado dada a impossibilidade que essa absolutização acarretaria.

Já na visão mais simplista e caricata que esteve em voga durante os anos pandêmicos em países como o Brasil, a Hungria e os Estados Unidos, com governos presididos por políticos com vocação autocrata e eleitos com base em discursos antissistema, a relação amigo *versus* inimigo é medida pelo número de ataques violentos desferidos aos adversários e pelas decisões irracionais e perversas justificadas com base no argumento: quem não está com um grupo político está automaticamente contra ele. Alimentadas pelo ódio e pela redução da vida política a uma situação de guerra, essa irracionalidade e essa perversidade ajudam a entender o que ocorreu em áreas estratégicas para o avanço da ciência em termos pandêmicos nesses três países, depois da eclosão da Covid-19.

Entre nós, esse foi o caso, por exemplo, dos profundos e sucessivos cortes orçamentários promovidos pelo Governo Federal no período de 2019 a 2022 com o objetivo explícito de asfixiar os órgãos de pesquisa científico-tecnológica. Ao levar à deterioração do Sistema Nacional de Ciência, Tecnologia e Inovação (SNCTI), esses cortes orçamentários expressaram uma das características do governo da época – a ausência de um projeto de *nation building*, por maior que fosse a retórica presidencial em matéria de valores e de costumes. Em termos concretos, ao negar a ciência, desqualificar pesquisadores, paralisar pesquisas em andamento e sucatear laboratórios e equipamentos, a atuação do governo do quadriênio 2019-2022 na área corroeu um sistema científico que há anos vinha perseguindo metas numéricas, estabelecidas com base em tempo de formação e de qualidade da pesquisa científica.

Em seu mandato, o presidente da República desse período não compareceu a uma única reunião do Conselho Nacional de Ciência e Tecnologia. Por meio de medidas provisórias e decretos que limitaram repasses de recursos do Fundo Nacional de Desenvolvimento Científico (FNDC) até o ano de 2026, ele também sufocou, entre outros, o Conselho Nacional de Desenvolvimento Científico e Tecnológico (CNPq), a Coordenadoria de Aperfeiçoamento de Pessoal de Nível Superior (Capes), a Empresa Brasileira de Pesquisa e Inovação Industrial, a Empresa Brasileira de Pesquisa Agropecuária (Embrapa), o Instituto de Matemática Pura e Aplicada e o Instituto Nacional de Pesquisas Espaciais (INPE). Entre 2019 e 2022, só as duas primeiras agências perderam 45% de seu orçamento para bolsas, em comparação com o exercício de 2015 a 2018. Além disso, por meio de uma simples portaria do Ministério da Defesa, o governo permitiu que a Escola Brasileira de Defesa – vinculada às Forças Armadas – pudesse reivindicar nas agências de fomento à pesquisa recursos financeiros destinados para o desenvolvimento científico e inovação tecnológica nas diferentes áreas do conhecimento[15].

Ainda no mesmo sentido de degradação da função pública, o presidente da República e seus ministros também promoveram o desmanche das redes federais de ensino superior e de ensino técnico, acusaram as universidades de serem "lugar de sexo, desordem e confusão" e, contrariando especialistas em educação, aumentaram o número de colégios militares e de escolas cívico-militares, reduzindo ao mesmo o número de professores civis em seus respectivos corpos docentes. Todas essas iniciativas resultaram (i) na dilapidação do capital humano, da massa crítica e do conhecimento técnico- científico acumulado nas últimas décadas; (ii) na subsequente negação aos estudantes oriundos de famílias desvalidas do seu direito de aprendizagem e de emancipação intelectual; (iii) na afronta ao princípio da autonomia das universidades públicas, que são *loci* de produção policêntrica de saber científico, racional e socialmente legitimado; e, ainda, (iv) no flagrante menosprezo por todos os segmentos da área da cultura. Foram decisões reveladoras de que, mais do que uma simples demonstração de inépcia, despreparo ou desgoverno, todas essas medidas consistiam em ações

15. Ver Ana Paula Orlandi, Sementes de Desconfiança, e revista *Nature*, 25 out. 2022. Ver também Lucio Rennó, Bolsonarismo e as Eleições de 2022, *Revista Estudos Avançados*, São Paulo, n. 106, 2022, p. 147-163. Para uma análise do desenvolvimento científico no país, ver Regina Lúcia de Moraes Morel, *Ciência e Estado: A Política Científica no Brasil*, São Paulo: T.A. Queiroz, 1979. O trabalho, apresentado como dissertação de mestrado em sociologia no Departamento de Ciências Sociais da Universidade de Brasília, em 1975, não é uma história da ciência brasileira, mas uma análise crítica das relações entre ciência e Estado e a política científica adotada a partir de sua institucionalização na década de 1950.

deliberadas de rompimento institucional em áreas específicas do conhecimento.

Cientistas, pesquisadores, professores, estudantes universitários, artistas plásticos, atores, jornalistas e intelectuais públicos costumam ser classificados como inimigos viscerais por governos autocratas e negacionistas avessos à informação, à reflexão, ao debate, ao intercâmbio cooperativo e às evidências científicas, e que se valem de uma retórica populista para tomar ou desapossar o poder legítimo. Ou seja, por governos arbitrários e incapazes de lidar com a diversidade e com a incomensurabilidade de valores, de promover a organização de juízos incompatíveis na comunidade política para assegurar um espaço social às minorias e de compreender e aceitar diálogos fundamentados naquilo que justamente os qualifica – respeito e reciprocidade, como já afirmei antes. Se na disputa entre adversários não existe a crença de que somente nós e nossos aliados sabemos o que é certo e o que é errado, o que é bom e o que é mal, de que sabemos quais são as verdades que devem ser impostas a todos, na visão pobre e distorcida que dirigentes populistas e com vocação autocrática têm da realidade não há espaço para quem seus governos consideram inimigos de seu arremedo de projeto político.

14. MATURIDADE CÍVICA
E IGNORÂNCIA

Se em tempos *normais* o mundo da ciência costuma ser fechado em si mesmo e separado do mundo do senso comum e o poder público age com base em determinação política e decisões, nos tempos *anormais* deflagrados por uma pandemia avassaladora nem os cientistas nem os políticos e os dirigentes governamentais demonstraram em vários momentos estarem suficientemente seguros. Por isso, em períodos como esse, em que no início da crise não havia unanimidade acerca de soluções, as relações entre ciência e política tiveram de ser revistas para que não se sujeitassem à lógica dos interesses corporativos que ameaçassem suas respectivas razões de ser. Obrigadas a abrir espaços para diálogo, ambas – ciência e política – não podiam mais ser encaradas como universos distintos, que não se comunicam entre si, nem, muito menos, ser pensadas em termos de submissão de uma à outra. Pelo contrário, houve necessidade de que passassem a interagir por meio de diálogo e de argumentação.

Aprofundando o que foi dito no capítulo anterior, num período dramático como esse – de grande complexidade e interdependência, com enormes incertezas decorrentes da atenção entre imperativos econômicos e emergências sanitárias e de muitas tensões nas relações entre técnica e política, bem como entre saber e poder – a ampliação da profundidade dos problemas que políticos e governantes têm de enfrentar não foi acompanhada pelo aumento das competências cognitivas e da capacidade de gestão administrativa e de adaptação dos mecanismos de poder. Diante desse hiato, os problemas políticos precisaram ser traduzidos na linguagem da ciência – e, igualmente, os problemas científicos tiveram de ser traduzidos em linguagem da política, de tal modo que ambas as linguagens acabaram de certo modo sendo mutuamente compreensíveis no decorrer da pandemia.

Somente desse modo foi possível evitar diagnósticos simplistas, alternativas duvidosas, propostas inconsistentes e narrativas inverossímeis sobre imunidade biológica, por um lado. E permitir, por outro lado, que poder e saber conseguissem compartilhar as mesmas incertezas sob a forma de uma perplexidade teórica, no caso dos cientistas, e de dúvida e receio ante as decisões a serem tomadas frente à pandemia, no caso dos dirigentes governamentais. Se após a eclosão da Covid-19 o poder político perdeu o privilégio de não precisar aprender com a ciência e de simplesmente se dedicar a decidir, ordenar e cobrar resultados, os saberes científicos especializados teriam perdido não apenas a segurança, mas, igualmente, as evidências que muitas vezes lhes permitiam prescindir das exigências de legitimação[1].

---

1. Ver Daniel Innerarity, Governing a Crisis Society, *Open Journal of Political Science*, p. 155-206. Do mesmo autor, ver também Un Parlamento Para los Algoritmos, *El Correo*, 23 jul. 2022; El Diálogo Entre Saber y Poder, *Claves de Razón Práctica*, Em outra perspectiva, ver Boaventura de Sousa Santos, Da Sociologia da Ciência à Política Científica, e *O Futuro Começa Agora: Da Utopia à Pandemia*.

Nesse sentido, políticos, juristas, cientistas, pesquisadores e administradores públicos têm de estar conscientes de pelo menos quatro pontos. Em primeiro lugar, é preciso ficar claro que os regimes políticos não se formam pelo simples alinhamento de ideias abstratas nem pela simples vitória de um grupo de poder sobre outros, mas, isso sim, por um processo de criação de instituições a partir de contextos históricos específicos. Em segundo lugar, faz parte da maturidade cívica o desejo de proteger a liberdade própria e, ao mesmo tempo, perguntar se essa proteção não está diminuindo as possibilidades de outras liberdades, como condição para desfrutar de uma liberdade própria. Em terceiro lugar, quanto mais se avança no conhecimento, mais se está à frente do abismo do desconhecimento. Por fim, em quarto lugar, quanto mais medidas emergenciais forem tomadas enquanto perdurar a pandemia da Covid-19, em razão do surgimento de sucessivas variantes, maiores serão os riscos de um estado de exceção como paradigma normal de governo e de desinstitucionalização social. Quanto maiores forem as necessidades em matéria de saúde pública em um contexto pandêmico, mais alguns governos e alguns governantes sentem-se tentados a suspender determinadas formalidades e garantias constitucionais, promovendo com isso uma regressão de direitos e liberdades fundamentais.

Nesse caso, como na narrativa do filme *O Ovo da Serpente*, de Bergman, o perigo é de uma perversão de um conhecido princípio de direito romano, *necessitas legem non habet*, cujo significado é "a necessidade não tem lei" ou a "necessidade cria sua própria lei, o que pode abrir caminho para que o excepcional ou emergencial se perenize. Em outras palavras, mesmo que a suspensão de direitos em nome do combate à pandemia seja tomada em caráter temporário, nada impede que ela seja reiteradamente renovada sob qualquer pretexto, transformando o Estado de Direito em um *Estado de não direito*. A ameaça é de que atos legais que decretem estado de emergência resultem, por um lado, numa verdadeira militarização da vida social e política[2]. E, por outro, na substituição de uma legitimidade democrática, baseada na ordem constitucional, na segurança do direito, por uma legitimação pelos resultados, baseada na eficiência de políticas governamentais e no pressuposto de que a relevância dos fins justificaria os meios utilizados para atingi-los.

A legitimidade democrática é uma legitimidade *a priori* – ou seja, para ser válido, o ordenamento jurídico depende de uma prévia Assembleia Constituinte e de uma Constituição devidamente promulgada. Nesse sentido, legalidade e legitimidade – que diz respeito aos fundamentos da obediência política – se fundem com base no seguinte argumento: se toda violência é arbitrária e a legalidade neutraliza a violência, logo a legalidade é legítima. No caso da legitimação pelos resultados, ela *ocorre a posteriori*. Processos de legitimação validam e legalizam um ato qualquer, seja um sistema de crença ou de ideologia, seja um projeto de desenvolvimento, seja uma determinada gestão econômica, seja a implementação de uma doutrina de segurança nacional, procurando torná-los progressivamente consensuais no âmbito de numa sociedade.

Em outras palavras, os governantes impõem normas cujo cumprimento é obrigatório por parte da sociedade, mas não por eles governantes, que podem alterá-las a qualquer momento, com base em argumentos de necessidade contra o "inimigo comum" – no caso aqui estudado, a Covid-19. Assim, governos não democráticos ou autoritários vão legislando conforme suas conveniências políticas conjunturais e os imperativos de seus programas econômicos e se legitimariam à medida que suas políticas e seus programas vão tendo sucesso, atendendo às expectativas da sociedade em matéria, por exemplo, de

---

2. Ver António Casimiro Ferreira, *Sociologia das Constituições: Desafio Crítico ao Constitucionalismo de Exceção*, p. 77s; e António Manuel Hespanha, *A Revolução Neoliberal e a Subversão do "Modelo Jurídico": Crise, Direito e Argumentação Jurídica*, p. 10-15.

controle da inflação, de aumento das taxas de crescimento e, por consequência, da elevação do nível de emprego[3].

O risco é sempre de que medidas adotadas em caráter absolutamente emergencial e poderes extraordinários concedidos em caráter meramente provisório não sejam suspensos voluntariamente por alguns governos e governantes quando a crise finalmente for debelada. O que, por consequência, abriria caminho para que o "estado de exceção" necessário ao enfrentamento da crise fosse convertido no "novo estado normal" do sistema político, fazendo com que a certeza do direito seja substituída pela insegurança jurídica decorrente da banalização da exceção nos tempos anormais. Uma insegurança que começa por meio de uma aplicação seletiva de direitos. Evolui,

3. O que ocorreu durante o regime militar no Brasil é um exemplo dessa discussão. Dos cinco Atos Institucionais então baixados, os de números 1, 2 e 5 tratam especificamente da legitimação *a posteriori*. "Considerando que a Revolução Brasileira de [...] 1964 teve, conforme decorre dos *Atos com os quais se institucionalizou* [grifo meu], fundamentos e propósitos que visavam a dar ao País um regime que, atendendo às exigências de um sistema jurídico e político, assegurasse autêntica ordem democrática [...], buscando, desse modo, 'os meios indispensáveis à obra de reconstrução econômica, financeira, política e moral do Brasil, de maneira a poder enfrentar, de modo direito e imediato, os graves e urgentes problemas de que depende a restauração da ordem interna e do prestígio internacional da nossa pátria'", dizia o AI-5, repetindo em 1968 o que já fora dito no preâmbulo do AI-1, em 1964, "[r]esolve [...] decretar o recesso do Congresso [...], a intervenção nos Estados e Municípios, sem as limitações previstas na Constituição, suspender os direitos políticos de quaisquer cidadãos pelo prazo de 10 anos e cassar mandatos eletivos", bem como decreta (Art. 60) a suspensão das "garantias constitucionais ou legais de: vitaliciedade, inamovibilidade e estabilidade". Quem melhor analisou a estratégia de legitimação *a posteriori* do regime militar foi seu primeiro ministro de Planejamento, Roberto Campos. Em um texto importante, ainda que hoje esquecido, ele afirmou: "A legitimação do sistema revolucionário [...] está sendo lograda principalmente por meio de *eficácia* administrativa. Essa legitimação proveio inicialmente da contribuição do sistema para reversar uma situação catastrófica, a confirmou depois pelo impulso *reformista* e está hoje reforçada pelo sucesso *desenvolvimentista*". Ver Roberto Campos; Mário Henrique Simonsen, *A Nova Economia Brasileira*, Rio de Janeiro: José Olympio, 1974, p. 255. O capítulo em que se defende a legitimação pelos resultados é de autoria de Campos.

em seguida, para sua suspensão sumária. E, por fim, culmina com a imposição de limitações ou de restrições ao acesso aos tribunais para a defesa das liberdades fundamentais e das garantias públicas previstas pela ordem constitucional[4].

4. Concentrei-me, aqui, apenas no âmbito do direito público. Mas o mesmo problema também pode ser visto no âmbito do direito privado, principalmente a partir do olhar dos proprietários de imóveis alugados. À medida que, por exemplo, a pandemia foi avançando, entre 2020 e 2021, a concessão de liminares para desocupação de imóvel urbano foi suspensa em caráter excepcional pelo Supremo Tribunal Federal, ao julgar uma Arguição de Descumprimento de Preceito Fundamental (ADPF n. 828), sob a justificativa de que a questão era humanitária. Determinado em junho de 2021, o prazo de suspensão excepcional de remoção e despejos de áreas coletivas ocupadas por pessoas em situação de rua antes da pandemia foi, inicialmente, fixado em seis meses. Passado esse tempo, ele foi prorrogado até março de 2022. Em seguida, houve mais uma prorrogação, desta vez para 31 de julho do mesmo ano. Por fim, o prazo foi estendido para outubro, o que levou Rodrigo Luna, presidente do Secovi, maior sindicato da indústria imobiliária da América Latina, a protestar contra a "naturalização" daquela excepcionalidade, alegando que as sucessivas prorrogações do prazo de suspensão para a concessão de liminares de imóvel urbano de áreas ocupadas antes da pandemia desestruturavam "todo o arcabouço jurídico do direito de propriedade" do país. Ver Um Direito Que Não Pode Ser Relativizado, *O Estado de S. Paulo*, 29 nov. 2022, p. A5.

15. DEMOCRACIA E INTELIGÊNCIA

Com as novas tecnologias de produção e os novos sistemas eletrônicos de comunicação, por meio dos quais o saber tende a converter dados em informação e informação em complexidade, os tempos pandêmicos jogaram mais luzes em direção a uma obviedade – ou seja, o fato de que nesse contexto existem muito mais sentidos e direções do que nos séculos xix e xx. Esse é o motivo pelo qual as formas tradicionais de ação política já não dispõem no século xxi de um nível de complexidade compatível com a sociedade que ela deve gerir. Por esse motivo, um dos problemas que se coloca no mundo contemporâneo é saber como a democracia terá de se desenvolver para lidar com tal vulnerabilidade.

No âmbito da política, essa tendência implica o desafio da organização das incertezas. Já no universo jurídico, ela passou a exigir mecanismos cada vez mais complexos de filtragem e de organização das informações coletadas – e em formas previsíveis – da multiplicidade de fatos sociais, econômicos, políticos e culturais. Naqueles dois séculos, a ideia de direito positivo ou de ordenamento legal destinado a promover a calibração das expectativas e, com isso, assegurar estabilidade e um mínimo de previsibilidade não implicava aceitar o compartilhamento do campo de regulação com outras fontes de direito. Como lembra Daniel Innerarity (e já enfatizava António Manuel Hespanha meses antes do advento da Covid-19)[1], para quem uma democracia é um sistema político que não fecha em caráter definitivo as possibilidades de reflexão bem como a mudança de realidades institucionalizadas, o conhecimento técnico-científico acumulado ao longo dos últimos dois séculos parece não ter dado conta dos problemas, dos riscos e das incertezas trazidos pela distinção entre epidemia e pandemia, nos termos em que foi apontada no início deste trabalho. Igualmente, parece não ter dado conta de problemas como o da conversão do processo de descoberta e de fabricação de vacinas em bem comum da humanidade.

Se nos séculos XIX e XX o conhecimento se organizava de modo hierarquizado, em que a teologia decidia sobre o direito e outros saberes, impondo-se hegemonicamente sobre eles, no século XXI o conhecimento e os saberes por ele produzidos tendem a ser produzidos em campos diversos, transversais, sobrepostos e até potencialmente conflitivos, o que termina por exigir opções ou escolhas para determinar o que é efetivamente relevante. Tentar saber o que é "vida", "valor" e "gênero" no âmbito da sociedade do conhecimento, por exemplo, implica incertezas, e os próprios sentidos da

---

1. Ver Daniel Innerarity, No Democracy without Comprehension: Political Unintelligibilty as a Democratic Problem, *Polity*, Northeastern Political Science Association, v. 53, n. 2, 2021. Do mesmo autor, ver também How Much Transparency do Our Democracies Require and Tolerate?, *Journal of Italian Philosophy*, Newcastle on Tyne, Newcastle University, v. 4, 2021. Ver, ainda, Un Parlamento Para los Algoritmos, *El Correo*. Ver, ainda, António Manuel Hespanha, Leis Bem Feitas e Leis Boas, *Revista do Instituto Brasileiro*, Lisboa, ano 2, n. 1, 2013, p. 619-642.

linguagem mais corrente estão atrelados à ambiguidade e a uma enorme profusão de sentidos. Sabe-se mais no século XXI do que nos séculos XIX e XX, é certo. Contudo, os saberes especializados tendem a se exprimir em linguagens cada vez mais técnicas e pouco generalizáveis.

Por isso, na determinação do futuro é que reside a grandeza da nossa fragilíssima condição frente ao impacto avassalador causado pelo advento da Covid-19 – afirma o filósofo basco e já dizia o jurista e historiador português, falecido em 2019 (portanto, menos de seis meses antes da pandemia). Daí decorreu – e continua decorrendo – a importância de se manter não somente a liberdade, mas, igualmente, a própria democracia como sistema funcional das sociedades politicamente organizadas, uma obra de engenharia institucional que, agora não mais dominável apenas por parlamentares e juristas, sempre experimentou avanços e retrocessos ao longo da história. Não há o menor sentido em renunciar à liberdade e à própria democracia caso essa seja a condição de previsibilidade de um futuro "seguro", em que os atores sociais conheçam antecipadamente os resultados jurídicos de suas ações e decisões, concluem Innerarity e Hespanha, assertivamente.

No atual momento da sociedade contemporânea, porém, em que o nível de urgência e o aumento da magnitude dos problemas e dilemas que a política tem de enfrentar se traduzem numa crescente diminuição das competências cognitivas e reflexivas do poder político, que tipo de democracia é essa? O que significa promover "um *reset* radical da política", como propõe Innerarity, depois de advertir para o hiato entre os conceitos tradicionais da ciência política e a realidade que hoje se enfrenta? De que modo é possível converter a democracia em "governo de sistemas inteligentes" sem comprometer os princípios democráticos? É possível realizar os ideais da democracia em contextos e em situações que mudam com o tempo?

Aprofundando a argumentação, considerando-se que a política tem a função de estabelecer e de produzir decisões coletivas vinculantes, atuando como uma instância autônoma de deliberação e de orientação, essas indagações acima podem ser colocadas em tríplice perspectiva:

i. Num período histórico de novas infraestruturas globais de comunicação e de desterritorialização das transações econômicas e financeiras, em que a vida política se defronta com um alto grau de ambiguidades, de riscos e de incertezas, ao mesmo tempo que também tem de aprender a tomar decisões com base em conhecimentos muitas vezes incompletos dos processos socioeconômicos e em meio a um sem número de situações de adversidades, perturbações, incógnitas, controvérsias, impasses e contingências que foram multiplicados pela eclosão da pandemia da Covid-19, qual seria essa democracia?

ii. Em que medida ela disporia de capacidade estratégica e de capacidade de aprendizagem suficientes para promover a orientação de processos sistêmicos altamente complexos?

iii. Enfim, se governar é promover a formação organizada da ordem por meio da política, como essa democracia pode lidar com as implicações sociais da tensão entre conhecimento e não conhecimento?

Uma resposta possível para as três indagações neste período histórico em que a democracia já não consegue funcionar apenas com base em seus atributos básicos – como liberdade, sistema eleitoral baseado na regra de maioria, processo legislativo constitucionalmente regulado e sujeição das ações e iniciativas estatais à Constituição – é a do sociólogo alemão Helmult Willke. Antigo professor da Universidade de Bielefeld, ele desenvolveu trabalhos específicos sobre a transformação da democracia como modelo de orientação de sociedades complexas e sobre o tema da inteligência da democracia no século XXI, tomando como ponto de partida as análises precursoras de

Charles Lindblom. Como Günther Teubner, Karl-Heinz Ladeur e Norbert Lechner, Willke também é vinculado à vertente sociológica da teoria dos sistemas complexos. Segundo ele, sob as condições de uma hipercomplexidade social em um período de desmantelamento da tradicional moldura normativa das atividades econômicas que esteve em vigor no século xx, o problema da ordem não consegue mais ser resolvido por meio da hierarquia e da unidade do poder político, mas somente com maior tolerância à diversidade e com a utilização do conhecimento como instrumento para projetar modos de governança descentralizada e diferenciada. E, para tanto, o desenvolvimento da capacidade estratégica e de aprendizagem dos Estados seriam mecanismos privilegiados que permitem expandir a produção desse conhecimento, diz esse autor.

É por isso que, em contextos hipercomplexos – como o de mercados globalizados e de produção intensiva de saberes científicos especializados e de saberes técnicos globalizados e independentes das particularidades específicas de cada país –, a democracia está assumindo a forma de um abrangente modo policêntrico de governança e de organização da complexidade. "Isso não torna a democracia obsoleta", afirma Willke. "A democracia é considerada como mais um modo de governação entre muitos outros e sua função específica está reservada para o espaço de decisões colectivas na área dos bens públicos pactuados. Daí sobra amplo espaço para as demais formas de governança que cuidam dos bens privados e dos bens colaterais, onde a esfera pública, governada pela democracia formal, faz parte de todos os tipos de parcerias público-privadas", conclui, depois de afirmar que o futuro da orientação política cada vez mais será expressa com base numa fórmula – a do *big government* rumo à *smart governance*[2].

---

2. Ver Helmut Willke, *Smart Governance: Governing the Global Knowledge Society*, Frankfurt: Campus, 2007, p. 122 (tradução nossa); e Capacidad de Rendimiento del Estado y la Necesidad de Nuevas Formas de Governance, *Persona y Sociedad*, Santiago, Universidad Alberto ▶

Próxima ao argumento de Helmut Willke, outra resposta é a do próprio Daniel Innerarity, para quem a política é fundamentalmente uma atividade de "aprendizagem da decepção", por meio da percepção de acertos, da identificação de erros e da possibilidade de sua correção, e a democracia é um mecanismo "em que se vigia, descobre, critica, desconfia e impugna" nos espaços de diversidade, antagonismo e conflito que caracterizam a sociedade contemporânea. Na mesma perspectiva do *second best* – a solução *boa* ou *satisfatória* e não a solução *maximizadora* ou *ótima* de Herbert Simon – e, também, da ideia de cultura democrática como um acervo de avaliações de erros e acertos de Charles Lindblom, Innerarity lembra que, na vida política, não há nem consenso nem êxitos absolutos. Sua tese é de que a aprendizagem da decepção tende a fortalecer a capacidade do sistema político de aprender a conviver com as frustrações inevitáveis e de respeitar seus próprios limites.

Todas as decisões políticas – a menos que se viva no delírio da onipotência, sem constrangimentos ou contrapesos – implicam, mesmo que em pequena medida, uma certa forma de rendição. No mundo real não existe iniciativa sem resistência, nem ação sem resposta. As aspirações máximas ou ideais absolutos rendem-se ou cedem à dificuldade da questão e às pretensões dos outros, com quem o jogo deve ser jogado. Não é de surpreender, portanto, que os nossos mais fervorosos seguidores nos assegurem que não era isso que aspiravam. Se tivermos também em conta que a competição política cria incentivos para que os políticos aumentem as expectativas do público, é inevitável um elevado

▷ Hurtado, v. XXI, n. 2, 2007, p. 9-16. Do mesmo autor, ver também um ensaio precursor de seus textos mais contemporâneos: The Tragedy of the State: Prolegomena to a Theory of the State in Polycentric Society, ARSP – *Archiv für Rechts und Sozialphilosophie*, LXXII, 1986, p. 455-467. Para Willke, em um contexto de crescente entrelaçamento transnacional, a política estaria perdendo o poder de obrigar, transformando-se numa espécie de ator semissoberano em um cenário de "governos não espaciais". Segundo ele, como "forma heroica da história" o Estado envelheceu; como garantidor do bem comum encontra-se sobrecarregado; como centro de governo, não mais se vê perante a periferia, mas perante "um exército de outros centros".

grau de desilusão. Tudo isso provoca um carrossel de promessas, expectativas e frustrações, de decepções e desilusões, que gira a uma velocidade a que não estávamos habituados. Os tempos de desilusão [...] parecem ter sido cortados drasticamente"[...].

Innerarity assim aponta "a dificuldade e os limites de governar no século XXI", principalmente nos contextos agravados pela pandemia, em que não se consegue identificar o limite "a partir do qual não temos mais uma sociedade diversa, mas sim uma sociedade fragmentada, insuportavelmente desigual, incoerente e disfuncional, ferida e fraturada"[3].

A exemplo de Lechner e de Willke, ao justificar essas afirmações Innerarity – autor-chave deste capítulo – também recorre ao conceito de complexidade no sentido dado ao termo pela teoria dos sistemas, concebendo-o como um processo de diferenciação. Sistemas complexos são aqueles que não conseguem controlar simultaneamente e do mesmo modo todas as variáveis que interferem em seu funcionamento. Baseando-se em Luhmann, eles definem a complexidade como a tendência da sociedade em se subdividir em subsistemas funcionalmente diferenciados, especializados e autônomos, como é o caso da política, da economia, do direito, da cultura, da saúde, da ciência, da educação, da tecnologia, da arte e da religião, por exemplo. Cada um desses subsistemas tem funções específicas, e operam com base em códigos próprios uma lógica funcional própria. E quanto mais eles vão se subdividindo em novos subsistemas funcionalmente diferenciados, mais autonomia vão adquirindo, passando desse modo a agir com racionalidades específicas que são incomensuráveis entre si. Desse modo, o problema político é o equilíbrio e a coordenação de todos esses subsistemas. Por isso, quanto

3. Daniel Innerarity, La Decepción Democrática e La Sociedad de las Brechas, *El País*, 2 feb. 2015 e 30 abr. 2020, respectivamente (traduções nossas). Ver também Günther Teubner, The Two Faces of Janus: Rething Legal Pluralism, em Kaarlo Tuori et al. (eds.), *Law and Power: Critical and Socio-Legal Essays*, Liverpool: Debora Charles, 1988, p. 119-140.

mais esses sistemas e subsistemas deflagram processos tendencialmente autônomos, mais a ordem hierárquica da sociedade e mais sua divisão em classes e estamentos vão sendo corroídas. Mais a pluralidade de espaços autônomos segmenta interesses materiais. E mais princípios universais e identidades coletivas são postos em xeque.

No limite, a multiplicação de lógicas e racionalidades específicas decorrentes da diferenciação funcional dos sistemas sociais enfraquece a unidade social, ao mesmo tempo que também esvazia a política tradicional como instância geradora de representação, coordenação e centralização da sociedade contemporânea. Em outras palavras, essa hipercomplexidade somente poderia ser gerida por meio de sua divisão em sistemas ou modos de produção de poder, cada um voltado à resolução dos problemas e das tarefas inerentes à sua respectiva área de atuação. Por isso, quanto mais complexa é a sociedade contemporânea, mais difícil se torna a coordenação e a organização do poder nesse contexto de múltiplos subsistemas funcionalmente diferenciados. Igualmente, maior é a tendência de esvaziamento da função integradora da política, bem como das ideias de hierarquia e de verticalidade como princípios ordenadores da sociedade.

Nesse caso, uma vez que a política vai tendo seu campo de atuação e seus mecanismos restringidos, enfrentando crescentes dificuldades para operar como instância unificadora da vida social, como prever o futuro? Para onde vai a política? Mais precisamente, o que se pode esperar dela no âmbito de sociedades complexas, cujos sistemas e subsistemas multiplicam possibilidades de escolha? Por que ela "ya no es más lo que fue?" – como indaga Lechner?[4] Frente a essa crescente diversidade resultante do processo de diferenciação da sociedade contemporânea, de que modo promover a unificação normativa e

---

4. Ver Norbert Lechner, ¿Por Qué la Política ya no Es lo Que Fue?, *Leviatán – Revista de Hechos e Ideas*, p. 70.

simbólica da vida social? Em decorrência das dificuldades que a política tem para agir como vértice ordenador da sociedade em decorrência da perda de centralidade da política, será possível – e, se for, como – definir um projeto de futuro para o país ou mesmo um projeto de Nação em um mundo cada vez mais multipolar?

Historicamente, quanto mais a tecnologia avançou na transição do eixo automotor (prevalecente no Estado keynesiano) para o eixo eletroeletrônico e das plataformas digitais (prevalecente no Estado neoliberal) como matriz do crescimento e do desenvolvimento econômico durante a transição do século XX para o século XXI, por exemplo, mais ela foi abrindo caminho para a formação e para a conexão de redes horizontais de comunicação. O resultado foi a descentralização do poder, a multiplicação de grupos e redes eletrônicas, a fragmentação e a pluralização do direito com maior nível de heterogeneidade e de experimentação, a substituição da hierarquia da vida social e o advento de uma "heterarquia" em escala crescente. Ou seja, de uma sociedade marcada por diferentes polos – não apenas públicos, mas, também, privados e comunitários – de irradiação de poder. Assim, quanto maior foi a expansão do pluralismo político e cultural no mesmo período, também maior foi a densidade das interações sociais e das transformações políticas e econômicas. Por consequência, mais difícil se tornou a articulação e a organização dos mecanismos tradicionais de poder frente ao advento de tantos novos subsistemas.

Com isso, tornou-se impossível gerir tensões, mediar conflitos, negociar diferenças e governar sociedades complexas por meio de sistemas político-deliberativos e de instituições de direito mais simples, a exemplo daqueles que foram desenvolvidos no decorrer dos séculos XIX e XX, sob a forma de autoridades centrais e dos princípios da unidade e da hierarquia[5]. É o caso do sistema político-

---

5. Ver Daniel Innerarity, *Una Teoría de la Democracia Compleja: Gobernar en el Siglo XXI*, p. 39-53. Do mesmo autor, ver também *La Transformación de la Política*, Bilbao: Península, 2002. Ver, por fim, ▶

-jurídico democrático daquela época. Se no passado ele era capaz de captar todas as demandas e os conflitos da sociedade e de gerar um conjunto unitário e racional de respostas, hoje isso já não acontece. Isso porque, como já foi dito, as fronteiras tradicionais já não delimitam os contornos da soberania nem permitem diferenciar o interior e o exterior. E também porque, em decorrência da forte expansão dos espaços internacionais e supranacionais advindos com a globalização dos mercados de bens, serviços e finanças, o tradicional sistema político-jurídico já não consegue organizar a vida coletiva por meio de seus mecanismos de representação parlamentar e de equilíbrio entre os poderes.

Apesar de o mundo político e jurídico continuar seduzido pela ideia de controle hierárquico e unitário da sociedade, o que explica sua dificuldade para compreender e gerir situações de incerteza como ocorreu com o advento da pandemia da Covid-19, a necessidade de estruturas democráticas mais complexas e de novas formas de saber e de poder se tornou premente. A busca por uma resposta à indagação sobre a viabilidade de instituições capazes de atuar democraticamente para além do Estado nacional vem levando, desde o advento do século XXI, as ideias de hierarquia e de um sistema de governo parlamentar legitimado no âmbito nacional a serem substituídas pela ideia de redes que ultrapassam limites territoriais – ou seja, de espaços múltiplos de irradiação de poder, de governança e de conversão do direito positivo em parte de um *multi-layered regulator system*.

Em outras palavras, partindo-se da premissa de que um dos principais atributos da política é a produção e a distribuição de bens coletivos necessários ao desenvolvimento de uma sociedade por meio da canalização dos conflitos de interesses de um modo racional baseado em

▷ *La Política en Tiempos de Indignación*, Barcelona: Galaxia Gutenberg, 2015, e *Compreender la Democracia*, Barcelona: Gedisa, 2018.

procedimentos formais, as chamadas "regras do jogo", existem no mundo contemporâneo momentos, temas e âmbitos que permitem ou exigem níveis cada vez mais sofisticados de democracia. Por esse motivo, tomar o Estado nacional soberano como única realidade possível para o exercício da democracia e como modelo único e legítimo de organização política tende a ser um equívoco, na medida em que considera uma de suas concreções históricas como a única possibilidade de democratização. O fato de a moderna democracia representativa ter encontrado no século xx sua forma no Estado nacional e de os processos de globalização econômica, de diferenciação funcional dos sistemas sociais e de diversificação dos centros de decisão e de auto-organização do século xxi já não poderem mais ser coordenados por uma instância única – o poder Executivo de cada país – não quer dizer que ela não possa se reestruturar sob outro formato ou em condições muito diversas.

Também não significa que um regime democrático não possa conjugar participação, gestão, inovação, certa sensibilidade moral, disciplina interiorizada e atendimento das demandas da sociedade por meio de novos canais e mecanismos com redimensionamento do espaço e do tempo e com maior estabilidade sistêmica, assevera Innerarity[6], depois de apontar um dos paradoxos da democracia no século atual. Segundo ele, como a competição política – especialmente às vésperas das campanhas eleitorais – estimula governantes e parlamentares a inflacionar as expectativas públicas, a decepção acaba sendo inevitável. Por isso, se a estratégia para ganhar eleições é distinta do desafio de governar, a política pode ser

---

6. Ver Daniel Innerarity, Governing a Crisis Society, *Open Journal of Political Science*. Do mesmo autor, ver também *Una Teoría de la Democracia Compleja: Gobernar en el Siglo xxi*, p. 416s; *La Democracia del Conocimiento: Por una Sociedad Inteligente*, p. 65-70 e p. 185s; e El Conocimiento en la Sociedad del Conocimiento, *Claves de Razón Práctica*, Madrid, n. 67, nov. 1996, p. 40-47.

encarada como uma aprendizagem da decepção. Nesse sentido, a democracia é um sistema político que gera decepções... especialmente quando funciona bem.

A aprendizagem propiciada pela política tende a fortalecer a capacidade do regime democrático de conviver com as urnas e os sonhos, as promessas e as frustrações, com as expectativas e os equívocos, com os fracassos e os acertos, com as acusações e as decepções, com instabilidades e crises, ao mesmo tempo que também estimula dirigentes governamentais e parlamentares a identificarem e a respeitarem os próprios limites dos processos eleitoral, governamental e legislativo, diz ele. Assim, desenvolver novas formatações políticas e ir além da concepção de democracia como um simples conjunto de agremiações partidárias, de instituições governamentais, legislativas e judiciais voltadas à deliberação de questões de baixa ou de média complexidade sempre envolve um desafio: o de "complexificar" a própria ideia de democracia, a fim de que ela possa lidar com as novas dimensões a um só tempo locais, nacionais, internacionais e globais nas quais a vida coletiva vem se desenvolvendo nestas últimas décadas.

Para os analistas vinculados à teoria dos sistemas complexos, como Innerarity, Willke e Lechner, democracia é o modelo de organização política que melhor tende a aproveitar os múltiplos saberes distribuídos da sociedade contemporânea. É, também, o modelo de organização política que mais tem capacidade para lidar com as decisões tomadas em condições de ignorância. E, como não há iniciativa sem resistência nem ação sem objeção e resistência, a democracia seria, igualmente, o modelo de organização mais apto a responder à pergunta se aquilo que não se sabe nem se conhece é um passe livre para atuar na vida política ou, então, se é uma advertência de que é necessário adotar as máximas precauções. Do ponto de vista político, a democracia permite enfrentar o não saber por meio do dissenso; do ponto de vista temporal, a democracia reage por meio de entendimentos provisórios; e, do ponto de vista objetivo, quando não há um saber seguro e sem riscos frente a um cenário de riscos e incertezas, a democracia atua por meio de medidas de precaução e de proteção frente ao pior, com o objetivo de tentar evitar danos irreversíveis. Segundo os mesmos analistas, a democracia também é o regime político que costuma produzir legislações mais eficientes, em termos tanto técnico-jurídicos quanto de alcance e de impacto sociais.

A democracia é, igualmente, o regime que formula, implementa e executa políticas públicas de maior qualidade, mesmo em contextos de incertezas cognitivas, de dificuldades de gestão de riscos coletivos e de dúvidas sobre como definir responsabilidades com relação às situações de emergência que podem ocorrer no futuro. Comparada com as teocracias, as monarquias, as aristocracias, as ditaduras e as tiranias tecnocráticas, a democracia, por esses três motivos, é justamente o regime político que reuniria as melhores condições para lidar com os problemas decorrentes da ignorância pública – afirmam esses analistas, com base na premissa de que o aumento contínuo de um conhecimento fiável e consistente implica ao mesmo tempo a consciência do quanto ainda não se sabe com relação aos riscos e incertezas do mundo[7].

Já discutido nos capítulos anteriores, quando se apontou (i) que o saber científico não é algo ilimitado; (ii) que o aumento do saber especializado não é necessariamente acompanhado de uma redução paralela do não saber; (iii) que o avanço da ciência abre caminho para uma pluralidade de possibilidades ao mesmo tempo que suscita um

---

7. Ver Daniel Innerarity, La Política, Instrucciones de Uso, *La Libertad Democrática*, p. 113-156 e *El Futuro y sus Enemigos: Una Defensa de la Esperanza Política*, Barcelona: Paidós, 2009. Ver também Norbert Lechner, *Las Sombras del Mañana: La Dimensión Subjetiva de la Política*, Santiago: Lom, 2002; A la Búsqueda de la Comunidad Perdida: Los Retos de la Democracia em América Latina, *Revista Internacional de Ciencias Sociales*, Barcelona, v. 129, 1991, p. 569-581; e *Los Patios Interiores de la Democracia*, Ciudad de México: Fondo de Cultura Económica, 1988.

254

rol de novas dúvidas e indagações; e (iv) que as fronteiras entre o saber e o não saber não são nem evidentes nem estáveis, o conceito de ignorância costuma, na linguagem comum, ter uma conotação pejorativa atribuída a cidadãos, a políticos e a governantes despreparados e desinformados. Já na linguagem científica o conceito de ignorância envolve uma incompetência sistêmica. Essa incompetência é expressa pela dificuldade de reconfigurar a democracia para atuar em um contexto de crescente complexidade, uma vez que suas regras, seus processos, seu dinamismo interno e sua capacidade de autotransformação a convertem no sistema político mais bem preparado para geri-la. E, para que isso efetivamente aconteça, o desafio é ultrapassar as explicações lineares, a lógica dicotômica, os argumentos binários, as fundamentações simplistas e as narrativas moralizantes, que foram comuns no decorrer dos séculos XIX e XX.

Mais precisamente, em um contexto pandêmico que entreabriu graus crescentes de vulnerabilidades, de imprevisibilidades e de incertezas num mundo cada vez mais conectado, aumentando a atenção entre verdade e política e exigindo por isso mesmo formatações institucionais novas e procedimentos mais complexos de absorção da insegurança e de assimilação das contingências, o desafio não é repensar apenas a política e seus mecanismos tradicionais definidos pelos parâmetros da organização institucional. Ele demanda, igualmente, repensar a própria ideia de democracia, com o foco voltado à sua arquitetura, ao seu modo de funcionamento e aos seus alicerces sociais a partir dos problemas surgidos no século XXI. Como também já foram apontados, esses são problemas decorrentes do avanço da globalização econômica, das mudanças aceleradas do saber científico, do conhecimento técnico e da complexidade social.

Com suas interdependências e externalidades negativas, esses problemas foram deixando claro que, quanto maiores são as dúvidas e as incertezas por eles geradas, maior se torna a importância do desafio do aprendizado. Conforme lembrava antes da eclosão da pandemia o já mencionado Helmut Willke, quanto maior é a exigência de que o conhecimento se torne mais complexo, mais esse imperativo acarreta consequências para a complexidade das formas diferenciadas de organização político-institucional e das diversas infraestruturas de saber nas quais os problemas do século xxi são formulados e trabalhados[8]. E como a produção do saber técnico-científico é um fator constitutivo da sociedade, sua produção, reprodução, distribuição não se dão sem discussões políticas a respeito de seu impacto, sem um debate sobre a relevância das prioridades em matéria de pesquisa, sem avaliação de seus custos econômicos, sem consideração de suas implicações éticas e, por fim, sem regulações jurídicas.

Nos séculos xix e xx, a democracia era um mecanismo de equilíbrio entre dualismos relativamente simplistas – como, por exemplo, liberalismo *versus* socialismo, parlamentarismo *versus* presidencialismo, legitimidade *versus* efetividade, opinião pública *versus* conhecimento de especialistas, legalidade *versus* legitimidade, democracia *versus* autoritarismo, tecnocracia como modo de produção *versus* tecnocracia como forma de regime político, e normalidade *versus* exceção. Igualmente, entre as funções básicas do Estado democrático de Direito destacavam-se a neutralização dos conflitos interindividuais encaminhados aos tribunais em termos

---

8. Ver Helmut Willke, La Transformación de la Democracia Como Modelo de Orientación de las Sociedades Complejas, *Estudios Públicos*, Santiago, Fundación Centro de Estudios Públicos, n. 102, 2006, p. 179-201. Ver também Daniel Innerarity, El Impacto de la Inteligencia Artificial en la Democracia, *Revista de las Cortes Generales*, Madrid, 2020, n. 109; e No Democracy Without Comprehension: Political Unintelligibility as a Democratic Problem, *Polity*, Frostburg, Northeastern Political Science Association, v. 53, n. 2, 2021. Ver, ainda, Dirk Helbing, Digital Fascism Rising? Can We Still Stop a World of Technological Totalitarianism?, *The Globalist*, 20 Oct. 2017, e Miguel Poiares Maduro, O "Superavit" Democrático Europeu, *Análise Social*, Lisboa, v. xxxvi, n. 158-159, 2001, p. 119-152.

rigorosamente bilaterais e a garantia de um mínimo de integração social, assegurada por meio de políticas públicas fundadas nos princípios da solidariedade, da inclusão e da igualdade.

À medida que o pluralismo social foi se aprofundando nas duas primeiras décadas do século XXI, fenômenos como os da crescente interdependência política e econômica internacional e do aumento da complexidade socioeconômica em escalas locais, regionais, nacionais e globais abriram caminho para um progressivo emaranhamento dos conflitos[9] e para a descentralização do poder estatal rumo a um sistema de múltiplos níveis de poder. Ou seja, sistemas que envolvem a interação entre novas instâncias públicas e núcleos privados, entre instâncias subnacionais, regionais e internacionais, ao lado das instâncias nacionais, com estruturas, processos e relações sobrepostas, interpostas e interseccionadas.

A partir daí, como já foi visto, as funções básicas do Estado foram reformuladas, as instituições de direito sofreram uma metamorfose e as fronteiras do mundo jurídico se tornaram mais difusas, e as análises normativas passaram a incorporar mais materiais não jurídicos. Por consequência, tanto o uso do direito positivo como instrumento exclusivo de neutralização dos conflitos quanto as políticas social-democratas de crescimento com pleno emprego se enfraqueceram, entreabrindo assim a importância de novas tarefas, tais como evitar riscos sistêmicos, identificar fenômenos de poder novos e mais

---

9. Em escala nacional, por exemplo, conflitos "emaranhados" são litígios plurilaterais e conflitos que não se resolvem individualmente. É o caso das disputas entre direito de propriedade e direito de moradia, que se multiplicaram nas últimas décadas. Outros com conflitos "emaranhados" são os litígios de soma não zero e aqueles cujas partes são muito heterogêneas. Na transição do século XX para o século XXI, passou-se de uma era de conflitos travados em torno de direitos individuais homogêneos, em que os sujeitos titulares são identificados, para um período de conflitos travados em torno de direitos coletivos e difusos, em que os sujeitos de direito são atores coletivos, como grupos e classes sociais.

complexos, promover coordenações reflexivas e fazer escolhas institucionais.

Essa nova tarefa pressupõe um aprendizado sob condição de incertezas – processo esse em que sua conversão em conhecimento e em inovações científicas e tecnológicas tem impactos e consequências que requerem avaliações e intervenções políticas. Essa nova tarefa também exige maior qualidade na formação coletiva do saber, o que só é possível por meio de um processo interpretativo dos dados quantitativos apresentados por rankings, por *benchmarks* e pelas métricas dos fatores sociais. Desse modo, a produção de informações não é uma simples narrativa objetiva – pelo contrário, é um processo não linear baseado em análises, discussões, críticas e julgamentos, em sinergia tanto com as instituições e sua cultura organizacional quanto com o sistema de regras e de procedimentos em vigor. Sem isso, as informações não se convertem em conhecimento nem em inteligência coletiva, deixando assim de serem relevantes para resolver problemas, para orientar ações, para fundamentar políticas públicas e para distinguir o que é importante e o que não é importante para a vida política de uma determinada sociedade. Em outras palavras, a inteligência coletiva é um atributo que emerge não da agregação de atributos individuais, mas do próprio sistema social.

Amplificados pela tensão entre saúde pública, ciência, economia e política em decorrência do advento da pandemia, esses dois fenômenos fizeram com que a principal ameaça à democracia no mundo interdependente, hiperconectado, descentralizado e plural, em termos sistêmicos, fosse sua simplicidade. Ou seja, sua inadequada adaptação à interdependência social e econômica em caráter mundial, em razão da incongruência entre a territorialidade política e a globalidade dos demais sistemas. Como esse trabalho vem apontando desde o início, suas instituições, suas regras e seus procedimentos seriam excessivamente singelos para lidar com os problemas emergentes surgidos primeiramente com a globalização dos mercados, intensificados em seguida com a erosão da divisão do trabalho entre política e ciência a partir do momento em que esta passou a atuar em campos politizados, como proteção ambiental e transição para energia limpa, e exponenciados com a eclosão da pandemia da Covid-19.

Por consequência, como enfatizam os sociólogos e politicólogos especializados em sistemas complexos, essas mudanças acabaram submetendo a democracia ao risco de um colapso sistêmico frente à complexidade social, política e econômica do mundo contemporâneo. Pressionada pelo funcionamento em tempo real, a aceleração do ritmo das reformas jurídicas foi se tornando a marca da urgência de uma temporalidade de exceção que foi se impondo como tempo normal. Como a circulação das informações também é pressionada pelas decisões *on-line* dos mercados e por suas decisões tomadas em regime de urgência e com base no princípio da obtenção de resultados no menor período de tempo possível, quanto maior é a velocidade em que elas são distribuídas em escala global, mais tendem a ser simplificadas, pasteurizadas e muitas vezes deturpadas pelo viés midiático.

Trata-se, portanto, de um paradoxo. Afinal, quanto mais informações incompletas, imprecisas, simplificadas e enviesadas circulam pelos sistemas de comunicação, que estão organizados e estruturados em termos de poder econômico e político e variam entre um contexto e outro, mais difícil é atuar nesse cenário. Igualmente maiores são os riscos de se perder a capacidade de identificar, calcular, avaliar e controlar os efeitos contraproducentes das decisões. Em outras palavras, a aceleração na circulação de informações se torna sinônimo de opacidade. As novidades assumem a figura da indeterminação. E o risco de problemas decorrentes de decisões equivocadas e mesmo irresponsáveis, interferindo de modo negativo no curso dos acontecimentos, pode abrir caminho para o advento de crises profundas e até de catástrofes. De que modo orientar-se quando, por maior que seja a prudência, a visão acaba sendo reduzida, quando não há respostas claras? Se todo futuro suscita dilemas, como lidar com a opacidade?[10]

Como decorrência desse paradoxo, pressionada por transformações tecnológicas, por crises financeiras, por necessidades fiscais e pelo combate contra a pandemia, a ordem jurídica daí emergente fica desprovida de ponderação democrática e mais dificuldades enfrenta para gerar segurança do direito. Com isso, essa ordem jurídica passa a se expressar por meio de uma normatividade intempestiva, quase instantânea, que invoca e reclama a urgência como autojustificação para a prontidão de sua própria emergência. Por fim, com a transferência de parte de suas competências dos Estados a órgãos supranacionais e multilaterais, como já se viu nas seções anteriores deste livro, os Estados nacionais deixaram de atuar com plenitude democrática uma vez que não podem incluir no processo eleitoral todos os afetados por suas decisões e, inversamente, os cidadãos não conseguem influir no comportamento dos atores que tomam decisões em seu nome.

Esse é um cenário preocupante, para dizer o mínimo, do qual decorrem algumas das indagações que foram apresentadas nos diferentes capítulos deste livro – indagações essas cujas respostas constituem o grande desafio que os teóricos da política, os sociólogos do direito, os economistas e os especialistas em relações internacionais hoje têm pela frente, na busca de respostas:

---

10. As indagações são de Christophe Bouton, La Sima Entre el Saber y El Poder: Sobre Algunas Modalidades Contemporáneas Del Porvenir, e Dominic Desroches, Gestión del Riesgo y Aceleración del Tiempo, em Daniel Innerarity; Javier Solana (orgs.), *La Humanidad Amenazada: Los Riesgos Globales*, p. 33-46 e p. 47-67, respectivamente. Ver também Daniel Innerarity, Desenredar una Ilusión: Notas Para una Teoría Crítica de la Democracia Digital, em Serge Campeau; Daniel Innerarity (orgs.), *Internet y el Futuro de la Democracia*, Madrid: Instituto de Governanza Democrática, 2012, p. 37-43. Ver, ainda, Daniel Innerarity, *La Libertad Democrática*, p. 37-62.

(i) no regime democrático do tradicional Estado de Direito do século passado, de que modo ele poderia coordenar evidências científicas com medidas políticas em meio a instituições concebidas mais para enfrentar problemas isolados, bem definidos e territorialmente localizados do que problemas interconectados com outros, e que exigem uma intervenção de diversos atores, lógicas e instituições?

(ii) nas condições em que os regimes democráticos hoje se encontram nos Estados nacionais, como eles podem tirar partido do cenário de pluralismo jurídico aqui descrito, com o objetivo de criar mecanismos de redução ou de administração dos eventuais conflitos que podem surgir entre diferentes ordens normativas?

(iii) em que medida nesse contexto de pluralismo jurídico e de aumento da complexidade de um sistema normativo multinível não se torna possível sustentar pontos de vista contraditórios com idêntica plausibilidade e identificar fundamentações normativas para quase todas posições imagináveis, o que torna o direito cada vez mais contingente e põe em risco sua previsibilidade e, por consequência, seu grau de certeza?

(iv) por fim, como a democracia pode enfrentar o desafio de se tornar compatível com a realidade de espaços transterritorializados, em cujo âmbito as estruturas de poder estão compartilhadas entre diferentes instituições e órgãos, de tal modo que cada um tende a dispor de poder de veto?

A história contemporânea revela que a crescente complexidade mundial no século XXI vem exigindo uma democracia muito mais intricada do que a dos séculos XIX e XX. Aquela era uma democracia que almejava amortecer polarizações, extremismos e antagonismos radicais por meio de mecanismos político-jurídicos de articulação do equilíbrio entre diversidade e coesão, entre pluralidade e unidade, entre mudança e continuidade. Se naquele período histórico a democracia buscava neutralizar a violência enfatizando o caráter construtivo das diferenças políticas com base no diálogo, na tolerância, na ênfase ao respeito moral entre os adversários e, por consequência, no entendimento, nos dias de hoje a necessidade é de uma democracia dotada de capacidade de aprender a lidar com a indeterminação jurídica decorrente da relação cada vez menos hierárquica entre as diferentes ordens jurídicas; de uma democracia que também seja capaz de reagir ao desconhecido em cenários dinâmicos, policontextuais, multicêntricos, multiformes e multitemporais.

Mais especificamente, o século XXI passou a demandar, em primeiro lugar, uma democracia qualificada para tomar medidas preventivas contra calamidades e proteger a vida de seus cidadãos, mediante a transformação do desconhecimento e da incerteza em riscos calculáveis, em possibilidades de aprendizado, em reflexão e em adaptação à crescente diversidade e heterogeneidade, tirando proveito da diversidade e da liberdade que esse cenário oferece. E, em segundo lugar, passou a exigir uma democracia igualmente habilitada a desenvolver uma imaginação institucional para lidar com sistemas semiautônomos, como são os casos da política, da economia, da ciência e da comunicação. A "última razão" da democracia é que ela administra melhor a ignorância que qualquer outro sistema político, afirmam os analistas vinculados à teoria dos sistemas complexos.

Vistas assim as coisas, o que justifica essa ideia de democracia para o século XXI são quatro constatações, entre várias outras possíveis, e cujo ponto comum é a aversão à ideia de uma organização global capaz de funcionar como centro do sistema político mundial:

(i) em primeiro lugar, quanto mais funcionalmente diferenciada é uma sociedade, mais a política vai deixando de atuar gravitando em torno de um cume ou de um vértice hierárquico;

(ii) em segundo lugar, mais a política também vai sendo obrigada a dividir espaços com a economia e a interagir em esferas crescentemente permeadas por meios de comunicação de massa mundiais, frente ao desafio de forjar regulações e coordenar ações de organizações não governamentais, movimentos sociais, corporações transnacionais e atores dos mercados, em nível global;

(iii) em terceiro lugar, quanto mais a ciência aumenta a quantidade de saber seguro e especializado, mais dificuldades ela passa a enfrentar para obter e compreender explicações causais ou previsões exatas;

(iv) e, em quarto lugar, quanto mais acumulados são o saber e o conhecimento, mais eles tendem a explicitar o universo ilimitado do não saber e do desconhecido. Ou seja, quanto mais se sabe, menos se sabe – o aumento do saber, paradoxalmente, proporciona o conhecimento de seus próprios limites.

Somente assim a democracia, um modelo de organização política que ao longo dos séculos transitou da *pólis* grega para o Estado-nação, vivenciando avanços e retrocessos, conseguirá no mundo contemporâneo converter-se numa democracia complexa, à altura da dimensão histórica do tempo. Ou seja, transformar-se em um regime político cujo poder reside basicamente em sua inteligência sistêmica, em sua aptidão para promover diagnósticos de patologias e disfuncionalidades políticas e em sua capacidade de aprendizagem, de inovação, de reflexão e de definição de estratégias. Em vez de se limitar a enfatizar a importância de governos dirigidos por pessoas com capacidade de liderança e valorização da exemplaridade moral, a democracia complexa também tem, em um período histórico de abertura sem limites dos horizontes do possível, de alargar sua dimensão como sistema decisório dotado de equilíbrio, contrapeso, eficiência e interconexões.

De modo mais preciso, a democracia complexa é um regime político que não depende propriamente das pessoas. Acima de tudo, ela depende de seus componentes constitutivos – isto é, de suas estruturas, de seus mecanismos, de suas regras, de seus processos, de seus procedimentos, de seus dispositivos. Eles são fundamentais para que a democracia do século XXI possa configurar-se como um conjunto de sistemas inteligentes, capazes de agir operacionalmente e de modo tão eficiente quanto versátil frente ao desafio de identificar e processar problemas novos e inéditos. Trata-se, assim, de um regime político apto a compreender, por exemplo, que a indeterminação dessa ordem jurídica plural e multinível somente permanecerá estável se não for submetida a desafios normativos que ameacem a base política desse novo modelo de direito. Entre outras razões, porque seria de interesse de todos os envolvidos – Estados, corporações empresariais e organismos internacionais, supranacionais e multilaterais – preservar um sistema normativo que permite a cada um deles optar por uma autoridade que lhe seja politicamente mais adequada.

O desafio acima mencionado, portanto, é no sentido de que a sociedade do século XXI tem de estar consciente de duas coisas. Por um lado, a se ver como um sistema consciente de seu não saber, do quanto não conhece. Por outro, a se conscientizar de que ela só terá condições de progredir caso tenha consciência da dificuldade de administrar as indeterminações, as perplexidades, as angústias do futuro e de gerir o desconhecimento em suas diferentes manifestações, sob a forma de riscos e incertezas, e caso saiba compreender que as contingências e as crises obrigam tanto os governantes e os políticos quanto os cientistas a melhorar os instrumentos de antecipação, sem perder de vista suas limitações.

16. OS FANÁTICOS, OS INSENSATOS
E OS PESSIMISTAS DA RAZÃO

Esse livro apontou transformações estruturais em andamento no âmbito do direito, que está deixando de ser o que é definido como tal pelo legislador para funcionar de modo plural, em estado de fluxo. Ao contrário do que ocorria no século passado, hoje a determinação de seu conteúdo resulta de complexos processos políticos, administrativos, tecnológicos, econômicos e sociais, seja no plano local, seja no plano internacional. E, na dinâmica desse processo, atuam os mais diferentes atores, respondendo a distintas agendas, como se pode ver, por exemplo, na questão do direito de propriedade intelectual e seus reflexos no direito à saúde.

Exponenciadas pela eclosão da pandemia da Covid-19, que levou os mercados globais de bens, serviços e finanças a ingressarem numa nova realidade geoeconômica, as profundas transformações estruturais no campo

265

jurídico deixaram claro que o direito vem passando por um período acelerado de *rupturas paradigmáticas* como matriz disciplinar, no sentido que Thomas Kuhn dá a esse conceito[11]. O modelo de direito que vem emergindo nestas duas últimas décadas é radicalmente distinto daquele em torno do qual se desenvolveu a dogmática jurídica ao longo do século XX, com seu rigor lógico-formal, com sua ideia de *lex Suprema* ou *norma normarum* – em suma, com seus já mencionados mecanismos de controle unitários e hierárquicos e sua concepção de "pirâmide jurídica", cujo vértice é, em termos metafóricos, o poder centralizado do Estado moderno.

Ao se sobrepor ao monismo jurídico, o modelo de direito emergente, fazendo com que as respostas às

11. Ver Thomas Kuhn, *A Estrutura das Revoluções Científicas*, 13. ed., São Paulo: Perspectiva, 2017. Segundo o autor, o paradigma é uma matriz disciplinar que fornece as "regras do jogo", ou seja, que aponta os problemas de uma investigação científica, os métodos de abordá-los, um repertório de problemas-padrão e de respostas-padrão e uma determinada visão de mundo, o que faz com que a atividade científica possa ser comparada com a resolução de um quebra-cabeça. Com base em quatro elementos – generalizações simbólicas, pressupostos metafísicos, valores e soluções de problemas exemplares –, o paradigma resulta de realizações científicas universalmente reconhecidas que, durante algum tempo, fornecem problemas e soluções modelares para uma comunidade de praticantes de uma ciência. Ele é um conjunto de saberes e fazeres que balizam e asseguram a realização de uma pesquisa científica por uma comunidade. Desse modo, o paradigma determina até onde se pode pensar cientificamente. Segundo Kuhn, as teorias e os dados utilizados pelos pesquisadores atestam validade e existência desse paradigma. Para ele, o conhecimento científico não se desenvolve de maneira contínua e acumulativa, mas de modo descontínuo e por saltos qualitativos. Esses saltos não são justificados em razão de critérios internos de validação do conhecimento científico, mas em razão de fatores sociológicos na comunidade científica, enquanto sistema de organização do trabalho científico. Kuhn distingue a *ciência normal*, aquela em que o paradigma é aceito por toda a comunidade científica, e a *ciência revolucionária*, em que o paradigma vigente passa a ser defrontado com novos paradigmas que vão dando conta dos novos fatos, dados e problemas. Por consequência, o paradigma até então vigente vai perdendo a consensualidade no meio científico, até não mais conseguir oferecer critérios universalmente aceitos em matéria de suficiência da prova e adequação das conclusões.

indagações originariamente propostas suscitassem novas perguntas, é o da pluralização da ordem jurídica[12]. É o modelo do surgimento de novas formas de um direito que não tem mais a estrutura de uma pirâmide cujo cume é a Constituição. Um direito que passou a ter a estrutura de uma rede e em que a Constituição e as leis e os códigos ocupam posições não necessariamente hegemônicas em relação às fontes não estatais de direito. Um direito que também vai tomando a forma de um conjunto de mecanismos verticais e horizontais capazes de resolver conflitos não só pelos métodos tradicionais, como é o caso de uma decisão judicial, mas também de modo consensual por meio de mediação e negociação.

Evidentemente, isso não significa, como já foi visto, que a ordem político-jurídica estatal advinda do século XX esteja com seus dias já contados, podendo desaparecer em questão de poucos meses ou anos, e que a globalização dos mercados de bens, serviços e finanças vá promover uma eliminação real e definitiva de todas suas formas institucionais no curto prazo. Enfim, do ponto de vista de uma *visão funcional* de direito, esse parece ser o modelo de direito mais adequado aos novos papéis e funções do Estado. Trata-se de um direito mais aberto e mais poroso

---

12. Uma das perguntas decorrentes das respostas dadas às indagações que constituíram o ponto de partida da pesquisa é saber qual passou a ser o papel de uma Constituição num período histórico de crise da soberania e do Estado-nação, em um mundo cada vez mais interdependente. Uma segunda pergunta é saber que maneira um contexto de pluralidade jurídica condiciona o modo de formulação de normas no âmbito do Estado-nação. Uma terceira questão é saber de que maneira o direito positivo pode regular a criação de direitos não estatais, ou seja, que não surgem do poder público e/ou de processos representativos. Uma quarta indagação é saber qual é o papel específico do direito positivo em contextos que são objeto de um emaranhado de instâncias reguladoras e com enorme porosidade em suas respectivas fronteiras jurisdicionais. Para uma avaliação dessa temática, ver António Manuel Hespanha, *Pluralismo Jurídico e Direito Democrático*, p. 223-272. Do mesmo autor, ver também Será Que a Legitimação Democrática do Direito Vai Desaparecer?, *O Direito Democrático numa Era Pós-estatal: A Questão Política das Fontes de Direito*, p. 51-92.

frente às contingências e aos imperativos da economia mundializada – portanto, sensível às influências de atores privados e de instâncias supranacionais e multilaterais, que levam a uma multiplicidade de direitos e ao desenvolvimento de uma nova teoria da interpretação em sociedades marcadas pela diferenciação funcional.

Essas são as sociedades hipercomplexas, em cujo âmbito os sistemas político e jurídico deixam de atuar apenas como seu ápice ou cume hierárquico, sendo obrigados a tomar decisões levando em conta o saber científico disponível, os esforços para a construção de novos padrões de legitimação democrática e algumas indagações que ainda aguardam respostas plausíveis e bem fundamentadas. Partindo da ideia de que a vida política é deliberativa, o que ocorre com a política e com suas instituições quando o entorno tecnológico é alterado radicalmente? Em outras palavras, qual é seu impacto sobre a democracia? De que modo é possível assegurar a efetividade de valores democráticos frente à emergência de mudanças tecnológicas que parecem ameaçá-los? O que se pode esperar de um contexto em que a democracia é lenta e territorializada ou localizada espacialmente, enquanto as tecnologias emergentes primam pela aceleração e pela deslocalização?

A importância dessa discussão e o alcance dessas indagações ficaram evidenciadas pelo modo como a eclosão da pandemia da Covid-19 em 2020 foi enfrentada ao longo dos últimos três anos em todo o mundo, deflagrando um conjunto de redefinições nas relações entre os países e organizações internacionais, supranacionais e multilaterais. Foi um período de muita apreensão e de fortes tensões, em que diversos problemas políticos advindos com a eclosão da pandemia tiveram de ser traduzidos em linguagem da ciência biomédica, ao mesmo tempo que em um número significativo de países as respostas dos cientistas somente puderam ser aplicáveis pelos governos por meio de políticas públicas formuladas, implementadas e executadas por meio de mecanismos e instrumentos democráticos.

Decorrem daí, como se viu no capítulo anterior, a necessidade de uma ampla mobilização cognitiva para enfrentar novos tipos de problemas e desenvolver um processo de aprendizagem contínua com relação à prevenção de riscos sistêmicos numa ordem mundial em mutação. Ou seja: a exigência de uma permanente aprendizagem para que os diferentes sistemas que compõem a sociedade contemporânea e suas configurações dinâmicas em permanente mutação possam reagir ao desconhecido, transformando contingências e incertezas em riscos calculáveis, bem como em possibilidades de reflexão e de adaptação à crescente diversidade e heterogeneidade sociais. No entanto, já que é preciso aprender em meio a causalidades não lineares e fenômenos emergentes com riscos conexos, que pelo menos façamos essa aprendizagem não apenas com rapidez, mas, igualmente, a partir da ideia de liberdades fundamentais e da ideia de democracia complexa.

Tomando-se por base estas duas ideias para examinar as relações entre direito, política e ciência num período em que o autoritarismo furtivo e o chamado populismo iliberal cresceu significativamente em vários países nos últimos anos, deflagrando processos de *democratic backsliding* ao prometer determinação e eficácia no combate à pandemia mediante supressão de liberdades públicas e de procedimentos democráticas, também julgo ser prudente e necessário afastar o otimismo da vontade ou o apelo a um resgate da utopia e levar em consideração um postulado metodológico. Ele me parece essencial para descrever qual foi o enfoque deste livro, que partiu da ideia de uma sociologia jurídica crítica enquanto um pensamento social transdisciplinar e atento aos movimentos sobrepostos de transnacionalização do direito e de multiplicação de regimes jurídicos. Partindo de um realismo sem ser fatalista, evitando determinismos ou generalizações apressadas e assumindo um ceticismo consequente, esse postulado começa questionando as dúvidas absolutas sobre a

realidade aqui examinada – sobre o curso dos acontecimentos em tempos pandêmicos e sobre a experiência de
uma vida submetida a todos os tipos de contingências.

Mais precisamente, o postulado a que me refiro é o
pessimismo da razão. Ele foi invocado pelo respeitado filósofo turinense Norberto Bobbio (1909-2004) há cerca de
cinco décadas, quando a Itália se encontrava num período
volátil, desconcertante e incerto, vivendo em *tempos
anormais*. Ou seja, com muita violência, uma sucessão
de atentados, crescimento do terrorismo, o sequestro e
o posterior assassinato de um antigo primeiro-ministro,
a captura da máquina administrativa italiana por grupos
corruptos e organizações mafiosas e o risco de corrosão
da democracia parlamentarista instituída após a queda do
fascismo e os pesados desafios de reconstrução político-
-institucional do país após o término da Segunda Guerra
Mundial. Como o argumento invocado por Bobbio para
defender o caminho da preservação da democracia em
seu país é primoroso e continua bastante atual, vale a pena
reproduzi-lo na íntegra:

De boa vontade, deixo para os fanáticos, ou seja, para aqueles que
desejam a catástrofe, e para os insensatos, ou seja, para aqueles
que pensam que no fim tudo se acomoda, o prazer de serem oti-
mistas. O pessimismo hoje, seja-me permitida mais esta expressão
impolítica, é um dever civil. Um dever civil porque só um pessimismo radical da razão pode despertar com uma sacudidela
aqueles que, de um lado ou de outro, mostrem que ainda não se
deram conta de que o sono da razão gera monstros.[13]

13. Ver Norberto Bobbio, O Dever de Sermos Pessimistas, *As Ideo-
logias e o Poder em Crise*, Brasília: Editora UnB, 1988, p. 181.

Este livro foi impresso na cidade de São Bernardo do Campo,
nas oficinas da Paym Gráfica e Editora, em maio de 2025,
para a editora Perspectiva.